数字人民币100问

景　欣　陈耿宣
何瑞宏　郭旭峰◎著

上海人民出版社

本书术语对照表

缩略语	外文全称	中文全称或解释
Aber	——	沙特阿拉伯央行与阿拉伯联合酋长国央行联合研发的央行数字货币项目
AED	Automated External Defibrillator	自动体外除颤器
API	Application Programming Interface	应用程序接口
App	Application	手机客户端(应用程序)
App Store	——	应用商店(应用市场)
ATM	Automatic Teller Machine	自动取款机
B2B	Business to Business	企业对企业的电子商务模式
BIS	Bank for International Settlement	国际清算银行
CBDC	Central Bank Digital Currency	央行数字货币
CADcoin	Canada Dollar coin	加拿大央行数字货币
Chivo	——	萨尔瓦多比特币钱包
DC/EP	Digital Currency/Electronic Payment	数字货币/电子支付(数字人民币的另一种名称)

（续表）

缩略语	外文全称	中文全称或解释
Diem	——	脸书币
DE	Dinero electrónico	厄瓜多尔币
DLT	Distributed Ledger Technology	分布式账本技术
Dubar	——	邓巴项目
e-CNY	electronic Chinese Yuan	数字人民币
e-krona	——	电子克朗
e-Naira	——	电子奈拉
Facebook	——	脸书
Fedcoin	——	联邦储备币（数字美元）
GPS	Global Position System	全球定位系统
H5 支付	——	常用于活动或临时性事务的支付产品
Helvetia	——	批发型央行数字货币代币化结算项目
IC 卡	——	集成电路卡（芯片卡）
ID	identification	识别地址
IMF	International Monetary Funds	国际货币基金组织
Jasper	——	批发型央行数字货币结算试验项目
Jura	——	使用央行数字货币进行跨境贸易的项目
Khokha	——	南非央行与市场联合研发的央行数字货币项目
Libra	——	天秤币
M0	Money 0	流通中现金
M1	Money 1	狭义货币供应量
M2	Money 2	广义货币供应量
m-CBDC Bridge	——	多边央行数字货币桥项目
Meta	——	（本书特指）Meta 算法

(续表)

缩略语	外文全称	中文全称或解释
Metaverse	——	元宇宙
Mt.Gox	——	位于东京的比特币交易平台
NFC	Near-Field Communication	近场通讯技术
OPPO	——	欧珀(中国手机品牌之一)
Payoneer	——	派安盈(万事达卡组织授权的发卡机构,提供简单、安全、快捷的国际转款、结算等服务)
Paypal	——	贝宝(全球最大的在线支付平台)
POS	Point-of-sale	销售终端
PKI	Public Key Infrastructure	公钥基础设施
PS	Project Stella	星云项目
PTR	Petro Cryptocurrency	石油币
rCBDC	retail Central Bank Digital Currency	零售型央行数字货币
RSCoin	——	数字英镑原型系统
SWIFT	Society for Worldwide Interbank Financial Telecommunication	环球银行金融电讯协会
SIM	Subscriber Identity Module	用于存储手机用户信息的小型芯片
SIM PAY	——	基于 SIM 卡的数字人民币支付产品
SGD	Singapore Dollar	代币化新加坡元
SOS	Save Our Ship	紧急求救信号
Ubin	——	乌班项目
vivo	——	维沃(中国手机品牌之一)
Visa	——	维萨信用卡
wCBDC	wholesale Central Bank Digital Currency	批发型央行数字货币

前　言

数字人民币是数字形态的人民币，央行与市场主体一同“为国铸币”，经过八年多的不懈努力，终于使数字人民币从原型构想转化为试点，又从内部测试、“4 + 1”“10 + 1”“23 地”到如今 17 省（市）26 个地区，河北、江苏、广东、四川、海南等 5 省开展了全域试点。

随着试点范围扩大、场景增多、技术迭代，央行与诸多市场主体合作，已初步形成了产、学、研共同参与的产业链，各方主体协同优化金融生态环境。数字人民币已与支付宝、微信支付互联互通，也与天府通、携程、天猫、饿了么等众多平台合作。人们不仅能选择扫码支付、硬钱包支付或无电无网支付，还可以用智能手环、手套等可穿戴设备支付。人们可以享受到支付的便捷，不用为没网络、没电支付而犯愁；还可以感受到智能合约等新兴技术带来的安全感，不用担心预付资金被卷跑；老年人、残障人士也能突破各种支付障碍。数字人民币逐渐融入我们的生活，人们能够沉浸在消费娱乐、文化旅游等场景中，享受货币与支付数字化带来的便利。

然而，数字人民币既是货币新形态，也是金融科技业务创新。

它仍需要不断探索、创新、试验和修正,离正式发行与全面推广为时尚远。它虽然运用了诸多先进科技,但仍存在一些不确定与风险,并不是万能的、与任何风险绝缘的。由于数字人民币尚未全面推广,不少人只闻其名、不见其踪,还有很多人甚至闻所未闻。这也给了一些不法分子可乘之机。有人被冒充“公检法”的诈骗分子以资产核查为名转走数字钱包资金,有人掉入“央行国际大钱包”的传销圈套,有人转账给数字货币(DC/EP)钓鱼网站或向其发送验证码,还有人在“导师”共享屏幕注视下开通数字钱包……各种骗术五花八门,令人防不胜防。

以上种种成就与风险表明,数字人民币是动态演进、持续创新的,其推广与试点也在持续推进,新兴技术的推广存在一些风险。同任何新生事物一样,数字人民币也是利弊共存的,给各类主体带来了机遇与挑战,货币的发行管理、法律与监管体系也需与时俱进、不断完善。面对数字人民币引领的金融科技创新,人们需要全面客观地认识数字人民币,尽快掌握使用技巧,增强权利意识与风险意识,才能更好地适应不断演变的态势。

人们需要一本入门书,解读数字人民币的技术与原理,尤其是讲解数字人民币的使用技巧与场景。本书的两位作者曾合写过数字人民币的著作,初步尝试了讲解数字人民币的理论与实践。第一作者又与同仁合写了另一本相关著作,着重介绍了数字人民币的应用场景、试点与前景。这两本书反映了作者与相关同仁的认知与思考,形成了内容有交叉与互补的格局,共同构成了数字人民币通识书系列。数字人民币的试点现已进入了新阶段,各种创新与突破频现媒体,让人们应接不暇。因此,仍有必要以全新的体例，向大家进一步解读数字人民币。本书将围绕数字人民币(试点版)App展开，更加贴近社会公众的现实需求。它将成为“数字人民币通识三部曲”的第三本书。在书稿的写作与修改中，几位作者深入研读了中国人民银行的白皮书，比较研究了各国法定数字货币方案，时常关注相关试点、试验与方案的最新动态，不断完善自己的认知，修正与优化自己的观点，生怕错过一些有用信息，使书稿遗漏重要内容。尽管如此，书稿的完成进度仍然赶不上创新的速度。虽然书本总会有滞后性，但本书仍力求全面地总结数字人民币的进展，以数字人民币(试点版)App与应用场景为重点，试图为大家解答数字人民币是什么、怎么用、有哪些具体使用场景、怎么防范风险、怎么监管等问题。本书采取了问答式体例，配有必要的图表，使大家能够更全面、更直观地了解数字人民币。

本书的四位作者分别是经济学与法学专业出身，有的曾从事过金融业务、宏观审慎监管、金融法务等工作，有的正在从事数字人民币推广和实践工作，长期关注国内外法定数字货币的研发与试验动态。四位作者也都体验了数字人民币，曾赴成都、重庆等地的试点机构开展调研，与相关金融机构开展过合作，了解到不少试点现状、实务与问题。在本书的写作筹备阶段，成都唤醒与带动公益服务中心在调研组织、访谈交流方面，四川省社会科学院经济研究所的两位研究生张捷、王景在资料搜集方面做出了贡献；在本书的写作过程中，得到了不少专家、业界人士、同仁的帮助，在此一并致谢。本书代表着作者们对数字人民币的最新认知。由于本书作者们才疏学浅，书中免不了会存在一些纰漏或瑕疵，希望广大读者多多批评指正，期待着与大家共析疑义、升级认知。

目　录

第二篇　如何使用数字人民币

第三篇　数字人民币的市场、监管与治理

第一篇　认识数字人民币

我国的数字人民币试点已进入了全新的阶段。数字人民币的功能不断增多，应用场景日渐丰富，试点范围越来越广。随着数字人民币逐步深入人们的生活，人们接触到许多新概念、新术语和新技术。数字人民币技术的变革与发展日新月异，虽未颠覆人民币的本质与基本原理，却也使不少人感到陌生，难以分清它与比特币、Diem[1] 的区别，觉得它与支付宝、微信支付相差无几。数字人民币是对人民币功能的扬弃，利用新兴技术优化了人民币，我们有必要了解它的一些基本概念与原理，搞懂数字人民币是如何运作的。

本篇主要分析了数字人民币的概念与特征；比较了它与现金、其他货币形态、非现金支付以及第三方支付的异同；分析了数字人民币的技术架构与原理；解读了我国研发与试验数字人民币的原因与目标，介绍了数字人民币研发与试点的历程。

1　Diem：原名为 Libra，是科技巨头 Facebook 计划推出的稳定币项目，具体情况见本书后文。

第一章
解构数字人民币的概念

第1问：什么是数字人民币？

2019年11月份，据中国人民银行官员透露，DE/CP已基本完成了从顶层设计到联调测试的前期工作，将选择地区开展试点。[1]2020年1月10日，人民银行微信公众号和主流网站发布了《盘点央行的2019金融科技》，总结了数字人民币的工作及其重点。[2]同年10月8日，政务微博“深圳微博发布厅”发布了开展数字人民币红包试点的消息。[3]自此，随着试点扩容、应用场景增多，数字人民币引发了广大社会公众的关注和热议。各方对这一新事物充满好奇与疑虑，猜想数字人民币的用途与发展前景。人们不禁想问：什么是数字人民币，它与人民币一样吗？

早在2020年时，人民银行在一篇推文中曾将人民银行数字货币简要地界定为人民币电子版，这一界定可以说是数字人民币概念的雏形。[4]2021年7月，人民银行发布的白皮书明确界定，数字人民币是“由指定运营机构参与运营，以广义账户体系为基础，支持银行账户松耦合功能，与实物人民币等价，具有价值特征和法偿性”[5]。这是目前有关数字人民币的权威定义。我们可以结合上述定义，从本质、职能、发行管理、应用主体等维度来理解数字人民币。

其一，数字人民币与实物人民币是等价的。[6]二者仅具有形式之别，不存在实质差异。就其本质而言，数字人民币也是由国家信用保障的，是人民银行对社会公众的负债。它以数字形式实现价值转移、资金循环与流通，具有与实物人民币相同的基本功能。国家的公信力、法律制度与保障机制，使数字人民币在我国境内具有与实物人民币同样的法偿性，具有法律强制性、不得拒收。人们可以在条件允许时自由选择数字人民币或实物人民币等形式偿还债务。[7]

其二，数字人民币与实物人民币的运营体系相同。人民银行垄断了货币发行权后，货币的发行与流通呈现“人民银行—商业银行”的双层运营体系。人民银行处于这一体系的中心地位。人民银行虽然发行货币，但并不会向社会公众直接发放货币，它们是以商业银行或代理机构为中介而在市场流通的。目前，中国人民银行主导了数字人民币试点，也有权审批、监管运营机构及相关业务，未来也将正式发行数字人民币。商业银行仍将在数字人民币的兑换与流通中发挥重要作用。

其三，数字人民币具有实物人民币一样的职能。众所周知，我们在日常生活中使用现金进行消费，满足各种支付需求。随着信息技术与数字技术的推广与普及，人们使用的现金越来越少，信用卡[8]、储值卡[9]、金融 IC 卡[10]、网上银行等非现金支付工具用得越来越多。按照人民银行的设计，数字人民币目前仅仅替代了部分流通中的现金（M0），主要满足人们高频、小额交易的需求。等到未来正式发行后，数字人民币将促进支付等业务的数字化发展。

其四，数字人民币的应用主体是我国境内的个人或企业。数字人民币将会向社会公众发行，广泛用于个人或企业的日常交易。支付是通过接入支付系统与商业银行系统的端口完成的，个人常用的端口是 C 端和跨境支付端，企业常用的端口为 B 端、跨境支付端。数字人民币将有利于联结各个端口，为个人、企业提供更好的国内支付与跨境支付结算服务。此外，政府也可以通过数字人民币拓展 G 端业务，将各类财政资金精准地发放给需要扶持的中小企业或个人，监测财政资金的流向与交易情况。

背景知识

在一定程度上，数字人民币将实现对人民币的“扬弃”。数字人民币保留人民银行发行、日常支付常用、匿名性等特点，具备数字化、低成本、难伪造、可追踪、技术兼容性高等新特点。[11] 数字技术将革新人民币，使其更好地为实体经济服务。

值得注意的是数字人民币的定位。根据人民银行的设计，数字人民币旨在替代部分 M0。M0 常常与 M1、M2 等相提并论，那么它们都有什么含义呢？它们都是货币供应量指标。货币供应量是各国人民银行制定货币政策时要考虑的目标之一，我国的人民银行也不例外。1994 年以来，我国根据货币的流动性设置了 M0 到 M3 等四个指标，其中的 M0 代表流通中的现金，它是银行体系外的单位库存现金和居民的现金。M1 是狭义货币供应量，包括 M0 与企业、机关、团队等单位在银行的存款(可被视为“准货币”)。M2 包括 M1 与企业等单位在银行的定期存款，城乡居民的储蓄存款及证券客户保证金，属于广义货币供应量。而 M3 则是 M2、金融债券、商业票据、大额可转让定期存单等的总和，是按金融不断创新设置的。[12] 至于数字人民币是否会衍生出 M1、M2 和 M3 的形态，要根据市场需求、货币技术与数字经济发展状况而定。

从人民银行白皮书的界定看，数字人民币履行了与传统货币同样的职能。货币都有哪些职能呢？马克思认为，货币具有价值尺度、流通手段、支付手段、贮藏手段和世界货币等五个职能，这是对货币职能的最全面概括。价值尺度、流通手段是货币的基本职能，货币的后三种职能是其派生职能。数字人民币具有价值特性与法偿性，其基本职能与派生职能都以国家信用为保障，数字技术将优化人民币的各项职能，使其更好地服务于各市场主体的生产生活。

第 2 问：如何区分法定数字货币与相关概念？

自数字货币问世后，理论界与实务界加快研发和试验各类数字货币、法定数字货币。数字货币[13]、法定数字货币、加密货币、稳定币等等术语常常见诸媒体。人们往往分不清这个币与那个币，很有必要厘清相关概念。

在这些概念中，货币是最广义的上位概念。凡是在特定社会中充当一般等价物的商品都可以被视为货币。然而，我们所说的货币其实是一个不确定的概念。它既可以指法定货币，也可以指非法定货币、虚拟货币等，甚至是“币圈”[14]或游戏玩家观念中的货币。自从国家垄断货币发行以后，人们默认的货币往往是指法定货币。

法定货币则是由一国货币当局发行的货币。货币起初由政府或商业银行直接发行。人民银行获得法定授权后，成为垄断货币发行的唯一机构，其所发行货币便成为法定货币。我们常用的“钱”，往往指的是法定货币。它既包括实物形态的纸币与硬币；也包括各类银行卡、支付宝或微信支付用的资金等形态。在日常生活中，“钱”“现金”“现钞”“货币”“法定货币”等术语往往是同义互换的，公众的潜意识认为，钱就是买东西时能花得出去、其他人也认可它的价值与效力。从历史与现实的角度来看，唯有法定货币才符合公众这种朴素的认知。

随着比特币风靡一时，数字货币逐渐成为人们熟知的概念。数字货币是由技术巨头或技术精英创设开发与管理的，是一种去中心化的、数字形态的货币。法定数字货币是各国货币当局应对数字货币的产物，它是运用分布式账本或区块链等数字技术的、中心化的货币。数字货币倒逼着国际组织、人民银行及金融监管机构提出央行数字货币(CBDC)的概念，研究利用数字技术的中心化货币，捍卫数字时代的金融秩序与货币主权。换言之，法定数字货币是数字形式的法定货币。央行数字货币与法定数字货币大致同义，不过强调货币当局是人民银行。法定数字货币则强调具备法定发行权的机构都是发行主体，根据一国的金融体制确定其货币当局。比特币等数字货币并非人民银行等机构发行的，这类数字货币均可被归为私人数字货币。法定数字货币与私人数字货币现已成为数字货币发展的两大方向。[15]

加密货币是运用了密码加密技术的数字货币，其外延小于数字货币。虚拟货币是一个外延较广的概念，它既包括数字货币，也包括 QQ 币、论坛币等的货币。二者的共性在于都是电子形态或数字形态，但加密货币在安全性上比虚拟货币更强，故而为“币圈”人士所青睐，俨然是他们眼中的货币。它实际上已演变为一种投资品。虚拟货币又可称为民间发行的数字货币，包括通用数字货币、稳定币、数字代币和网络平台币，前三类货币往往可以被归入数字资产或加密资产，在特定群体中可以充当货币。第四种虚拟货币通常在网络中运行，表现为一种虚拟兑换工具，在虚拟空间中是观念上的货币。[16]

我们还可以根据韦恩图的原理，借鉴著名的“货币之花”模型(参见图 1.1)，从货币的发行人、形态、通用性与转移等不同维度来区分这几个概念。法定数字货币，也就是 CBDC，包括零售型 CBDC与批发型 CBDC。前者具备人民银行发行、电子形态、广泛获取与点对点支付功能；而后者不能广泛获取，只能适用于银行间市场结算业务。加密货币、虚拟货币虽与法定数字货币具有一定的共性，但并不具备人民银行发行、广泛获取等特性。

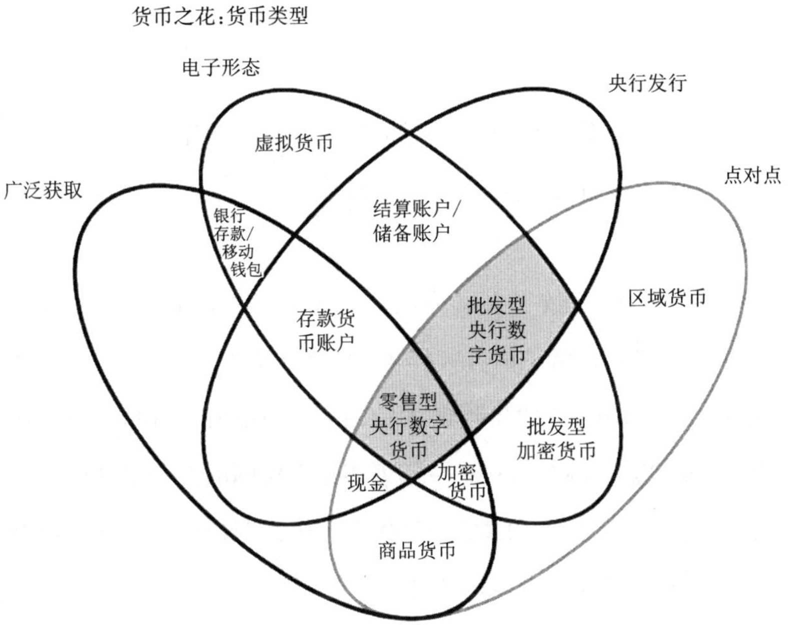

资料来源：作者编译自 Bech M. L., Garratt R., Central bank cryptocurrencies[J]. *BIS Quarterly Review*, 2017。

图 1.1 “货币之花”模型

背景知识

比特币、Diem(Libra)[17]等私人数字货币的问世，有助于我们反思货币的概念与本质。尽管社会各界对货币的概念见仁见智，但都普遍承认发行主体与货币职能是识别与区分货币的关键要素。从各类货币概念看，法定货币才是能够被社会公众广泛接受的货币，人民银行发行与管理为其价值稳定提供保障，国家信用和法律制度使其在一国范围内具有最广泛的支付效力。

第 3 问：CBDC、e-CNY 和 DC/EP 分别有什么含义？

近年来，随着数字人民币试点的深入推进，CBDC、e-CNY、DC/EP 等术语常常见诸各大媒体，不少自媒体、业界人士或学者混用这三个术语，有的强调数字人民币是中国版的 CBDC，有的认为 e-CNY 就是 DC/EP……一篇发表在人民网的文章中就同时运用了“央行数字货币”“DC/EP”“数字人民币”等概念。[18] 这几种概念并存于世，是通用且混用的，这让不少人感到困惑。

这三个术语都是英文缩略语，本身并不难理解，反映了理论界与实务界认知的演变。其中，CBDC 的全称为 Central Bank Digital Currency，其字面意思就是央行数字货币，是随着比特币（Bitcoin）出现的概念，主要指的是数字形式的央行货币，属于国际上约定俗成的通用术语。鉴于人民银行通常是一国货币的发行与管理机关，很多学者将 CBDC 译为法定数字货币，这种做法虽不那么严谨，却也没什么不妥。而 e-CNY 和 DC/EP 则是数字人民币的不同英文表达。前者是 Electronic China Yuan 的缩写，国际惯例以 CNY 表示人民币，加上 e-的前缀。后者是 DC 与 EP 的组合，DC 是 Digital Currency 的缩写，强调货币的性质是数字货币；EP 是 Electronic Payment 的缩写，强调这种货币以电子支付为手段；二者结合起来合称为“数字货币/电子支付”。2019 年，我国用 DC/EP 表示刚刚推出的数字人民币，更加突出其支付工具属性。2020 年，随着我国启动第一批数字人民币试点，e-CNY 更符合国际惯例，逐渐得到了推广，几乎成为数字人民币的代称。但一些学者或业界人士仍在使用 DC/EP。在非正式场合，e-CNY 和 DC/EP 没有任何差异。

背景知识

人民币的英文缩写是 CNY？还是 RMB？我们通常以为的人民币缩写是 RMB，它其实是汉语拼音 ren min bi 的简写，是国内常用的，国外仅在部分论文、新闻或评论中用 RMB 表示人民币。在国际贸易和金融行业，人民币的英文为 Chinese Yuan，CNY 是其缩写，这是国际上唯一被广泛认可和使用的人民币符号。因此，数字人民币用 e-CNY 是符合国际惯例的符号。

第 4 问：数字人民币是什么样子的？它有没有固定面额？

数字人民币的外观和现金一样吗？我们怀着好奇心，在体验了成都市几家试点银行的数字钱包后，有了一个有趣的发现。我们目前常用的现金是人民银行发行的第五套人民币，包括 6 种面额的纸币和 3 种面额的硬币。数字人民币有着与纸币相同的国徽、行名、主景人物等要素[19]，但其图案、金额等部分要素存在明显差异。现实中不存在 200 元或非整数面额的纸币，但数字人民币却可以显示 27、29.30、105、200 或 300 等数字。在数字钱包显示数字人民币界面的右下角，还清楚地标示着各家商业银行的行名与行徽（见图 1.2）。数字人民币的外观还藏有什么玄机，各位细心的读者不妨去下载使用数字人民币（试点版）App 体验。

图 1.2　数字人民币的外观

数字人民币表现为数字形式，我们脱离各类 App，便无法直观地观察到其金额与交易中的变动。从 App 中可见，数字人民币与现金的明显差异在于搭配图案、金额与可变面额。首先，数字人民币的搭配图案有独特的底纹图案与各行标识，这与人民币、网上银行账户、支付宝钱包及微信支付钱包都不同。其次，数字人民币的颜色与金额无关，仅代表不同的商业银行等运营机构，与其本身价值没有任何关系，不像人民币纸币用不同颜色代表不同面值。再次，数字人民币采取了可变面额设计，不同面额都有一个表达式。不论是 0.07 元、0.3 元或 1.96 元，还是 105 元、72.5 元或 300 元，都能通过收付、转账、兑换等功能，生成一个独立的表达式(如图 1.3 所示)。所谓数字人民币表达式，也就是数字人民币的价值凭证，它用来表示流通与使用中数字人民币价值的生成、转移与存储。比如，居住在成都的小明注册了工商银行的数字钱包，他给这个钱包里充值 200 元。小明刚充值完毕，他的数字钱包里生成了一个数字人民币表达式，用类似图 1.3 中那串数字表示 200 元人民币。小明先去位于成都市大石西路的某家红旗超市连锁店，花了 8 元买了一杯咖啡。这时，这家超市的数字钱包中生成了 8 元的新表达式，小明的数字钱包里也生成了 192 元的表达式。接着，小明又在翼支付 App 里开通了子钱包推送功能，给自己即将欠费的手机充值 50 元，他的数字钱包又生成了 142 元的表达式。可见，数字人民币表达式是唯一的、动态的，随着数字人民币的收付或转账而不断发生变化。表达式使数字人民币具备可追踪的属性，也蕴含着可编程等潜能。

那么，数字人民币表达式又是怎样的呢？这就需要读者们仔

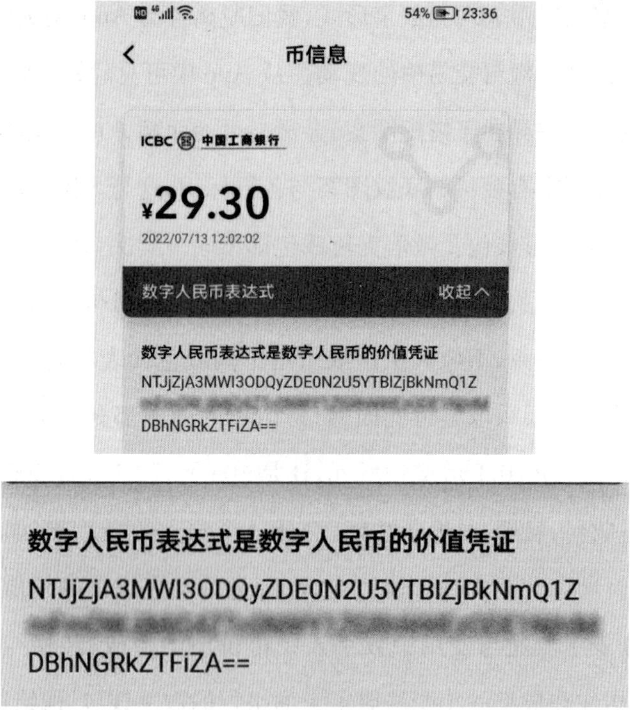

注：此图中为工商银行数字钱包中 29.30 元这笔钱的表达式。

图 1.3　数字人民币表达式

细观察自己的数字钱包了。

当看到图 1.3 的表达式时，笔者和诸位读者一样，都会觉得这不过是一连串毫无意义的乱码，有点丈二和尚摸不着头脑。其实这一长串数字就像我们每个人的身份证号码一样，都是有规律可循的。这个表达式大致可分为发行者标识、所有者标识、货币管理属性、货币安全属性、货币应用属性等部分（表 1.1）。其中，所有者标识可以与数字人民币用户的实名相关联，标示货币管理属性的数字串是按照人民银行管理与监管要求设置的。表明货币安全与应用属性的数字串可支持货币安全与风险管理，也可支持货币应用和增值服务，这两类数字串可以根据央行、监管机构及金融机构的意图设置的智能合约运行。

表 1.1　数字人民币字符串的构成与功能

组成部分	发行方标识	所有者标识	货币管理属性	货币安全属性	货币应用属性	数字货币加密数字串
功能	表明央行的独立性	可关联实名	符合央行管理与监管要求	支持货币安全与风险管理	支持货币应用与增值服务	
		可加载不影响货币使用的智能合约				

我们不妨把数字人民币的表达式看成是一种支付凭证，与使用支付宝或微信支付后形成订单号或转账单号类似。[20]它们都是验证交易双方后形成的。

那么，数字人民币有没有一个固定的面额呢？这就需要对比它与现金的面额特性。我们平常使用的现金都有固定的面额，比如 100 元、1 元、5 角都代表着相应的购买力。数字人民币以加密字符串形式实现价值转移，采取的是可变面额设计。它不再采用固定面额，0.03 元、1 元或 10 元，经过消费、转账、收付等方式形成“面额”，都会产生一个新的数字表达式。

背景知识

数字人民币的外观涉及货币图样问题，也属于货币管理的重要内容。实物人民币适用人民银行制定的图样管理办法等规章。数字人民币只能通过数字钱包的界面等显示其外观，但它同样适用于人民银行的货币管理。数字人民币表达式的生成与变动涉及数字货币技术的应用，其算法、智能合约等技术也都需要人民银行与金融监管部门进一步研究与制定。

货币的面额是货币代表的价值量。货币面额取决于诸多因素，包括商品经济的发展水平、商品生产情况、币值的稳定情况、社会公众生活水平、购买力情况及货币使用习惯等。数字人民币没有固定面额，并不是说它的币值不稳定。这种设计实现了支付结算流程的数字化，避免了现金找零的麻烦，符合社会公众的消费习惯，也可以更好地适应不同的应用场景。

第5问：数字人民币属于哪类法定数字货币（央行数字货币）？

比特币刚刚问世，就引发了学者、国际组织、各国货币当局与监管机构的关注。他们很早就开始探讨货币当局研发法定数字货币的可能性。新冠疫情、超主权稳定币等私人数字货币都对金融业带来了不小的冲击与挑战。国际组织与越来越多的人民银行投入了法定数字货币的研发与试验。国际社会有关央行数字货币的概念随着业态发展与认识深化而不断演进。2016年，时任英格兰银行副行长本·布劳德本特首次使用了央行数字货币的概念，[21]遂使之成为国际通用的术语。

2017年，国际清算银行发布了有关央行数字货币的报告，明确了央行数字货币的架构、体系与类型，已成为国际通用的类型。BIS将CBDC分为零售型CBDC(rCBDC)和批发型CBDC(mCBDC)。[22]

按照 BIS 的上述分类，我国的数字人民币主要定位于流通中的现金（M0），显然是一种零售型央行数字货币，其主要用途就是为了满足社会公众的支付需求。

背景知识

零售型 CBDC 和批发型 CBDC 到底有何异同？我们有必要来一探究竟。rCBDC 类似社会公众常用的现金，是个人和企业在日常交易中持有和使用的央行数字货币。按照用户访问模式的不同，rCBDC 又可被分为代币型 rCBDC 和账户型 rCBDC。二者的区别在于是否进行个人身份验证，账户型rCBDC就好像个人的电子钱包。至于批发型 CBDC，本质上是支付结算方式的数字化创新，是银行间支付、证券或货币基金市场结算中适用的批发资金。它通过人民银行赋予的数字账户运作，人民银行可通过算法与智能合约传导货币政策。[23]

第 6 问：数字人民币与其他货币形态有哪些异同？

很多人感到疑惑：既然数字人民币在 App 上操作，那么它不就和手机银行 App 等一样，也是个花钱的工具吗？它和纸币、票据等货币形态有差异吗？众所周知，数字人民币是一种全新的货币形态，与其他货币形态存在诸多不同。

我们要从历史与现实两个层面，分析诸多货币形态的异同。

从货币发展史看，货币经历了从实物货币、金属货币与信用货币的演变。货币在形态演变中逐步摆脱物理形态的束缚，随着社会经济状况进行相应的调整。[24]实物货币虽可充当一般等价物，促进原始社会的商品交易，却有不易分割、性状易变、认可度较低等缺陷。随着封建时代商品经济的兴起，金、银、铜等贵重金属渐次用于交易，随后出现的金属铸币逐步替代实物货币。金属铸币虽便携、易于分割，也被人们广泛接受，却无法适应复杂而高效的记账体系。于是商人信用活动与银行中介活跃起来，各类银行券等票据加速商品流通与贸易往来。当各国人民银行垄断纸币发行，纸币与黄金脱钩、与国家信用挂钩，信用货币遂成为各国经济的主要媒介。它较好地克服了实物货币、金属货币的诸多缺点，却无法打破容易引发货币超发、通货膨胀的魔咒。[25]可见，货币形态的变更是经济社会发展的产物，也是交易需求、技术创新等驱动的结果。然而，新形态货币并不会完全取代旧形态货币。纵观当今世界，实物货币仍在某些地区流行。信用货币盛行的世界里，涌现出纸币、硬币、银行卡、银行账户、商业票据等衍生货币，使货币呈现出不同的形态，并随着信用关系的变更而不断发生演变。信息技术提升了支付结算效率，更催生了电子银行、手机银行、支付宝、微信支付等非现金支付工具，促使货币发生了电子化的形态变更。这类电子货币通过销售终端、设备或电脑网络完成支付的储存价值或预先支付，但它们并未取代现金。数字人民币实现了信用关系的数字化，是计算机、互联网、大数据、云计算、分布式账本等技术因素共同作用的产物。它实现了货币形态的数字化，改变了其他信用货币与银行账户的紧耦合关系，但 M0 的定位决定了它不会完全取代实物人民币。

从现实看，一国国内流通的货币形态虽以信用货币为主，却仍呈现多种货币形态并存的格局。在我国，不仅存在人民币现钞（包括纸币和硬币[26]），也存在银行卡、银行账户、票据等衍生货币。随着数字人民币的产生与普及，信用货币将呈现为以下主要形态：纸币、辅币、银行存款货币与数字人民币。[27]数字人民币与其他货币形态主要有以下不同（见表 1.2）。

表 1.2　数字人民币与其他货币形态的比较[28]

	法定数字货币	电子货币	虚拟货币	私人数字货币
发行主体	人民银行/货币当局	银行业金融机构	网络运营商	无
适用范围	不限	网络银行、手机银行或非现金支付机具	企业网络	不限
法偿性	无限法偿	有限法偿	无法偿性	无法偿性
发行数量	依法确定	取决于法币	发行主体决定	数量一定
存储形式	数字	银行卡或账号	账号	数字
流通方式	双向流通	双向流通	单向流通	双向流通
货币价值	依法确定	与法币对等	与法币不对等	与法币不对等
信用保障	国家信用	国家信用+银行信用	企业信用	网民信任
交易安全性	较高	较高	较低	较高
交易成本	较低	较高	较低	较低
运行环境	内联网、互联网或相关设备	内联网、互联网或相关设备	企业服务器或互联网	开源软件及 P2P 网络

背景知识

货币要在市面上广泛使用与流通，必须具备公众心理与材质两方面的条件。公众心理是指接受货币的主体在心理上的确信，相信所使用的货币具备支付工具、交易媒介等效力。数千年的货币史表明，唯有国家信用支撑的货币，才使人们具有稳定的心理确信。而材质则是货币所使用的材料。充当货币的理想材料具有易于标准化、可分性、便携性及不易变质性。[29]货币形态的演变主要体现为货币材料的演变。在漫长的货币发展史中，货币形态变化受多重因素影响，如人们的交易需求、技术创新、经济社会状态等等。

第 7 问：数字人民币与现金是什么关系？它为何被纳入 M0 统计口径？

2023 年 1 月 13 日，在国务院新闻办公室的新闻发布会上，人民银行副行长宣昌能解释了数字人民币被纳入 M0 统计口径，和其他金融统计数据一并发布的目的。[30]数字人民币的主要目标是替代流通中的部分现金，理应统计在 M0 中。况且在流通中的数字人民币已形成了一定规模，有必要对数字人民币与实物人民币一起统计、分析，如此才能准确地反映流通中的货币总量，不至于使货币供应量数据失真。

各位读者可以在人民银行官网的《货币供应量》表中有三点新

发现。一是数字人民币流通量。截至 2023 年 12 月末，全国流通中数字人民币余额为 136.1 亿元。[31] 二是流通中数字人民币被纳入了 M0 的统计口径，央行从 2022 年 12 月份起做如此统计。[32] 三是 2022 年末的流通中数字人民币余额被纳入 M0 后，我国 2022 年 M0 增速为 15.3%。

人民银行将数字人民币纳入 M0 统计口径，只是金融统计的一种处理。不过也会引发我们对数字人民币与现金关系的思考。我们所说的现金是人民币的俗称，它有纸币与硬币两种形态，也有主币与辅币之分。数字人民币可谓数字现金，它与实物人民币都是我国的法定货币。

数字人民币实质是承载货币信息的一连串数据，交易双方按照人民银行算法完成币串信息[33] 的交付，实现了数字人民币所有权的转移和结算，使其支付具有法律明确性、支付终局性，优化了现金的价值特性，提升了支付结算的安全性与便捷性。数字人民币的计量单位不变，可以衡量我国境内的一切商品的价值。人们可以通过持有、转账、消费等行为，实现财物或资金的交换、债务清偿。[34] 加密技术、安全验证技术等新兴技术的运用，使数字人民币具备了“四可三不可”[35] 的特性，使其更好地发挥支付职能。

数字人民币不仅将优化货币的属性，也将有助减少货币的发行管理成本。迄今为止，我国的现金投放回笼涉及印制、存储、运输、流通与销毁等环节，每个环节都会投入大量的人力、物力与财力。据测算，人民币现金各环节运行成本大致如下：印钞企业的生产成本约 1 162 亿元/年，银行存储成本、运输成本与社会公众流通成本均为 382 亿元/年，银行销毁成本约 459 亿元/年。这几项工作的成本合计为2 767亿元/年。[36]这里还不包括人民银行投放回笼的成本。数字人民币将来如若替代一部分现金，其发行与流通均以数字形式完成，必会减少人民币发行管理成本。

数字人民币也有助于解决令金融业饱受困扰的假币问题。数字人民币上的币串信息按照安全技术、加密技术设置，不容易被伪造、变造，其安全性与便捷性都很高。它广泛用于C端、B端、G端与跨境场景，将实现对公对私场景的互联互通；其无电无网支付、双离线支付等功能可用于各类硬钱包，有助于为老年人、残障人士等弱势群体提供便捷支付服务，可以缓解数字鸿沟的问题。数字人民币可加载智能合约，优化预付资金管理，也具备精准投放政府补贴资金的潜力。

尽管数字人民币很先进，具备很多潜力，但它将遵循市场化、法制化的发展路径。它的发行并不靠行政权力的强势干预，而是以社会公众的需求为导向的。何况数字人民币并不会完全取代现金，二者将长期并存，为各类群体提供多元的支付选择。

背景知识

从金融统计的视角来理解数字人民币，它就是M0中的一部分。如前文所述，M0是最狭义的货币，是银行外各单位库存现金与居民现金之和，也是货币发行额减去金融机构库存现金。它是银行体系外的所有现金之和。展望未来，数字人民币也将随着信用创造出现M1、M2或M3。

数字人民币与现金都属于信用货币，二者只存在数字形态与实物形态之别。这意味着数字人民币将以数字技术优化现金的很多功能，并在数字经济中发挥重要作用。从长远来看，数字人民币必将成为主流货币，但它并不可能完全排斥现金。我国各地经济发展水平不一，现金仍在我国社会中发挥重要作用。数字人民币与现金并存，会给人们选择的权利与自由，也满足不同群体的需求，无疑是货币发行管理的最优选择。

第8问：数字人民币与区块链技术有什么关系？

比特币的兴衰使人们开始关注与研究区块链技术。部分法定数字货币的研发与试验中运用了区块链技术，也使人们日益关注区块链技术。很多人可能认为，数字人民币也运用了区块链。其实不然，数字人民币虽然运用了分布式账本等数字技术，却采取了开放式的技术路线，并不完全依赖区块链技术。

区块链实质上是去中心化的分布式数据库，是比特币等私人数字货币中运用的底层技术，它具有去中心化、数据难篡改等突出特点。比特币作为代表性的私人数字货币，没有类似人民银行的发行机构，交易双方按照算法规则“挖矿”，依靠区块链各节点保障系统运转。尽管比特币具有安全、及时等优势，可更好更快地转移价值，但由于区块链的扩展耗费大量电力，属于资源能耗较大的数字化活动。

尽管区块链技术已在很多行政公务中广泛应用，也在金融行业被普遍用于研发相关产品；但数字人民币虽运用了分布式账本技术、智能合约技术，与区块链技术存在一些差异。数字人民币仍沿用“人民银行—商业银行”的运营体系，是一种中心化的架构。

与区块链的去中心化架构存在本质差异。数字人民币原型虽曾考虑过私有链、公有链与联盟链等不同架构，但试点中却主要是对现有支付结算系统的升级改造。

区块链技术是否会运用于各类新兴业务，既取决于该技术本身能否实现迭代，也会取决于数字人民币的定位与发展。数字人民币将来会成为主流货币，不只会替代部分 M0，甚至会替代 M1、M2 和 M3。当数字人民币替代 M0 时，需按中心化架构运作；倘若出现 M1、M2 和 M3 的数字化趋势，彻底的中心化运作无法满足金融创新需求，需要实现整体中心化与局部去中心化的兼容与交互操作。金融机构会开展各类数字人民币信用创造，创设各类衍生货币产品。这时需要金融机构创设各类区块链实现金融服务的迭代。因此，未来数字人民币的架构将会是总体中心化、局部去中心化的，各界需要以技术创新实现中心化与去中心化的兼容。

背景知识

所谓区块链，即一个又一个区块组成的链条。每一个区块中保存了一定的信息，按照各自产生的时间顺序连接成链条。这个链条被保存在所有的服务器中，只要整个系统中有一台服务器可以工作，整条区块链就是安全的。这些服务器在区块链系统中被称为节点，为整个区块链系统提供存储空间和算力支持。如果要修改区块链中的信息，必须征得半数以上节点的同意并修改所有节点中的信息，而这些节点通常掌握在不同的主体手中，因此篡改区块链中的信息是一件极其困难的事。区块链记录的信息更加真实可靠，可以帮助解决人们互不信任的问题。

第9问：数字人民币与比特币、Diem（Libra）是什么关系？

很多人会问：数字人民币与比特币、Diem（Libra）一样吗？它们之间有什么关系？仅从形态看，它们都属于数字货币，都以数字形式发行、流通，并以数字形式实现价值转移。然而，数字人民币是法定数字货币；比特币、Diem（Libra）都属于私人数字货币，二者都属于数字货币的两个类型。尽管两类数字货币运用了类似的数字技术，但存在天壤之别。

第一，法律地位不同。数字人民币是人民币的数字形式，也是由人民银行发行的我国法定货币。它的币值是稳定的，在我国境内具有无限法偿性。它与其他CBDC一样，是未来法定货币的一种形式。比特币、Diem（Libra）只是数字资产，是“挖矿”或执行Meta算法的产物。它们虽具备了货币的诸多职能，也是部分“币圈”人士眼中的货币，却存在价格波动大的弊端，更容易激发人们的投机行为，因缺乏稳定性而无法作为法定货币应用。

第二，底层逻辑不同。数字人民币以国家信用为保障，是中心化架构。它仍由人民银行发行、监管，商业银行负责分发。其他CBDC同样以国家信用为担保，也具有整体中心化的架构。比特币以网民信任为保障，是彻底的去中心化架构。Diem（Libra）是不完全的去中心化架构，基础是网络巨头Facebook的信用，以这种企业信用为依托。

第三，运营体系不同。与大多数CBDC的间接分发模式一样，数字人民币仍遵循"人民银行—商业银行"的运营体系。比特币、Diem(Libra)脱离了金融中介机构,其运作机制与体系极不稳定。

第四,运用的技术不同。数字人民币不设置任何技术限制,对相关技术创新持开放态度。[37]它综合运用了分布式账本技术等新兴技术,可以兼容灵活性与高并发性。其他 CBDC 对区块链技术是选择性适用,根据其原型、设计方案与国情而确定相应技术。比特币、Diem(Libra)主要运用了区块链技术,虽能提升单笔支付结算的效率,但会耗费大量电力与财力。

第五,价值特性不同。数字人民币的币串由所有者标识及相关字段组成,币串上负载的信息使其被赋予了国家信用,使数字人民币具有了价值尺度、支付手段等职能,也具备了较强的可靠性与安全性。[38]其他 CBDC 也通过数字技术等先进技术保障了其安全性。比特币的价值体现在"挖矿"消耗的电力与"矿工"劳力,其价格忽高忽低,极易受到市场情绪与投机行为的影响,价值基础极不稳定。Diem(Libra)虽与主权货币挂钩、价格波动性小,但其价值仍不稳固,可能会因网络攻击等事件暴跌。如"币圈"著名的 LUNA 币曾经历过暴跌,从 2022 年 5 月 5 日的 87 美元/枚降至 5 月13 日的 0.000 05 美元/枚。[39]可见,稳定币的价值仍然不稳定,无法成为普遍流通的货币。

背景知识

Diem 原名为 Libra。2019 年 6 月 8 日,全球社交巨头 Facebook 发布白皮书,研发名为 Libra 的加密货币,旨在使其成为一个新的去中心化区块链,低波动性的加密货币和一个智能合约平台。当 Libra 白皮书发布后,引发了国际组织、各国货币当局、金融监管机构的高度关注,扎克伯格及各项目负责人先后多次参加美国监管当局的听证会，接受了官方的质询。由于各国监管机构态度强硬，项目组不得不修改其项目白皮书，将完全去中心化的 Libra 币机制修改为与美元、欧元等主要货币挂钩的机制。Libra 后来又被更名为 Diem，强调其使命是建立一套简单的、无国界的货币和为数十亿人服务的金融基础设施。但项目组始终没能取得监管机构的准许，私人数字货币市场频发诸多风险事件，使内部成员的分歧不断，随着不少参与者陆续退出研发，Diem (Libra) 项目至今未能付诸实践，似乎已走向了“终结”。[40]

第 10 问：数字人民币与非现金支付工具是什么关系？

在日常消费中，我们已习惯于经常使用支付宝与微信支付，大家早已对这两种常用的非现金支付工具习以为常。非现金支付包括票据支付、银行卡支付、条码支付、[41] 第三方支付。数字人民币作为新兴支付工具的独特性更明显。

从主体与业务属性来看，数字人民币与票据、银行卡及银行条码等支付工具一样，都是银行机构经营的零售支付工具，也都属于银行中间业务[42]的组成部分。第三方支付的经营主体都是持有支付牌照的非银行机构，比如支付宝、微信支付、拉卡拉等等。它们所经营的支付结算业务都属于非银行金融机构经营的银行中间业务。

从支付业务运作方式来看，数字人民币与其他非现金支付都有很多共性。这几种支付工具都有交易限额，但票据的交易金额很大，其他几种交易金额较小。当票据被用于融资时，就变成了一种“衍生货币”。数字人民币的交易限额与银行卡的限额类似。银行条码就是银行的二维码，通过扫描或手机银行操作完成支付。数字人民币也可以选择条码支付，还可以在银行网点或在升级改造后的ATM、POS机具上使用。而票据或银行卡一般无法使用条码支付，只能用于传统的ATM、POS机具。数字人民币钱包既可绑定银行卡或脱离银行卡，还可转存入银行卡。但是，只有开通了数字人民币的银行卡，才能向数字人民币钱包充值。

从市场发展来看，票据与商业活动相伴相生。现金可被视为人民银行票据，二者都属于有价证券，存在一定的亲缘关系。但票据以给付金钱为主要目的，现代票据兼具结算、融资、信用等功能，并呈现电子化、数字化发展趋势。银行卡是现金无纸化的产物，促使支付工具由纸基转向为卡基。[43]第三方支付、条码支付则是移动支付技术迭代的创新产物，借助于互联网技术实现了一定程度的金融脱媒，使智能手机演变为一种移动支付工具。因此，支付机构与银行之间在支付业务与市场中形成了竞争关系。数字人民币是运用数字技术的产物，是人民银行对比特币、区块链等新事物的回应，可以增强支付的便捷性、安全性与普惠性。

从各支付工具的关系来看，数字人民币与其他非现金支付工具并不是排斥关系，而是并存与竞争的关系。它们都可以满足不同群体的需求，服务于不同的交易场景。随着将来技术迭代加速，数字人民币将与其他非现金支付实现融合发展。

背景知识

在当代,非现金支付工具主要有票据、银行卡和电子支付工具,如信用卡、联名卡、储值卡、虚拟卡、购物卡等。[44]非现金支付工具以银行信用为基础,是银行信用制度和结算制度的产物。票据、银行卡、条码等支付工具都是由新兴技术与公众需求驱动的,金额、习惯、风险及价格等因素都会影响人们对非现金支付工具的选择。只要公众尚有需求,市场尚有相关交易,新兴支付工具就不会完全取代传统支付工具。一个发达经济体中往往存在多元化的非现金支付工具,也会供给相应的现金,为不同地区、不同群体提供适配的支付服务。数字人民币提升了非现金支付的效率,也将带动数字支付的变革,但不会完全替代这类支付工具。随着经济社会发展,一些非现金支付工具已不单单是价值转移媒介,也具备了日益增强的金融属性,还会发挥优化资金配置、增强流动性管理、畅通货币传导机制等重要作用。[45]

第11问:数字人民币和第三方支付有什么区别?

支付宝、微信支付也许是大多数人最常用的App,我们使用它们的频率远超过各类银行卡或网络银行服务,甚至超过人民银行推出的云闪付。人民银行试验数字人民币之际,便引发了很多人的猜想。很多人觉得数字人民币可能会取代支付宝和微信支付。然而,随着支付宝、微信支付都可接入数字人民币,这类说法不攻自破。

从表象上看，我们都要下载和使用 App，才能使用数字人民币、支付宝和微信支付。但它们有明显的区别。最关键的是，数字人民币是数字化人民币，在我国境内具有法偿性。支付宝、微信支付都只是第三方支付工具。我们可以从主体、形态、匿名性、便捷性、交易环境和透明度等方面来分析。

第一，数字人民币的发行与监管主体是人民银行，背后有国家信用的支撑，这也是其无限法偿性的来源。支付宝和微信支付都是两家互联网平台推出的服务，依靠企业信用运转。

第二，数字人民币与支付宝、微信支付的载体不同。数字人民币既可在 App 附设的软钱包中使用，也可以在智能卡、智能穿戴等设备上使用。支付宝、微信支付只能通过支付软件和 App 使用。此外，数字人民币的转出、存入或兑换，均不收取任何手续费。实名认证的用户，在支付宝、微信支付上转出累计超过 2 万元资金，会收取一定的手续费。

第三，数字人民币依照不同类型的数字钱包，设定完全匿名、实名制等机制，安全性、隐秘性和便捷性更强。除非在反洗钱、反恐怖主义融资等法定条件下可被追踪，别人一般无法查询交易情况。而支付宝、微信支付是不完全匿名的，后台可以查询用户的资金流向或支付数据。

第四，数字人民币在我国境内具有绝对的法偿性，原则上任何人或任何机构都不得拒收。而后二者只具有相对的效力，人们可以选择使用，也是可以被拒绝的。

第五，数字人民币可以在网络中断、光线暗弱、二维码无法识别等情形下正常使用，具有双离线支付、近场支付等独特功能。支付宝、微信支付受制于网络、光源、手机信号等因素，离开网络和智能手机就无法适用。

第六，数字人民币的监管透明度较高，人民银行、商业银行可以在授权范围内查询所有的交易流程，提取反洗钱、反恐融资所需的必要信息。支付宝、微信支付的监管透明度一般，可能存在数据孤岛、"围墙花园"等问题，无法获取监管所必需的数据。

背景知识

第三方支付，即商业银行支付外的交易媒介、工具或行业。大家熟悉的支付宝支付、微信支付，就是最常见、最知名的第三方支付工具。在两大支付工具的助力下，人们在社交之余便可轻松支付、缴费，多余的闲钱还可存入财付通、余额宝等钱包。然而，支付宝与微信都存在不便监管、垄断及侵害消费者数据权益等问题，成为游离于央行监管的"影子银行"。近年来，我国央行、银保监会等机构加大监管力度，采取"断直连"行动等监管措施，促使两大第三方支付机构积极整改、优化服务。数字人民币为社会公众提供了全新的支付选择，与支付宝、微信支付实现了互联互通，各类支付工具并非排斥关系，而是竞争、互补的关系，这也有利于提升支付结算服务水平。

第 12 问：如何看待数字人民币的形态变化与支付变革？

货币形态是伴随着现实经济社会发展状况而不断演进的。货币自诞生至今，经历了实物货币、金属铸币、纸币、电子货币等阶段。货币形态的不断演变，是商品交易、社会公众需求与技术迭代驱动的结果。[46]数字人民币适应了数字经济发展的趋势，将为社会公众提供更加便捷、安全和多元的支付工具，也是我国央行主动探索创新金融科技的结果。

纵观数千年的货币形态演变史，现实货币体系是多种形态并存的。从金属货币到纸币经历了两千多年的时间，从纸币到银行纸币、法定纸币经过了一千多年，电子银行、网络银行的普及才数十年，但并未完全取代原有的货币形态。我们正处于纸币、电子货币与数字货币交替的时期，尽管各个国家或地区仍在广泛使用纸币，但银行电子货币已成为主要支付工具，普遍呈现纸币与新兴支付方式并存的格局。[47]如今，我国正在试点数字人民币，这种新兴货币形态是信用货币的革新，它并不会完全排斥和取代其他货币形态，并将与纸币和电子货币等长期并存。

货币形态变化的背后是支付模式乃至支付市场的变革。从目前试点的情况看，数字人民币主要用于支付结算业务，已初步形成了数字支付的产业链，也将持续带动我国的支付变革。纵观我国支付行业的演变历程，支付技术、模式与业务的革新与银行卡、电子银行等业务相伴相生。可以说，数字人民币的发展渊源于银行卡在我国的普及，其间发生了技术迭代、业态优化、模式创新，这个历程大致分为以下六个阶段。

第一阶段，银行卡从起步到深入发展。我国的银行卡业务肇端于 1985 年，经过了起步阶段、金卡工程阶段、联网通用及深入发展等阶段。截至 2022 年二季度末，全国累计开立银行卡 92.99 亿张，人均持有银行卡 6.58 张。[48]

第二阶段，传统卡支付普及时代。随着银行卡业务量的不断增长，银行卡日益成为我国主要的非现金支付工具。2005 年，我国成立了银行卡联合组织——中国银联（China Union Pay），通过银联跨行交易清算系统，实现系统间的互联互通，制定银联卡标准规范，防范银行卡交易风险，保障银行卡跨行、跨区域跨境使用。

第三阶段，第三方支付兴起时代。2004 年，支付宝网络技术公司成立，开始独立运营支付业务。与此同时，其他获批平台企业也开发了相应的支付服务，第三方支付行业迅速崛起。

第四阶段，移动支付"双雄"并立时代。2013 年，腾讯集团推出微信支付服务，成为与支付宝并存的两大支付平台。两大平台均推出支付二维码服务，这种条码支付简单、安全、快速、便捷，微信支付和支付宝支付成为大家最常用的两大支付工具。这两大支付平台极盛时期几乎完全占据了我国的支付市场，形成了"双寡头"格局。

第五阶段，"断、直、连"时代。随着第三方支付行业的迅猛发展，部分第三方支付机构涉嫌违法犯罪活动，产生挪用备付金、洗钱等问题。2017 年至 2020 年间，我国央行陆续发布规范性文件、规章，加强条码支付业务、备付金管理，也开展了"二清"行动等整顿活动，进一步规范了第三方支付市场和业务。

第六阶段，数字人民币时代。2019 年，我国开始内测 DC/EP；2020 年启动了深圳、苏州、雄安、成都试点，并在 2020 年以后将试点范围逐步扩容至"10 + 1""23 地区""17 省 26 地"，并在广东、江苏、四川、河北、海南等 5 省开展了全省全域试点。

背景知识

数字人民币的问世，意味着人民币从实物形态向数字形态的演变。它的发行主体、管理与运行体制与实物人民币相同，仍然是一种由国家信用保障的信用货币。换言之，数字人民币标志着信用货币由实物形态转变为数字形态，将成为与数字经济相适应的货币，成为联通数字经济与实体经济的桥梁。

货币主要充当支付手段，货币形态的演变可谓支付模式、技术与工具的演变。数字人民币带来的支付变革是深刻的、渐进性的与可持续的。这种支付变革是深刻的。数字人民币将成为新型金融基础设施，成为数字经济时代的输血管道，支付业务底层逻辑的转变将促使人民银行、金融机构及企业实现数字化转型。这种支付变革是渐进性的。数字人民币尚处于试点中，遵循安全可控的、市场化的推广模式，市场主体与行业可以逐步探索适应试点发展的态势，避免盲目推进试点带来的风险与挑战。这种支付变革也是可持续的。数字人民币保持开放的技术路线，与市场、行业不断推进相关研发与试验，使试点与推广能够符合社会公众需求，不断适应业态与市场的发展变化。

注释

1. 动性转移网易号. 央行数字货币 DECP，敢为全球央行先[EB/OL]. 网易号，2020-01-28[2023-08-02]. https://www.163.com/dy/article/F40HJCFC053777U8.html.
2. 盘点央行的 2019：金融科技（图）[EB/OL]. 中国人民银行，2020-01-10[2023-08-02]. http://finance.sina.com.cn/money/bank/bank_hydt/2020-01-10/doc-iihnzahk3180096.shtml.
3. 中国证券报. 深圳开展数字人民币红包试点[N/OL]. 新华网，2020-10-10[2023-08-11]. http://www.xinhuanet.com/money/2020-10/10/c_1126587977.htm.
4. 《什么是中国版数字货币？怎么用？央行回应！》，来源：央行新闻客户端，2020 年 4 月 19 日。
5. 中国人民银行数字人民币研发工作组：《中国数字人民币的研发进展白皮书》，2021 年，第 13 页。
6. 所谓“实物人民币”，也就是我们常用的人民币纸币与硬币。
7. 李晶：《数字货币与日常生活》，上海人民出版社 2021 年版，第 71 页。
8. 信用卡：简而言之，这是可以授信、放贷、透支的银行卡，是一种贷记卡。
9. 储值卡：发卡行根据持卡人要求将其资金转至卡内储存，交易时直接扣掉卡内款项的银行卡，是一种预付钱包式借记卡。
10. 金融 IC 卡：以芯片作为介质的银行卡，可以存储密钥、数字证书、指纹等信息，具有存储容量大、可一卡多用等优点。

11. 李晶:《数字货币与日常生活》,上海人民出版社 2021 年版,第 66—83 页。

12. 易纲、吴有昌:《货币银行学》,上海人民出版社 2006 年版,第 22—23 页。

13. 有学者认为,自 2016 年以后,在我国的语境下,数字货币与央行数字货币是同义的。这种说法立足于我国实际,颇具启示性。但本书仍认为数字货币是法定数字货币与私人数字货币的上位概念。参见李晶:《数字货币与日常生活》,上海人民出版社 2021 年版,第 13 页。

14. 币圈:数字货币的拥趸、技术爱好者、投机者等群体形成的圈子。

15. 李晶:《数字货币与日常生活》,上海人民出版社 2021 年版,第 4 页。

16. 刘磊、吴之欧:《数字货币与法》,法律出版社 2022 年版,第 26、32—35 页。

17. Diem(Libra):Libra 是科技巨头 Facebook 发布的一种稳定币项目,因受到美国、欧洲监管机构多次质询,后改名为盯住美元等一篮子货币的 Diem。随着参与者逐步丧失了研发兴趣,该项目仍处于停滞状态。

18.《数字货币正式落地还有多远?未来如何影响我们的生活?》,来源:人民网,2020 年 4 月 22 日。

19. 货币金银局. 中华人民共和国货币概况(2021 年 5 月)[EB/OL].中国人民银行,2021-06-03[2023-09-03]. http://www.pbc.gov.cn/huobijinyinju/147948/147954/147956/4261054/index.html.

20. 我们使用支付宝支付后形成的是商家订单号,是用条码表示的;使用微信支付后形成的是转账单号,他们都具有单一性。但数字人民币的安全性和可追踪性更强。

21. Broadbent, B. (2016): "Central banks and digital currencies", speech at the London School of Economics, 2 March. https://www.bankofengland.co.uk/speech/2016/central-banks-and-digital-currencies.

22. [英]本·布劳德本特,蔡萌浙.人民银行与数字货币[J].中国金融,2016(08).

23. CPMI, Central bank digital currencies, March 2018, https://www.bis.org/cpmi/publ/d174.pdf.

24. 周子衡:《变轨——数字经济及其货币演进》,中译出版社 2021 年版,第 219—223 页。

25. 余雪扬:《法定数字货币法法定数字货币法经济逻辑与制度规则研究辑与制度规则研究》,江西财经大学 2021 年博士学位论文,第 29—32 页。

26. 此处所说的硬币包括贵重金属货币与普通金属货币,都是可流通的人民币。普通金属货币又有普通金属纪念币、主币与辅币。其中,主币就是我们常用的 1 元硬币,辅币包括 5 角、5 分与 1 分。

27. 刘磊、吴之欧:《数字货币与法》,法律出版社 2022 年版,第 17 页。

28. 陈耿宣、景欣、李红黎:《数字人民币》,中国经济出版社 2022 年版,第 16 页。

29. 易纲、吴有昌:《货币银行学》,上海人民出版社 2006 年版,第 26 页。

30. 2022 年金融统计数据新闻发布会文字实录[EB/OL].中国人民银行,2023-01-13[2024-01-19]. http://www.pbc.gov.cn/goutongjiaoliu/113456/113469/4770146/index.html.

31. 调查统计司. 货币供应量[EB/OL].中国人民银行,2024-01-16[2024-01-19]. http://

www.pbc.gov.cn/diaochatongjisi/resource/cms/2024/01/2024011616043249340.htm.

32. 调查统计司. 货币供应量[EB/OL].中国人民银行,2023-01-13[2023-01-19]. http://www.pbc.gov.cn/diaochatongjisi/resource/cms/2023/01/2023011616255071886.htm.

33. 币串信息:承载数字人民币数字串的信息。

34. 穆长春.关于数字人民币价值特征法律问题的思考[EB/OL].移动支付网, 2022-09-15[2023-12-12]. https://www.mpaypass.com.cn/news/202209/15114755.html.

35. "四可"是指可流通、可被存储、可在线下交易、可控匿名性;"三不可"是指不可伪造性、不可重复交易性、不可抵赖性。

36. 央行数字货币 DCEP 金融时代加速到来将带给你哪些影响[EB/OL]新浪财经, 2020-08-19[2023-12-12]. https://finance.sina.com.cn/blockchain/roll/2020-08-19/doc-iivhuipn-9393284.shtml.

37. 中国人民银行数字人民币研发工作组:《中国数字人民币的研发进展白皮书》,2021 年 7 月,第 11 页。

38. 穆长春.关于数字人民币价值特征法律问题的思考[EB/OL].移动支付网, 2022-09-15[2023-12-22]. https://www.mpaypass.com.cn/news/202209/15114755.html.

39. 支付结算司, 2022 年第二季度支付体系运行总体情况[BE/OL].中国人民银行官网, 2022-11-01[2023-11-19]. http://www.pbc.gov.cn/zhifujiesuansi/128525/128545/128643/4661698/index.html.

40. 火星财经, Facebook 雄心勃勃的稳定币项目 Diem 是如何一步步走向终结的? [BE/OL].快资讯, 2022-02-03[2023-11-21]. https://www.360kuai.com/pc/9d7109b722b1af839?cota=3&kuai_so=1&sign=360_57c3bbd1&refer_scene=so_1.

41. 条码支付:是一种快捷、安全的现场支付方式,以收银系统或智能手机扫描条形码或二维码完成付款或收银。

42. 银行中间业务:是指不构成银行表内的资产业务、负债业务,包括本外币结算、理财、银行卡、代理义务等。

43. 支付结算司,互联网时代的支付变革[EB/OL].中国人民银行官网, 2015-04-23[2023-12-05]. http://www.pbc.gov.cn/zhifujiesuansi/128525/128531/2811423/index.html.

44. 帅青红、刘映、刘潼主编:《电子支付与结算》,东北财经大学出版社 2021 年版,第 10 页。

45. 帅青红、刘映、刘潼主编:《电子支付与结算》,东北财经大学出版社 2021 年版,第 10 页。

46. 陈耿宣、景欣、李红黎:《数字人民币》,中国经济出版社 2022 年版,第 16 页。

47. 周子衡:《变轨——数字经济及其货币演进》,中译出版社 2021 年版,第 220 页。

48. 支付结算司, 2022 年第二季度支付体系运行总体情况[EB/OL].中国人民银行官网, 2022-11-01[2023-11-19]. http://www.pbc.gov.cn/zhifujiesuansi/128525/128545/128643/4661698/index.html.

第二章
解密数字人民币的技术

第 13 问：数字人民币有没有利息？

问这个问题，其实相当于在问：钱包里的数字人民币会产生利息吗？因为很多人觉得，数字人民币没有利息，不像支付宝、微信支付那样更实惠，所以没有什么吸引力。这么想的人们，其实混淆了货币与支付工具、银行账户的区别。

我们结合自己持有现金的情形，就可以搞明白这三者的区别。当我们在钱包里装着一笔现金时，这笔现金并不会产生利息；我们把它存放在家里的某个角落时，它仍旧不会有利息。换言之，只要我们没有将自己持有的货币存进银行或者有偿地借给别人，那么它便不会产生利息。当我们从钱包取出一笔现金买东西，这笔被花掉的现金就充当了支付工具。只有把这笔现金存进银行账户或者以约定的利息借给别人，它才会产生利息。也就是说，利息是我们把现金借给银行或有偿借给别人获得的使用费。我们每个人在使用支付宝、微信支付 App 时，其实是将其中的资金用于支付而已。当我们使用余额宝、微信零钱存放这笔资金时就会产生利息，这不过是我们在使用支付宝、微信支付 App 的理财功能而已。

以此类推，我们持有数字人民币，也不可能自己给自己支付利息。[1]数字人民币主要是替代流通中的部分现金，既不会产生利息，也不会产生兑换等服务费用。数字人民币目前有软钱包和硬钱包，可以脱离银行账户使用，实现双离线支付等功能。但这两类钱包都只是呈现为数字人民币（试点）App 或智能设备等数字化钱包，都不会产生利息。我们想获得利息，要么把数字人民币存入银行，要么将之放进余额宝等工具。如果未来数字人民币（试点）App 具备了更多功能，那么我们将可以较快地切换到储蓄功能，但仍然不会改变数字人民币本身不能产生利息的实质。

背景知识

在此，我们需要简单地了解货币、数字货币与利息的关系。利息的多少取决于本金、存期与利率。利率受延迟消费、通胀预期、替代性投资、投资风险、流动性偏好等因素影响。比特币等私人数字货币企图取代银行中介作用，却演变为并非货币的数字资产，变成了一种投资品。倘若法定数字货币取代所有的现金，它便会成为实质上的负利率工具。[2]法定数字货币只要被当作货币使用，一般是不会产生利息的。

此外，我们还需要了解数字人民币的软钱包和硬钱包。软钱包主要是指数字人民币（试点版）App，硬钱包不仅包括各种支付卡，也包括各类创新的支付载体。我们会在后文中详细地解释二者的区别。

第14问：数字人民币的支付离不开账户吗？

刚接触数字人民币的人们，可能会有这样的疑惑：数字人民币的支付依赖于账户吗？

我们一般会把“钱”存在一家银行里，在这家银行开立一个账户。银行账户可谓支付交易结算的载体，解决现金支付无法解决跨时跨地交易的问题。大家常用的微信支付、支付宝支付离开了所绑定的银行账户，就无法完成支付的清算、结算等环节。我们在非现金支付中一般也需要用银行账户进行结算。

可见，货币与银行账户一般是“紧耦合”的关系。人们倘若不使用银行账户转账、结算，则无法成功转移资金。数字人民币依托于传统的商业银行账户，在基本账户上增加了数字人民币钱包ID字段。这种设计改变了货币与银行账户的关系，可以使货币与银行账户呈现“松耦合”的关系。人们脱离了银行账户，也可以使用数字人民币。在各试点地区，我们可以看到数字人民币可以用于离线支付，也可以在可穿戴设备或异形智能卡中使用，便是实现了账户松耦合的功能。

背景知识

什么是紧耦合与松耦合？首先要从耦合说起。耦合是指两个及以上模块或体系相互作用、相互影响、相互联合的现象；紧或松是彼此影响或联系的程度。只要事物之间存在相互影响和作用，都可以被视为一种耦合。货币与账户之间就存在耦合关系。紧耦合意味着模块或体系的独立性差，维护成本较高。松耦合说明模块或体系可以出现一定程度的脱离，具有便于维护管理的优势。

随着银行业不断深入研发与适用数字技术，支付结算业务也呈现场景化发展趋势，货币与账户都以数字化形式流通、循环。银行核心系统交易范围越来越广，需要系统做出更加敏捷而快速的反应。紧耦合状态的模块或体系难以更新升级，架构的灵活性与扩张性不足。松耦合可以减少某些系统变动或故障对体系的影响，能更好地适应客户的需求。

数字人民币可以脱离账户的束缚，表明货币与账户的松耦合特性，可以满足客户即时支付结算的需求。

第 15 问：数字人民币遵循了哪些设计原则？有哪些设计特点？

我国设计数字人民币的架构、体系与场景时，遵循“依法合规、安全便捷、开放包容”的设计原则。[3]

第一，依法合规。我国是在合法合规的前提下开展数字人民币的研发与试点的。2014 年至 2019 年之间，人民银行按照法定职责，开展了有关数字人民币的理论与技术研究。2017 年，人民银行在经过国务院批准后，与商业银行开展了测试。2019 年至今的内部测试与试点都是依照相关机构的法定职责开展的，并形成了各方协同推进的领导小组与工作机制。在研发与试点中，人民银行与金融机构严格遵循人民币与金融科技的管理规则，恪守反洗钱、反恐怖融资与外汇管理等法律法规，强化数据与隐私保护法律规则与技术规范，相关的技术创新与场景拓展都被纳入了金融监管。这些措施都保障了数字人民币试点的稳步推进。

第二，安全便捷。数字人民币的体系与技术优化了货币职能，提升了支付结算效率，使货币流通脱离了银行账户的束缚，适应在线和离线的各类场景，避免技术素养、网络、环境与条件的障碍，使各类群体都能安全、便捷地进行支付交易。数字人民币运营体系保持了灵活性、并发性与业务连续性。

第三，开放包容。人民银行对技术研发保持开放态度，力促数字人民币试点的规范化、市场化与法治化。各运营机构充分发挥比较优势与专业特长，不断探索创新货币技术、应用场景，商业银行、支付机构之间保持竞争、合作，加快技术迭代与服务更新。越来越多的市场主体参与试点，共同推进新兴支付与传统支付的融合发展，实现对公对私场景与跨境场景的交互操作。我国央行与市场主体也积极参与了货币桥等跨境支付项目，积极开展法定数字货币的国际合作。

数字人民币兼备实物人民币和电子支付工具的优势。在数字人民币的原型构想中，综合了两类支付工具的特性，又避免了其不足。它具有以下诸多方面的设计特性：第一，本质属性。数字人民币定位于M0，具有价值特性，以加密币串形式实现价值转移；它具有可变面额，不计付利息，又兼具账户特性。第二，功能特性。数字人民币与银行账户松耦合，通过数字钱包转移资金，使支付流程简化为“支付即结算”，提升了货币的便捷性。它具有“小额匿名、大额依法追溯”的特点，兼顾了个人信息与隐私保护；它综合运用了数字证书[4]、数字签名[5]、加密技术等技术，具备了“四可三不可”优势，在全生命周期中有安全保障、风险可控。这些特点又增强了货币发行管理、支付结算的安全性。[6]第三，成本优势。数字人民币遵循实物人民币的发行管理与运营体系，其兑换、流通与交易不收任何服务费用，也将减少货币投放回笼的成本。第四，潜在优势。数字人民币加载了与货币功能兼容的智能合约，可广泛运用于预付资金管理、资金扶持等领域，可以按照双方商定与预设的条件自动执行交易，未来将有助于提升货币政策的精准性。

背景知识

国际社会将法定数字货币分为基于账户、基于准账户、基于价值等类型，可用于替代现金或用于批发型结算。[7]我国将数字人民币定位为替代部分流通中的M0，又具备了账户与价值特性。从试点现状看，数字人民币在互联互通上可兼容零售支付或批发结算的需求；可通过App或银行账户、平台接入；其发行流通总体上是双层经营体系，对交易记录和对账可以运用分布式账本技术。总之，数字人民币的诸多设计特性，使其成为一种混合型法定数字货币（CBDC）。[8]

第16问：数字人民币的技术框架是什么样的？

人民银行在经过反复探讨与试验后，终于选定了安全、稳健、开放与包容的技术路线，既要对各类新兴技术兼收并蓄、扬长避短，也要兼顾我国经济社会发展现状与公众需求。

首先，数字人民币的技术路线是渐进性的、动态的。数字人民币的研发与推广是长期的过程，需要央行与各市场主体积极互动，立足于各自的技术优势与实际，不断推动试点与技术的演进和升级，并以公众需求与市场需求为导向，密切关注国内外试验与监管动态，积极参与国际国内合作。

其次，数字人民币是技术驱动的，促使系统转型升级。在研发与试点中，我国以分布式与平台化结合，增强了数字人民币系统的韧性与可扩展性。综合运用了可信计算、加密技术等新兴技术，增强了数字人民币系统的可靠性与稳健性。同时，我国也结合国情，推动多层次安全体系建设，采取多点多活数据中心解决方案，保障7×24小时连续服务，能够妥善应对灾难与突发事件，也可以适应高并发等场景。[9]

最后，数字人民币的整体架构实现了中心化与去中心化的兼容。我国央行在数字人民币的发行管理中发挥重要作用，是数字人民币及业务的监管者、助推者与运营者，数字人民币只有在双层经营体系中才能保持币值稳定。但数字人民币又能实现点对点支付，可以优化支付结算与未来的衍生活动，需要在局部交易中实现去中心化。这种架构形成了稳态与敏态双模共存[10]，避免了完全去中心化的弊端与能耗等问题。

BIS运用了货币金字塔模型，对数字人民币与电子克朗、加拿大CBDC应急计划进行了比较研究，认为数字人民币属于混合型CBDC，具有账基、零型与批发型兼容等特性。如图2.1所示。

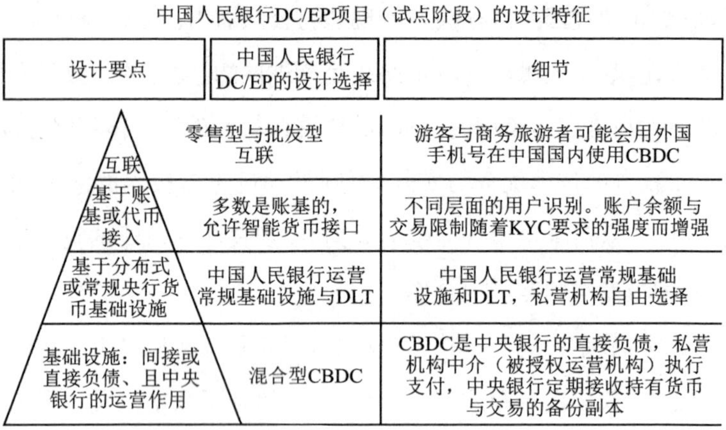

注：选自 Auer 和 Bohme(2020 年)及与中国人民银行工作人员的谈话。

资料来源：Raphael Auer，Giulio Cornelli，and Jon Frost，Rise of the central bank digital currencies：drivers，approaches and technologies. BIS Working Papers No.880，24 August 2020.

图 2.1　数字人民币技术框架概览

第 17 问：数字人民币的研发与试验要考虑哪些因素？

数字人民币的原理与体系是对传统货币发行管理体系的优化。在研发与设计当中，需要考虑新兴支付的变化及其特性，数字人民币的技术路线，还需明确数字人民币与私人数字货币的区别，数字人民币的安全与效率，以及数字人民币对金融运行体系的影响。

从新兴支付的本质来看，数字人民币支付实现了三方模式到两方模式的转型。从技术路线分析，法定数字货币也可以采取基于账户、基于价值与分层并用等模式。既然数字人民币要维持双层运营体系，那么就需要维持人民银行与商业银行的二元结构，就需要选择分层并存的技术路线，使数字人民币兼具账户与价值的特性。

在研发数字人民币时，安全与效率是最关键的因素，凸显了密码学及加密技术的重要性，也需要运用技术能“描画”数字人民币的运行轨迹。同时，还要考虑数字人民币对金融体系的作用与影响，这将会确定数字人民币的定位与推广方式。[11]

背景知识

数字人民币之所以采取了当前的技术路线与框架，主要是我国现阶段国情与技术应用使然，同时也考虑到我国支付市场与公众需求的特点。

从现阶段的国情看，我国经济发展不均衡，需要数字人民币运营体系具备兼容性。江浙、北上广等地区经济发展水平高，偏好使用非现金支付工具，容易运用数字人民币支付；西部地区、偏远山区仍存在基础设施差、网络不稳定等问题，人们仍比较偏好使用现金。个人支付习惯的改变与养成是长期的过程，我国无法强制所有人都使用数字人民币，非试点地区居民也无法使用数字人民币。

从金融科技发展现状看，分布式账本等新兴技术应用存在一定的不确定性。我国必须确保数字人民币运营体系的安全与稳健，才能保障个人支付交易安全与金融安全。我国必须采取渐进性的、动态的、开放的技术路线，才能更好地匹配新兴技术迭代与市场主体需求，才能有效地规避新兴技术运用风险与金融风险。

从我国支付市场与公众需求看，第三方支付、电子支付飞速发展，已成为我国主要的支付结算手段，但现金等支付工具并未完全退出市场，老年人、残障人士等群体仍存在大量的现金需求。数字人民币唯有兼顾各类群体的差异化需求，才能不断提升支付结算的普惠性。数字人民币也不会取代支付宝支付与微信支付，它们将形成合作与竞争并存的关系。

总之，我国目前选定的技术路线是科学的、合理的。

第 18 问：数字人民币体系中有哪些功能模块?

我们已经了解到数字人民币是双层运营体系，主要被分为发行层系统、流通层系统与终端系统。至少需要七个功能模块支撑数字人民币体系与子系统的运转。各功能模块也是数字人民币产业链的构建基础。在发行层系统中，主要是可信服务管理模块、交易通信模块、智能运算模块与安全保障模块。在流通层系统中，系统改造模块、智能运算模块和安全保障模块将发挥作用。在终端层系统中，起作用的是支付技术模块、交易终端模块与安全保障模块。各功能模块的主要作用参见图 2.2。

背景知识

如图 2.2 所示，上述七大模块是数字人民币体系运转的最基本模块。各模块发挥不同的作用。其中，在发行层子系统中，登记中心主要负责货币及其交易的认证、登记，可信服务管理模块保障业务功能运转，解决数字人民币的发行、管理、认证、授权、

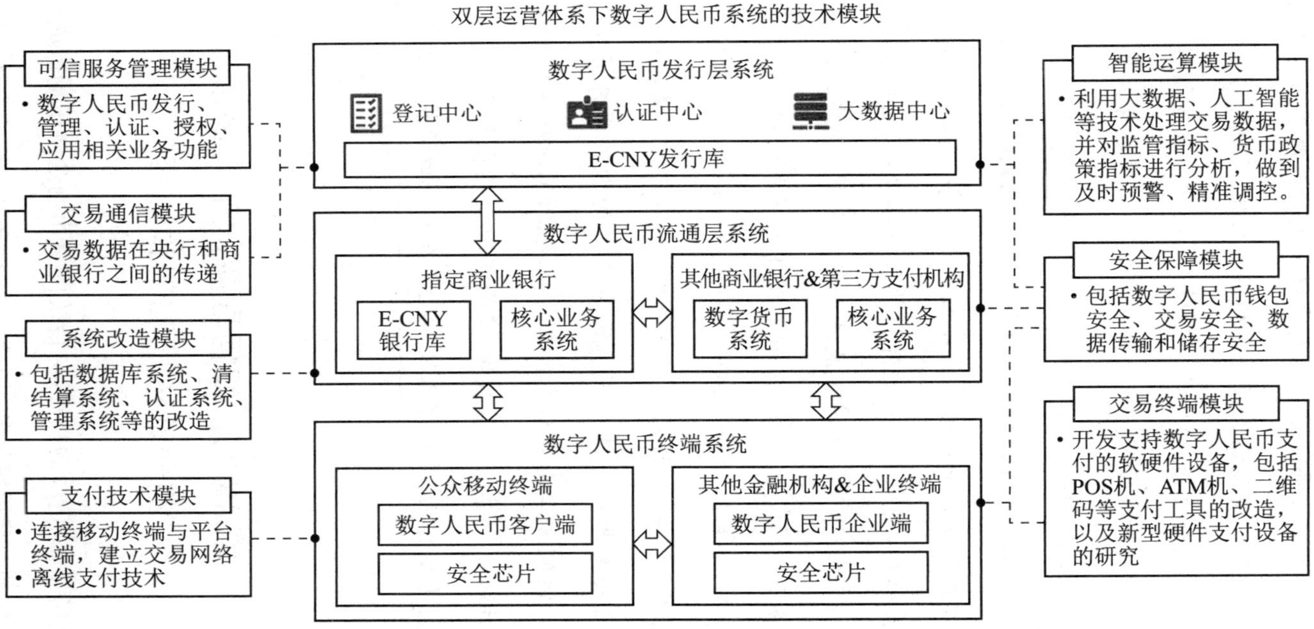

图 2.2 数字人民币的技术模块示意图

应用等问题。交易通信模块则要解决央行与商业银行之间的数据传输问题。智能运算模块则利用大数据、人工智能等技术,处理货币与交易数据,分析各类监管指标、货币政策指标,实现对货币发行的精准管理。安全保障模块则保障数字人民币安全、交易安全、数据传输与存储安全。在流通层子系统中,主要是试点行与第三方支付机构作为央行的代理投放机构,其他商业银行通过相关清算中心接入数字人民币服务。[12]系统改造模块发挥主要作用,实现各指定运营机构数据库系统、清结算系统、认证系统、管理系统等的升级改造。在终端子系统中,数字人民币将在各支付场景中使用。在该系统中发挥关键作用的是支付技术模块和交易终端模块,前者联结 App 等移动终端与平台终端,运用离线支付、近场支付等技术,构建支付交易网络。后一模块主要是开发支持数字人民币支付的软件硬件设备,实现 POS、ATM 机具与条码支付工具的改造,不断改善数字人民币的支付环境。[13]智能运算模块、安全保障模块在各子系统中一直发挥着重要作用,为数字人民币的安全与稳健运转提供保障。

第 19 问：如何理解数字人民币的理论依据和架构选择?

比特币、稳定币的兴衰,对传统的货币与金融市场造成很大冲击。法定数字货币既是各国人民银行对金融科技的主动回应,也有着根据国情、政策与经济社会发展的考量。我国研发和试验数字人民币，并非简单地以数字技术更新替换传统货币体系，而是要利用数字技术创建便捷、高效、安全与低成本的支付体系与货币体系。[14]

在这种理念的引领下，数字人民币的研发与试点都要采取安全而稳妥的路线。在金银、铸币、纸币、电子货币到数字货币的发展进程中，经济发展、技术迭代与公众需求一直驱动着货币形态的演变。电子货币实现了货币与存款、贷款的电子化、网络化，都未改变原生货币与衍生货币的实质。普通的数字与数字钱包结合，那不过是一种新型的电子货币，与手机银行或商业银行 App 相差无几。加密数字存储于数字钱包，并在特定数字货币网络中运行，才成为真正的数字货币。倘若数字货币无法维持稳定的币值，亦将沦为数字化证券。[15]数字人民币要优化货币性能，就需要结合上述两种互补的属性与技术，增强货币在不同应用场景中的适应性，使消费者可以根据场景、偏好选择不同模式。因此，我国数字人民币的关键技术是要创设数字化的双层运营体系与数字账本技术，增强数字人民币支付的安全性与便捷性。

背景知识

数字人民币要成为我国数字经济的基础设施，需要促使其运营体系与整体架构实现数字化转型，也需要运用有利于货币数字化生成、流通与销毁的技术，涉及数据格式、数字签名、数字钱包等技术与要素。数字人民币的高效、平稳与安全运行，要具备操作灵活、支付便捷、高效安全、场景丰富等特点。因此，人民银行与金融机构需要具备相应的技术能力、服务能力与竞争能力，选择稳定推进、稳妥演进的技术路线与架构。

第 20 问：什么是数字人民币的双层运营体系？

数字人民币与实物人民币一样，坚持中心化管理，并未颠覆人民币“人民银行—商业银行”的双层运营体系。“双层”分别是：解决“怎么发”的投放层与解决“怎么用”的流通层。主体包括人民银行、指定运营机构与社会公众。

人民银行负责数字人民币的发行与监管，要引导技术研发、服务创新与生态环境建设，还要维护新兴支付结算体系与货币发行体系的安全与稳健运行。商业银行、第三方支付机构与其他商业机构都是指定运营机构。其中，商业银行是数字人民币的兑换机构，与其他机构共同负责数字人民币的流通、零售交易等服务，并负责产品创新、系统开发与场景拓展等服务。

背景知识

法定数字货币运营体系存在单层运营与双层运营两种模式，其依据在于人民银行的职责。在单层运营模式中，人民银行与社会公众直接发生法律关系，前者直接向后者提供法定数字货币的发行、流通等服务。这种模式容易产生金融脱媒、挤占银行存款等问题。双层运营模式是大多数国家设计与构想的，人民银行向商业银行等中介机构发行、投放法定数字货币，后者向负责兑换、流通交易等业务。该模式依托于传统货币体系，转型成本较小，对金融业影响较小。我国的数字人民币采取了双层运营体系。

数字人民币的运营体系包括发行与流通两大体系，前者主要涉及从人民银行到商业银行的发行与分发环节；而后者则包括数字人民币的分发、支付结算等环节。换言之，数字人民币的运营是从人民银行到社会公众的流通与循环，完成交易使命的数字人民币将最终回归人民银行，由人民银行进行销毁。数字人民币促使人民币运营体系数字化，并未颠覆现行的双层体系，避免了金融脱媒、存款大规模搬家等问题。

第 21 问：什么是数字人民币的投放层和流通层？

在双层运营体系下，货币由人民银行投放给商业银行，又经商业银行分发给社会公众。货币在经济流通中履行价值尺度、流通手段等职能，完成了支付、贮藏等使命。[16]数字人民币在流通层中优化了货币的使命，它的流通与具体场景相联系，与企业生产经营、公众日常生活等息息相关。数字人民币的流通中伴随着货币与数据的双循环，提升了支付结算的时效与效率。

数字人民币的投放层主要解决“怎么发”的问题，投放层的主体包括我国央行和十家银行（六家国有银行、两家股份制银行与两家民营银行）。数字人民币定位于 M0，由人民银行统一发行和管理。这意味着数字人民币也是人民银行的负债，其发行、投放与实物人民币无异。商业银行仍需向人民银行缴纳 100%的准备金，再由人民银行向商业银行发行数字人民币，向公众兑换数字人民币。商业银行也成为人民银行的代理投放机构，同时负责向人民银行传输支付交易数据。而数字人民币的流通层旨在解决“怎么用”，其中的商业银行、平台、企业或商户搭建受理环境，设计与运营具体的应用场景。数字人民币实现货币流通的数字化，需要各商业银行、手机运营商、支付机构、银行IT服务商等参与共建。这些机构将以技术变革为数字人民币的无障碍流通创造条件和环境。

背景知识

众所周知，在双层经营体系下，数字人民币虽是人民银行的负债，却不会与社会公众发生直接的法律关系；商业银行仍然是人民银行与社会公众之间的中介机构。当发行数据从人民银行发送至商业银行验证、确认后，便完成了数字人民币的发行。当商业银行投放的数据被社会公众验证、确认后，也就成功地投放了数字人民币。投放层与流通层并不完全割裂，而是通过技术、网络与数据传输实现联通，将发行基金调拨、投放与回笼转变为货币数据流通与循环的过程。支付数据并不是完全交由流通层管理，商业银行每日将交易数据异步传输到人民银行，相关机构向人民银行报告数字人民币的大额交易、可疑交易，使人民银行掌握反洗钱、反恐融资监管与日常监管所必需的交易数据。

在数字人民币的流通层，需要对银行核心系统、数据库、POS机等进行升级改造。数字人民币在银行、平台、商户、用户之间，完成收付、支付、结算等数字化流程。数字人民币的“扫一扫”“碰一碰”和线上支付等，都离不开线上环境与离线环境。因此，数字人民币流通层的软硬件升级、改造与环境建设尤为重要。

第 22 问：什么是数字人民币体系的核心要素？

在人民银行有关数字人民币原型的设计中，“一币、两库、三中心”是数字人民币运营体系的核心要素。[17]

所谓“一币”，就是数字人民币。它在数字人民币运营体系中呈现为加密数字串，这个币串由人民银行担保、签名发行，代表了具体金额。

“两库”指人民银行的发行库和商业银行的银行库，前者是存放数字人民币发行基金的数据库；后者是存放数字人民币的数据库。数字人民币基金存放在人民银行数字人民币私有云，而数字人民币存放在商业银行或人民银行数字人民币私有云。数字人民币的“两库”运作与实物人民币相同，商业银行仍需向人民银行缴纳 100%的准备金。

“三中心”分别是认证中心、登记中心和大数据分析中心。认证中心集中管理数字人民币机构与用户身份信息，采取公开密钥基础设施（PKI）等方式实现数字人民币的可控匿名性。登记中心完成数字人民币的权属登记、流水记录，记录数字人民币和相应用户的身份信息，记录了数字人民币生成、分发、清点、流通、交易及销毁等全过程。大数据分析中心主要分析支付行为、反洗钱、监管调控指标，以大数据、云计算等技术为依托，处理海量的货币交易数据。[18]

数字人民币从人民银行发行库到商业银行库，经过币串生成、权属登记、转移登记，就完成了数字人民币的发行与投放的过程。用户下载数字人民币（试点版）App 后，完成相关银行卡、支付场景等设置，使用"存钱包"等功能后，便会将等值的人民币兑换为数字人民币。用户此时将发起提取数字人民币的申请，它便从商业银行库转移到用户的数字钱包里，其间已完成了权属登记、交易记录等流程。在用户进行消费支付时，数字人民币要么转移到其他用户的数字钱包，要么转移到相关银行库里，亦将完成权属转移登记、金额转移登记、支付指令转移、金额结算等流程。不过，由于数字技术极大地提升了交易效率，缩短了发行、流通、交易与结算等各环节，使人们觉察不到期间所经历的相应环节。

背景知识

一国的人民银行与市场主体之间用于清算、结算支付交易的工具、程序与规则，构成了由前端和后端组合的支付体系。[19]数字人民币的"一币、两库、三中心"与升级改造的支付结算系统共同构成新型支付体系。数字人民币的整个生命周期依附于传统银行账户体系，客户与商业银行、支付机构在前端办理支付业务，人民银行及相关机构在后端处理交易、办理清算与结算业务。[20]人民银行针对加密数字串、人民银行发行、具体金额等特点，设置个人钱包与对公钱包等数字钱包体系，设立央行与商业银行的数据库，为各类企业、消费者提供支付工具与服务。前端的改造涉及数字钱包开发及支付工具研发，也涉及设置兼容性物理网点、优化 App、POS、ATM 等机具。后端主要构建认证中心、登记中心和大数据分析中心，管理数字身份、权属登记、支付登记，分析支付行为、监管调控数据。[21]支付系统基础设施的数字化改造涉及市场准入，人民银行与各市场主体需要考虑支付革新的成本与收益。

第 23 问：数字人民币如何运用大数据分析技术？

数字人民币的试点与推广离不开海量数据的驱动。人民银行应当在数字人民币发行管理中积极应用大数据分析，引导指定运营机构适应数字化趋势。

第一，积极构建大数据分析制度，健全与完善数字人民币基础设施。人民银行应当结合数字人民币全生命周期中数据流通的特点，借助建模、试点分析与探讨发行与流通的趋势。人民银行应当依照法定职责与法定程序，制定数据监测、提取、分析的规则，明确大数据分析的条件与边界。

第二，需要健全数字人民币分析指标体系。人民银行要关注数字人民币的流通、供给与使用的情况，科学合理地选取相关指标对数据进行相关性、趋势性、稳定性分析，提升货币发行管理与政策执行的精准性。

第三，既要关注数字人民币体系对传统货币体系的影响，也要关注新型金融基础设施的运行情况。尽管当前我国仅在部分地区开展数字人民币试点，但流通中的数字人民币，已对我国的货币市场产生了一定影响。人民银行已将数字人民币纳入 M0 统计。无论是在试点或将来正式发行，数字人民币与实物人民币都将长期并存，人民银行应当分析两类货币的关联性、作用与影响。人民银行开展的大数据分析也要适应数字经济发展与金融安全的要求。[22]

第四，强化对违法犯罪行为的监测与防控。不法分子也将滥用数字技术实施新型的涉货币类犯罪，人民银行及运营机构也将承担新型的反洗钱反恐怖融资职责，一些突发事件或风险也将影响数字人民币的正常运行。央行还应借助大数据分析监测、追踪数据货币流向，防范与处置突发事件或风险带来的数据异常等问题。

背景知识

人民银行是数字人民币运营体系的监管者、助推者与服务者，有责任构建数字人民币的制度体系与金融基础设施。大数据分析需要利用市场主体交易数据，有必要对这类数据进行脱敏处理，并及时销毁相关数据。人民银行及相关机构应承担新形势下的安全保障职责，有效维护社会公众的合法数据权益；还应承担反洗钱、反恐怖融资职责，有效防控各类数字化风险。

第 24 问：数字人民币有哪些支付的优势？

从表面上看，无论是数字人民币还是支付宝支付、微信支付等，都通过收款码或付款码完成资金的转移。实际上，数字人民币优化了货币的支付结算功能，将助推形成支付新生态格局。

一是有国家信用担保。第三方支付机构没有缴纳存款保险，在经受流动性风险后容易使用户致损。数字人民币以存款准备金为保障，具有国家信用担保，受到一系列法律制度与技术规范保障。

二是支付结算更快捷、更高效。数字人民币通过交付币串信息完成点对点的交易，使支付流程简化为“支付即结算”。交易双方可以按照央行算法与程序实现实时到账，支付过程缩短至几秒钟，甚至可以在无电无网、双方离线的情形下完成支付。数字人民币摆脱银行账户的束缚，可在新型支付机具、手机 App、可穿戴设备等硬钱包上使用。

三是减少支付结算成本。数字人民币降低了支付结算的交易成本。当前，用银联卡需要支付占总金额 0.6%的手续费，微信支付、支付宝支付等平台则需要支付占总金额 0.38%的手续费。[23]数字人民币无收单和转接清算环节，无需支付任何费用。

四是持有与使用更安全。数字人民币遵循“小额匿名、大额追溯”的原则，兼顾个人信息安全与监管需要。数字钱包具有身份验证、挂失解挂失等功能，使数字人民币的持有、收付与转账更安全。数字人民币交易中产生的大量数据也将受到我国《个人信息保护法》《数据安全法》及相关技术规范的保护，其支付等活动也受到人民银行、银保监会的双重监管。先进数字技术的应用使数字人民币更加安全，也有助于防控各类风险。

五是业务更具普惠性。数字人民币可即时支付与结算，无需绑定银行账户，在无电无网时也可支付，可在各类硬钱包上使用，便于各类弱势群体使用，与越来越多的网络平台联通，应用场景不断丰富，加载的智能合约有很多潜力，除交易限额外无任何手续费。相比之下，支付宝支付、微信支付拥有互不联通的应用场景，支付结算离不开网络，还存在超额度的手续费。数字人民币将在乡村振兴、民生领域提供更多的普惠金融服务。

背景知识

数字人民币具备诸多支付优势，也将随着试点深入具备更多功能创新。它标志着我国零售支付变革的重要成果。分布式账本技术、加密技术等技术的应用，提升了零售支付的便捷性与安全性。[24] 支付技术的进步、支付场景的细分，将会满足不同群体的需求，增强支付结算服务的普惠性；也将提升货币政策的精准度。

注释

1. 周子衡：《变轨——数字经济及其货币演进》，中译出版社 2021 年版，第 212 页。
2. [英]本·布劳德本特、蔡萌浙.人民银行与数字货币[J].中国金融，2016(08)：11—13.
3. 中国人民银行数字人民币研发工作组：《中国数字人民币的研发进展白皮书》，2021 年 7 月，第 8—9 页。
4. 数字证书：在互联网通信中标志通信各方身份信息的一个数字认证，人们可以在网上用它来识别对方的身份。
5. 数字签名：又称公钥数字签名，是只有信息发送者才能产生的别人无法伪造的一段数字串，这段数字串也是对信息的发送者发送信息真实性的一个有效证明。
6. 中国人民银行数字人民币研发工作组：《中国数字人民币的研发进展白皮书》，2021 年 7 月，第 9—10 页。
7. CPMI, Central bank digital currencies. Markets Committee Papers, No.174, 12 March 2018.
8. Raphael Auer, Giulio Cornelli, and Jon Frost, Rise of the central bank digital currencies: drivers, approaches and technologies. BIS Working Papers, No.880, 24 August 2020.
9. 高并发：通常是指通过设计保证系统能够同时并行处理很多请求。
10. 稳态和敏态：通常指的是系统或架构既能保持稳定运行，又能处理高并发需求，可以灵敏应对风险与需求。
11. 姚前.中国版数字货币设计考量[J].中国金融，2016(12)：26—27.
12. 城银清算服务有限责任公司、农信银资金清算中心是我国的特许清算组织和国内支付清算金融基础设施之一，分别为城市商业银行、农村合作金融机构提供互联互通服务。
13. 柏亮. 数字人民币概论(二)：特征、应用与产业图景[EB/OL].零壹财经，2021-02-24

[2023-01-07]. https://www.01caijing.com/article/275088.htm.

14. 中国人民银行行长周小川等就“金融改革与发展”答记者问[EB/OL].中国人民银行，2018-03-09[2023-01-03]. http://www.pbc.gov.cn/goutongjiaoliu/113456/113469/3495599/index.html.

15. 姚前.中国法定数字货币原型构想[J].中国金融，2016(17):13—15.

16. 冯永琦、刘韧. 货币职能、货币权力与数字货币的未来[J].经济学家，2020(04):99—100.

17. 中国人民银行数字人民币研发工作组:《中国数字人民币的研发进展白皮书》，2021 年 7 月，第 11 页。

18. 姚前.中国法定数字货币原型构想[J].中国金融，2016(17):13—15.

19. Bank of International Settlements, *BIS Annual Economic Report 2020*, 2020, p.71.

20. 中国人民银行数字人民币研发工作组:《中国数字人民币的研发进展白皮书》，2021 年，第 13 页。

21. 姚前.人民银行数字货币原型系统实验研究[J].软件学报，2018，29(09):2716—2732.

22. 姚前，李连三.大数据分析在数字货币中的应用[J].中国金融，2016(17):37—38.

23. 迅捷区块链，新发展格局下数字人民币的前景与机遇[EB/OL]. 迅捷区块链腾讯号，2022-04-21[2023-12-21]. https://view.inews.qq.com/k/20220421A0D4CH00?web_channel=wap&openApp=false&autoopenapp=ampzkqw.

24. 支付结算司，中国零售支付服务发展与展望[EB/OL]. 中国人民银行官网，2015-04-23[2023-12-12]. http://www.pbc.gov.cn/zhifujiesuansi/128525/128531/2876980/index.html.

第三章
数字人民币的现状与未来

第 25 问：我国为什么要研发与试验数字人民币？有哪些目标？

2019 年至今，国内流行着很多有关数字人民币的错误观点。有观点传得神乎其神，认为数字人民币是为了突破美元霸权。[1]这种观点过度简化和误解了我国数字人民币试点的目标。人民银行白皮书清楚地表明，我国研发与推广数字人民币，旨在为社会公众提供可靠、高效、稳健、安全与创新的新型人民币，并在我国的普惠金融与数字经济发展中发挥重要作用。我国研发与试验数字人民币，主要有以下几方面原因。

第一，满足社会公众需求，优化货币发行管理。随着数字经济的深化发展，新冠疫情的肆虐，助推了数字支付业务的快速发展与公众的需求增加。数字人民币将丰富支付手段与货币形态，使人们具有更多的支付选择，增强支付结算服务的可得性与便捷性。

同时，数字技术在金融业中的广泛应用，也促使人民银行、商业银行探索创新现金数字化管理路径，减少现金发行与流通的成本。

第二，增强支付的效率、公平与安全，实现公私场景互联互通。数字人民币将为社会公众提供新兴支付方式，有助于打通C端、B端、G端与跨境端，使支付融入公务、经营管理与私人生活等具体场景。数字人民币有点对点支付、可追踪性、可控匿名等优势，可缩短支付结算流程，增强了支付业务与体系的效率与安全，实现个人信息与隐私的平衡。

第三，应对私人数字货币冲击，巩固法定货币地位。比特币等私人数字货币经历过多轮过山车般的行情，激发了“币圈”人士等市场主体的投机行为与冒险行为，对各国金融监管与货币发行管理都造成了严重影响。Diem(Libra)白皮书对国际社会、金融业界影响深远，但稳定币与比特币等价格频繁波动，不适合作为货币流通。我国虽严格禁止了私人数字货币交易活动，但个人持有的私人数字货币仍会受到与虚拟财产同等的法律保护，监管机构也无法完全监控私人数字货币的地下活动。数字人民币的研发与推广，将进一步维护我国金融业的安全与稳定，巩固人民币的主权货币地位，增强我国货币政策的效力与效率。

第四，回应国际社会倡议，增强数字货币研发与监管合力。国际社会高度重视规制私人数字货币，并深入研究法定数字货币的原理与技术，倡导“无损”“合规”“互通”等原则。我国积极参与国际清算银行的“货币桥”等项目，探索创新数字人民币的跨境支付场景，与国家组织、各国人民银行积极探讨数字货币监管规则与机制。

背景知识

我国研发与试验数字人民币，主要是国内经济发展与社会公众的需求驱动，也是我国央行与金融机构主动探索创新金融科技的结果。厘清我国研发与试验数字人民币的原因，有助于明确数字人民币试点的目标与导向。数字人民币的研发与推广应该有中短期目标与长期目标。中短期目标自然是提升货币发行管理水平，提升支付结算效率，为社会公众提供新型人民币。长期目标是数字人民币成为重要的新型金融基础设施，助推我国金融业的数字化转型，促进我国的普惠金融与数字经济发展。此外，数字人民币试点目标逐步和地方经济发展政策目标相结合，更加注重发挥数字人民币对促消费、促民生、经济复苏与经济转型的助力作用。

第 26 问：数字人民币是如何从理论到现实的？其试点进展如何？

数字人民币经历了理论研究、闭环测试、开放试点三个阶段。[2]

第一阶段，人民银行对法定数字货币的理论研究。2014 年，人民银行成立了数字货币研究小组，开始研究法定数字货币的原型架构、关键技术、发行与流通机制等原理。[3] 2015 年至 2016 年间，人民银行数字货币研究小组先后发布了一系列研究成果，修订了法定数字货币的原型方案。[4] 2016 年 1 月 20 日，人民银行召开了数字货币研讨会，明确了人民银行发行法定数字货币的战略目标。[5]在此期间，人民银行研发了数字票据交易平台原型，该平台以区块链和数字货币为基础。2017 年 1 月 29 日，我国成立了数字货币研究所，该机构是人民银行的直属事业单位，专门负责法定数字货币研发工作。[6]

第二阶段，人民银行开展的试运行与内部测试。2017 年至 2019 年间，我国先后开展了数字票据交易平台试运行，也设立了金融科技公司，专门负责构建数字货币基础设施建设。[7] 2019 年 9 月份，我国在一些商业银行、非政府机构开展了内部测试，法定数字货币 DC/EP 开始进入人们的视野。[8] 2020 年，人民银行发布了成果总结，盘点了法定数字货币的前期研发成果，介绍了其顶层设计、标准制定、功能研发、联调测试等工作。[9]同年 4 月份，我国先行在深圳、苏州、雄安新区、成都及冬奥会场所开展了内部封闭测试[10]，人民银行数字货币研究所与滴滴出行、美团等企业签订了战略合作协议，为开展数字人民币试点奠定了基础。

第三阶段，正式启动试点到试点不断扩容。2020 年 10 月 8 日，深圳市政府联合人民银行，在深圳市罗湖区开展了“2020 礼享罗湖”系列促消费活动。凡是通过“i 深圳”预约的个人，均可下载数字人民币（试点版）App，领取“礼享罗湖数字人民币红包”。此次促消费活动一共发放了 5 万个额度为 200 元的数字人民币红包，累计发放金额 1 000 万元。[11] 2021 年，北京、西安、上海等地成为数字人民币试点城市，深圳、苏州、成都先后开展了多轮数字人民币红包发放活动。2021 年 3 月 23 日，工商银行、农业银行、中国银行、建设银行、交通银行、邮政储蓄银行开始在试点地区推广数字人民币 App。2021 年 5 月 8 日，支付宝接入数字人民币；2022 年 5 月 5 日，支付宝中可以搜索到数字人民币，并开通数字钱包。[12] 2022 年 1 月 6 日，微众银行上线了数字人民币钱包。[13] 至此，微信与支付宝都实现了与数字人民币的互联互通。2022 年 1 月 4 日，数字人民币 App 上架苹果、安卓等各大应用商店。[14] 2022 年 3 月 31 日，在人民银行数字人民币研发推广座谈会上，提出将数字人民币试点扩大到 15 个省（市）的 23 个地区。[15] 同年 9 月份，人民银行时任领导表示，将苏州、深圳、雄安、成都试点适时推广到全省。[16] 2020 年至今，数字人民币试点已由最初的“4 + 1”扩容至 17 个省市的 26 个地区。

我国的数字人民币试点主要取得了以下进展：[17] 一是完成数字人民币顶层设计，形成了其原型构想与理论框架。二是在试点中推进通用场景与特色场景建设。数字人民币在日常生活、公共服务等领域广泛试点。截至 2022 年 8 月底，数字人民币试点地区累计交易笔数 3.6 亿笔、金额 1 000.4 亿元，超过 560 万家商户门店支持数字人民币支付。[18] 三是技术迭代推动产品研发与服务优化。通过数字人民币（试点版）App，为社会公众提供了多种多样的线上线下服务，在政府补贴、预付资金管理等领域应用，为老年人、低收入人群等弱势群体提供无障碍服务。四是探索与香港数字支付系统的互联互通，探索国际交流与合作，参与国际清算银行的多边央行数字货币桥项目。

背景知识

截至目前，数字人民币试点不断扩大，大致分为四个阶段。第一阶段，选取深圳、苏州、雄安新区、成都及冬奥会场景，开展第一批试点，以发放红包、日常缴费、综合场景应用为主。第二阶段，试点形成“10 + 1”格局，北京、上海等地成为第二批试点城市，数字人民币应用拓展至更多对公对私场景，冬奥会期间集中亮相了数字人民币硬钱包。第三阶段，2022 年 3 月 31 日以后，重庆、浙江六市、广州等地成为第三批试点地区，数字人民币已广泛用于公交出行、纳税缴费、公务服务等场景。第四阶段，2022 年 12 月中旬，数字人民币（试点版）App 显示第一批试点城市拓展到所在全省，新增济南、南宁、防城港、昆明市、西双版纳傣族自治州作为试点地区，可用于更多元化的场景。[19]

第 27 问：哪些市场主体参与了数字人民币的研发与试点？

从 2019 年起，多类市场主体参与了数字人民币的研发与试点，现已形成了涉及研发、发行、兑换、流通与支付场景等环节的产业链条。

中国人民银行设立了数字货币研究所，负责研发数字人民币基础理论、数字印制技术。该研究所与南京市政府及相关科研院所合作，成立了金融科技创新机构，结合各自业务重点开展相关研究，围绕数字货币、金融科技开展探索创新，目前形成了产业、高校、研究机构、政府机构与金融机构协同推进试点的格局。

商业银行是数字人民币的运营机构，主要负责兑换、支付结算等业务，也开展相应的技术研发与业务升级。目前，六大国有银行、两家股份制银行及两家民营银行是数字人民币的主要运营机构。[20]华为、三大通信运营商等运用数字技术改造通信设施，为试点提供基础信息技术支持。在数字人民币的流通中，拉卡拉、支付宝、银联商务等专注于第三方支付业务，朗科科技等研发数字钱包及支付技术，天阳科技等企业开展卡支付、POS与ATM机具改造，还有多家企业致力于数字安全技术、监管技术及银行IT服务。其中，城银清算服务有限责任公司、农信银资金清算中心是城市商业银行、农村合作金融机构的互联互通平台，为这类中小银行提供接入数字人民币服务。随着数字人民币应用场景的开拓，各类互联网平台参与了场景建设，涉及日常生活、娱乐、电商及零售、餐饮等方面，大家可通过相关App在相关场景中使用数字人民币。[21]

数字人民币试点是一项系统性工程。各地政府及其职能部门也参与其中，分别负责地方试点工作的组织协调与安排部署，参与各具体场景与环境建设，开展各类宣传推广活动。数字人民币产业链还在不断延伸，未来将会有越来越多的企业与机构参与试点，数字人民币生态环境正在形成、演变和进化。

背景知识

人民银行不仅引导与鼓励各市场主体参与试点，也在鼓励各方主体不断探索创新。我们看到，支付宝支付、微信支付等支付平台积极参与试点建设，表明数字人民币旨在向社会公众提供多元化支付选择，并不会对第三方支付构成威胁，也打破了市面上有关“收编”“替代”等不实传言。作为人民币的数字形式，数字人民币将引发渐进式的金融变革，需要各主体积极回应变革。数字人民币试点要遵循市场化、法治化的发展路径，需要政府及其职能部门、科研机构及企业积极参与。各方主体唯有形成协同推进的合力，才能保障数字人民币试点的稳妥推进。

第 28 问：国际上央行数字货币的研发情况如何？

自 2009 年比特币问世后，它逐渐受到“币圈”人士的追捧，狗狗币、莱特币等私人数字货币兴起，也引发了国际社会、金融业界的关注。面对私人数字货币的冲击，一些国际组织、金融机构积极研究应对措施，提出了央行数字货币（Central Bank Digital Currency，CBDC）的理论与方案。[22] 2019 年至今，越来越多的央行开始研发与试点法定数字人民币。新冠肺炎疫情在全球肆虐，使各国央行加快了法定数字货币研发的步伐。2022 年 6 月份，全球已有 105 个国家和地区正在探索央行数字货币，[23] 呈现激进与谨慎、失败与成功并存的研发格局。

一、全球范围内 CBDC 项目概述

（一）已停止或经受失败的项目

1. 厄瓜多尔 Dinero electrónico 项目。厄瓜多尔央行于 2015 年 2 月正式启用了法定数字货币——厄瓜多尔币（DE），旨在为该国 280 万穷人提供服务，他们可通过手机收付款。厄瓜多尔币以流动性资产担保，与美元一并成为流通货币，公众自愿选择使用。但它不能支付给公务员或政府承包商，也不能购买金融产品。[24] 由

于运营管理不善，国内银行业等多方质疑和反对，该项目已于2017年12月份被关停。[25]

2. 委内瑞拉石油币。2018年2月21日，委内瑞拉政府发行了1亿枚石油币（Petro Cryptocurrency，PTR），这是以该国石油储备为支撑的法定数字货币。PTR并未采取比特币的挖矿机制，而是类似于在一级市场上公开发行股票，主要用于个人或机构缴纳税费、购买公共服务，且只能用美元或欧元支付。[26]石油币的发行与流通不仅不被国际社会广泛认可，在国内也存在很多质疑，很多公众甚至认为这是马杜罗政府的骗局。2022年，有消息表明该国总统马杜罗表示将最低工资与石油币挂钩，但在随后的政府公告里却未提及是否采取石油币支付。[27]

3. 萨尔瓦多以比特币作为法定货币。2021年，萨尔瓦多政府国会立法将比特币确定为其法定货币，该国成为全球首个将比特币法定化的国家。[28]萨尔瓦多政府向该国大多数公民推广了Chivo数字钱包，向每位注册用户赠送了价值30美元的比特币。该国居民使用比特币的意愿却没那么积极，个人花完赠送的比特币后就不怎么用了，仅有五分之一的商户接受比特币支付。[29]比特币受资本市场波动影响，价格一路下跌，使该国本就困难重重的经济雪上加霜，主权债务违约的风险加剧。[30]

（二）已发行或发布的项目

2020年以来，巴哈马、东加勒比海国家、尼日利亚等国家与地区发行了各自的法定数字货币。其中，巴哈马的沙元（Sand Dollar）是法定代币，基于区块链技术，以移动数字钱包发行；东加勒比央行的DCash采取公私合作模式，以功能性区块链和互联网结算，成为全球首个正式发行的零售型法定数字货币。尼日利亚的电子奈拉(e-Naira)具有统计支付系统、银行账户管理、非接触式支付、点对点支付,最终目的是实现支付解决方案、跨境支付及央行互操作性。[31]但其推广中存在接受度不高、操作困难等问题[32],国际货币基金组织(IMF)警告 e-Naira 可能会存在新的洗钱与恐怖主义融资风险。[33]牙买加自 2021 年开始研发推广 Jam-Dex(Jamaica Digital Exchange),采用非分布式账本技术。这种法定数字货币的法律地位已得到了该国 2022 年 6 月通过的法律修正案的承认。[34]

(三) 正在开展试验或试点的项目

1. 瑞典的电子克朗(e-krona)。针对瑞典国内现金使用量的锐减,瑞典央行于 2018 年开始,分三阶段试点法定数字货币(e-krona),主要测试其离线运行、公众满意度及与现行银行系统整合等问题。瑞典央行尚未决定是否发行 e-krona,也未决定发行技术方案或法律框架。[35]

2. 加拿大央行的 CADcoin。CADcoin 定位于批发型法定数字货币。加拿大现已开展了两阶段的试验。第一阶段是 Jasper 项目。加拿大央行与私营部门、金融机构合作,探索以分布式账本进行大额支付、清算和结算,目前正在与新加坡金融管理局、英格兰银行开展跨境货币清算试验。第二阶段是试验由加拿大央行发行的 CADcoin,参与行之间可以使用 CADcoin 进行实时支付结算,也可以由加拿大央行支付 CADcoin 换回加拿大元。[36]

3. 瑞士央行的 Helvetia 项目。该项目由瑞士央行、瑞士股票交易所与国际清算银行合作开展,旨在运用分布式账本技术在代币化金融资产中进行法定货币结算,第一阶段主要试验代币化资产交易与结算；第二阶段则让商业银行参与试验，探讨批发型法定数字货币及跨境支付的可行性。[37]

4. 新加坡的 Ubin 项目。2016 年，新加坡金融管理局启动了该项目，已开展了为期 6 周的试验，验证代币化的新加坡元（Singapore Dollar, SGD）用于银行间支付和分布式账本结算的可行性。此后，分别试验了银行间交易、对等支付、付款交割、跨境等场景。新加坡金融管理局还与摩根大通、淡马锡共同研发多货币支付系统原型。[38]

5. Dunbar 项目。该项目启动于 2021 年 9 月 2 日，由国际清算银行新加坡创新中心牵头，澳大利亚央行、马来西亚央行、新加坡金融管理局和南非央行参与，主要目的是开发支持多个法定数字货币跨境支付的平台，开展国际支付结算。[39]

6. 多边央行数字货币桥项目（m-CBDC Bridge）。该项目旨在打造分布式账本应用的通用平台，多个经济体央行可在该平台上发行其法定数字货币进行兑换，提升国际贸易流动与跨境业务效率。该项目由香港金融管理局与 BIS 香港创新中心、泰国央行、人民银行数字货币研究所与阿联酋央行合作开展，将从 2021 年持续开展到 2024 年。[40]

此外，韩国央行在 2021 年 8 月开始了法定数字货币试点，南非央行与私营部门合作研发 Khokha 项目，沙特央行和阿联酋央行联合启动 Aber 项目。

（四）处于研究阶段的项目

1. 美国的数字美元。2015 年，美国部分经济学家就提出了联邦储备币（Fedcoin）的设想。但美联储并不急于发行数字美元，2020 年先后开展了分布式账本和区块链测试，研究法定数字货币对美国支付体系、货币政策的影响。美联储认为，发行数字美元需满足五项必备条件，包括政策目标、利益相关者、法律框架、技术支持与市场准备。[41]美联储先后发布了相关的讨论报告征求社会公众意见，也与加拿大央行等共同制定了有关央行数字货币的基础原则与核心特征。[42]

2. 英格兰银行的数字英镑。英格兰银行早在2014年前后就开始探讨相关概念与原理，并与研究机构合作推出了法定数字货币原型RSCoin，将分布式账本技术与中心化的货币管理相结合，由英格兰银行直接管控数字账簿与系统密钥。英格兰银行成立了CBDC工作组，在RSCoin原型基础上拟定了数字英镑的技术路线与方案，与财政部等利益相关方探讨了技术与法律问题，并发布了报告，征求了有关数字英镑发行、使用场景与政策等事宜的公众意见。英格兰银行正在稳步推进数字英镑的研发工作。

3. 欧洲央行的数字欧元。2020年10月，欧盟在《数字欧元报告》中系统地阐述了数字欧元。欧洲央行于2021年7月正式启动数字欧元项目，现已解决了所有的理论与技术问题，计划在2025年前发行数字欧元。此外，欧洲央行与日本央行共同开展星云项目（Project Stella），试点分布式账本在跨境支付与金融市场中的应用。双方已完成了四个阶段的试验，并分别发布了相关报告。[43]目前，欧洲央行正与市场主体研讨制定数字欧元规则手册。[44]欧洲央行于2023年一季度发布有关数字欧元的法律框架[45]，现已结束了数字欧元项目的调查研究阶段，向欧盟委员会报告了调查研究进展与市场反馈情况。欧盟委员会于2023年6月29日发布了创设数字欧元监管框架的立法提案，公布了数字欧元计划，维护欧元现金的法律地位。欧洲央行赞同欧盟委员会的这一举措，并于2023

年11月份正式启动了为期两年的数字欧元项目准备阶段。[46]预计欧盟将在2026年决定是否发行数字欧元。

4. 日本央行的法定数字货币。2021年4月，日本央行将分为三阶段进行试点，分别探讨了数字日元的基本功能和技术可行性，测试数字日元的附加功能，在支付平台和终端用户层面验证数字日元的设计和功能。日本央行计划于2023年春季与几家银行开展为期两年的数字日元试点，并预计于2026年决定是否发行数字日元。[47]

（五）正在积极谋划的项目

巴西央行于2021年5月发布了CBDC的指导方针。伊朗央行于2022年1月份启动国家加密货币试点，并于4月份发布了相关监管框架。俄罗斯央行在2022年开始试用数字卢布。印度正在制定CBDC路线图。泰国央行从2022年第二季度起，测试零售型央行数字货币。[48]

据了解，还有一些国家人民银行持观望态度，或者并未开展相关研究。

二、BIS创新项目的简要评析

BIS等国际组织很早就开始关注法定数字货币，BIS设在一些国家和地区的创新中心与相关人民银行、金融监管机构合作，联合研发与试验了CBDC国内（地区内）支付与跨境支付项目，取得了诸多积极成果。2023年7月份，BIS发布了相关报告，归纳了零售型CBDC与批发型CBDC分别用于国内（地区内）支付与跨境支付的试验进展、关键技术与特点，以及各实验项目中存在的问题。BIS的CBDC创新项目引导如表3.1和表3.2所示。

表 3.1 BIS 创新中心国内（地区内）零售型 CBDC 项目的案例[49]

	Aurum（中国香港特别行政区）	*Rosalind*（英国）	*Polaris*（瑞典）	*Sela*（中国香港特别行政区）	*Tourbillon*（瑞士）
问题陈述	分层架构如何用于零售型 CBDC 分发（使用居中的 CBDC 和 CBDC 支持的稳定币）	如何使用 API 分发与结算零售型 CBDC，探讨更广泛的支付体系，并支持创新	如何执行与运营安全而有韧性的线上线下 CBDC 平台	如何确保开放而可接入零售型 CBDC 架构的网络安全	如何研发保护隐私的 CBDC，可以承受量子计算机攻击，也能处理巨额交易
试验结果	原型	原型	手册	原型	原型
除发行、赎回与分发之外的测试案例	适用手机与二维码中电子钱包的转账支付	30 多个案例（例如线上线下支付、存储、银货对付、母子钱包的小额支付）	分析线下支付考虑、安全与韧性框架，以及分析建模缺口的网络威胁	运用技术服务供给商的转账	撤销、权益证明支付、网上支付、点对点支付
主要权衡	安全与绩效	隐私与生态系统数据共享。API 可扩展性与用户体验的一致性	风险管理、隐私与用户体验	网络风险、分发职责	网络安全、可扩展性
主要经验（至今）	居中的 CBDC 模型，允许批发型体系与电子钱包体系松耦合，可能会强化网络韧性	开源 API 的隐私模型是必需的，应当从开始就被确定	线下解决方案是复杂的，需从早期就被设计好，甚至知道后来才会被执行	添加中介机构会导致更加稳固、更具分布式与韧性的体系，可以禁止单点攻击	难以调和隐私、可扩展性与量子安全[50]

（续表）

	Aurum **（中国香港特别行政区）**	*Rosalind* **（英国）**	*Polaris* **（瑞典）**	*Sela* **（中国香港特别行政区）**	*Tourbillon* **（瑞士）**
所用技术	Hyperledger Faber	开源 API、金融级 API、Hyperledger Besu 和 Hyperledger Faber	硬件和软件解决方案，包括防篡改设备	M10 数字货币平台	盲签名、[51] 混合式网络、后量子密码学[52]
粗体字表示已发布报告的项目。斜体字与画线部分表示正在开展的项目。带()表示 BIS 创新中心分别引导的项目。					

资料来源：作者编译自 BIS 报告。

表 3.2　BIS 创新中心 CBDC 跨境支付项目[53]

	Jura	*Dunbar*	*mBridge*	*Icebreaker*	*Mariana*
BIS 创新中心	**瑞士**	**新加坡**	**中国香港特别行政区**	**瑞典**	**欧盟、新加坡、瑞士**
人民银行（货币当局）	法兰西银行、瑞士国家银行	新加坡金融监管局、南非储备银行、澳大利亚联储银行、马来西亚中央银行	中国香港特区金融管理局、泰国中央银行、中国人民银行、阿拉伯联合酋长国中央银行	瑞典中央银行、挪威中央银行、冰岛中央银行	法兰西银行、新加坡金融监管局、瑞士国家银行
试验结果	原型	原型	试点	概念证明	概念证明
CBDC 类型	批发型 CBDC、日间交易	批发型 CBDC、基准利率	批发型 CBDC、日间交易、基准利率	零售型 CBDC	批发型 CBDC

（续表）

	Jura	*Dunbar*	*mBridge*	*Icebreaker*	*Mariana*
货币种类	欧元、瑞士法郎	澳元、马来西亚林吉特、新加坡元、沙特里亚尔	港元、人民币、泰铢、阿联酋迪拉姆	以色列新谢克尔、挪威克朗、瑞典克朗	欧元、新加坡元、瑞士法郎
交易类型	真实价值	虚拟价值	真实价值	虚拟价值	虚拟价值
互操作性模型	共同平台与子网	共同平台	共同平台	中心与辐射性系统	外汇共同平台
分布式账本技术（DLT）	Corda 技术	Corda 技术、Quorum 机制	mBridge 分类账本	Corda 技术、Hyperledger Besu 技术、以太坊 Quorum 机制	以太坊
运营者	私营机构	人民银行	人民银行	相关方中央银行与金融监管机构	人民银行
其他应用案例	点对点、券款对付、离岸	点对点、离岸	点对点	多边点对点	外汇交易、点对点

粗体字表示已发布报告的项目。斜体字与画线表示正在开展的项目。带()表示 BIS 创新中心分别引导的项目。

1. 一种结算机制，确保当且仅当另一种货币发生支付的终局转移时，才会发生一种货币支付的终局转移。

2. 一种证券结算机制，联结了一种证券转移与一种资金转移，当且仅当对应的支付发生时，才会发生交割。

资料来源：作者编译自 BIS 报告。

背景知识

目前，全球法定数字货币已呈现多强竞争、多边合作的态势。其中，以数字人民币、数字美元、数字欧元、电子克朗、数字新加坡元等方案较为成熟，货币桥、Dubar 等多边项目取得了积极进展。纵观法定数字货币研发现状，小型经济体、发展中经济体的研发普遍激进，也经历过一些失败与教训。发达经济体的研发相对谨慎，虽具备了相应的技术条件，却全面考虑技术问题、法律问题与政策问题，还广泛地征求社会公众的意见与建议。[54]西方主要经济体对 CBDC 已达成了初步共识，仍需进一步研究与探讨 CBDC 的制度设计、功能定位与技术、隐私保护与安全等。我国需继续稳妥推进数字人民币试点，并积极参与国际法定数字货币研发与试验。

第 29 问：我国什么时候普及数字人民币？

“DC/EP 来了！”[55]“数字人民币来了！”[56]“数字人民币真的来了！”[57]……在互联网上搜索一番，我们便会发现很多诸如此类的说法。[58]早在 2018 年，时任人民银行行长周小川在记者会上就介绍了我国 DC/EP 研发情况。[59]2019 年前后，一些媒体就在报道人民银行将要发行数字人民币的消息。很多读者可能会问，既然我国的数字人民币试点进展顺利，我们是不是很快就会普遍使用数字人民币？事实上，我国不可能很快就发行数字人民币。

我们可以在人民银行发布的材料及相关官员表态中找到一些证据。正如数字货币研究所澄清的那样，DC/EP、数字人民币测试或试点，并不意味着它已经正式落地。[60]人民银行时任副行长曾表示，数字人民币没有明确的发行时间。[61] 2021 年发布的《中国数字人民币的研发进展白皮书》中再次明确，不预设数字人民币发行的时间表[62]。这意味着数字人民币将经历较长的试点阶段，需要在试点中反复测试与试验，在安全、稳定的前提下才能进行普及。“十四五”规划及各省相关规划中也明确规定稳妥推进数字人民币的研发与试点。2022 年 8 月份，人民银行下半年工作会议上提出，有序扩大数字人民币试点。[63]在 2023 年至 2024 年的历次人民银行工作会议上，都将“稳妥推进数字人民币研发应用”作为一项重点工作。[64]由此可见，我国仍需要持续推进数字人民币试点，通过反复的试验验证数字人民币的安全性与便捷性。新场景的开拓与技术迭代都需要考虑诸多因素，这些工作都不是一蹴而就的。我国离正式发行与普及数字人民币为时尚早。

背景知识

数字人民币正在从原型构想、理论走向现实，它并不会马上在全国全面推行。按照“稳步、安全、可控、创新、实用”的原则，人民银行与各地政府、市场主体正在稳步开展试点工作。试点只是数字人民币研发过程中的常规工作之一。通过各地试点与反复试验，可以检验理论可靠性、系统稳定性、功能可用性、流程便捷性、场景适用性和风险可控性。

2021 年至 2022 年间，我国在深圳、苏州、雄安、成都与北京冬奥会场景开展了内部封闭试点测试，取得了举世瞩目的成绩。

2022年以来，数字人民币试点现已推进到第三批城市。[65] 2023年，杭州亚运会场景建设带动了浙江省试点的发展。成都等五地已将试点扩容到全省范围，并注重通用场景与特色场景建设。唯有反复试验，才能测试货币运营、场景搭建、业务运转等事项的可行性，才能监测运营中的漏洞、隐患与风险，对系统做出有针对性的改进。

第30问：数字人民币的未来如何发展？

很多人觉得，我国的试点已取得了显著成效，应该很快就会发行数字人民币。“十四五”规划提出了稳妥推进数字人民币研发与试点，相关省市的“十四五”规划、数字经济规划中也提出了相应要求。由此可知，数字人民币试点会在未来五年进一步扩容。未来的数字人民币试点将做到“三个坚持”，在以下几方面取得更多进展。

其一，我国将构建完善的数字人民币应用生态体系。我国将不断改善支付生态环境，助推支付结算基础设施实现升级改造，营造符合数字人民币特性的受理与使用环境，实现数字人民币体系与传统支付结算体系的互联互通，广泛应用于日常生活、税务、政务等对公对私场景，形成与完善符合数字人民币特性的应用生态体系。

其二，数字人民币将优先满足各类主体的需求。数字人民币将为数字政府、智慧城市与数字生活提供各类便利，促进中小微企业数字化营销与财务管理。数字人民币也将在乡村振兴与内循环中发挥重要作用，为老龄群体、残障人士等提供便捷而安全的智能支付服务。

其三，我国将深化数字货币研发与监管的国际合作。一方面依托于各类自由贸易区协定、“一带一路”倡议构建数字人民币支付结算渠道，另一方面与国际货币基金组织（IMF）、BIS 等国际组织及相关国家深度合作，积极参与法定数字货币监管法律与技术标准的研发，积极参与数字货币的国际治理。

其四，数字人民币遵循市场化发展。各方市场主体将积极参与试点推广，共同推进数字人民币发展环境建设，探讨与革新数字人民币的各项技术，使之成为数字经济的重要基石。

其五，我国将构建数字人民币的监管与法律体系。随着数字人民币的试点扩容，我国也将研究制定相关法律制度与技术标准，探索完善数字人民币监管体制与配套制度，不断巩固数字人民币的法偿性。同时，我国也将强化金融基础设施监管，优化业务、风险控制、技术与安全等机制，为数字人民币发展提供安全与法治保障。

背景知识

数字人民币的研发与试点遵循“安全普惠、创新易用、长期演进”等理念。[66]我国各地差异明显，经济金融发展水平不一，各地发展中存在不均衡现象。因此，我国不宜急于发行数字人民币，需要反复论证、不断优化其运营体系、生态环境与技术路线。数字人民币的正式发行将以社会公众的需求为导向，以试点与技术进展为基础。

注释

1. 贾铭. 是为了突破美元霸权？澄清对数字人民币的几个误解[EB/OL]. 秦朔朋友圈企鹅号，2022-03-01[2023-12-05]. https://new.qq.com/rain/a/20220301A001O200.
2. 数字货币研究所. 扎实开展数字人民币研发试点工作[EB/OL]. 中国人民银行微信公众号，2022-10-12[2023-10-13]. https://mp.weixin.qq.com/s/mrc_vPXAZf4glX9_NEfmUQ.
3. 金黔在线—贵州商报. 央行开始研发法定数字货币[EB/OL]. 网易新闻，2016-11-17[2023-12-19]. https://3g.163.com/news/article/C61U4CP300014Q4P.html?spss=adap_pc.
4. 《中国金融》2016 年第 16 期的“央行数字货币研究与探讨”专题刊登了 17 篇相关文章，分别探讨了法定数字货币的原型构想、法律问题及技术问题。这些文章是对前一阶段央行法定数字货币研究成果的总结。
5. 中国人民银行数字货币研讨会在京召开[EB/OL]. 中国人民银行官网，2016-01-20[2023-09-27]. http://www.pbc.gov.cn/goutongjiaoliu/113456/113469/3008070/index.html.
6. 唐婧.一文了解央行数字货币研究所最新动态[EB/OL]. 新浪财经，2020-07-09[2023-09-29]. http://finance.sina.com.cn/blockchain/coin/2020-07-09/doc-iirczymm1402659.shtml.
7. 张淑贤. 上海票据交易所数字票据交易平台试运行[EB/OL]. 浦东时报，2018-02-24[2023-09-30]. http://www.pdtimes.com.cn/html/2018-02/14/content_5_2.htm.
8. 经济观察报.央行数字货币探索路 DCEP[EB/OL]. 新浪财经，2019-11-17[2023-09-30]. https://finance.sina.com.cn/roll/2019-11-17/doc-iihnzhfy9744010.shtml.
9. 一图读懂|盘点央行的 2019：金融科技[EB/OL]. 金融时报微信公众号，2020-01-10[2023-09-11]. https://mp.weixin.qq.com/s?__biz=MzI5MjE1ODM5Mw==&mid=2650048153&idx=2&sn=d6b5fb1c293c8de39d3bbfaa01eececd&chksm=f405884fc3720159a686da46596654dd032404c4ae9900a7f6aba18b420094dc66ddb7a28d90&mpshare=1&scene=23&srcid=01293UtlROGgdcF5Ny9LVVG7&sharer_sharetime=1674996090122&sharer_shareid=184a47bda164c4cdf3da3733a980d7e4#rd.
10. 陈果静. 数字人民币在深圳、苏州、雄安、成都及未来的冬奥场景内部封闭试点测试——法定数字货币还有多远[EB/OL]. 新浪财经，2020-04-17[2023-09-24]. https://finance.sina.com.cn/roll/2020-04-17/doc-iirczymi6935157.shtml.
11. 深圳新闻网. 深圳向市民派发 1 000 万元数字货币红包　首轮抽签完成 5 万人中签[EB/OL]. 深圳市政务服务数据管理局，2020-10-13[2023-12-03]. http://www.sz.gov.cn/szzsj/gkmlpt/content/8/8170/post_8170613.html#19236.
12. 沐沐讲数币. 微信支付开通数字人民币如此简单[EB/OL]. 今日头条，2022-09-19[2023-12-02]. https://www.toutiao.com/article/7051099741844767262/?tttid=37373.
13. 运了个营搜狐号. 支付宝上线“数字人民币”新功能，更方便了[EB/OL]. 搜狐网，2022-

05-06[2023-12-01]. https://it.sohu.com/a/544225557_100093183.

14. 张寿林、廖丹. 数字人民币(试点版)App 正式开放上线　由运营机构共同建设[EB/OL]. 新浪财经,2022-01-04[2023-08-21]. https://finance.sina.com.cn/money/bank/bank_hydt/2023-01-04/doc-ikyamrmz3134824.shtml?cref=cj.

15. 人民银行召开数字人民币研发试点工作座谈会[EB/OL]. 中国人民银行官网,2022-04-02[2023-12-04]. http://www.pbc.gov.cn/goutongjiaoliu/113456/113469/4524364/index.html.

16. 孙忠、陈佳怡. 四地数字人民币试点将适时扩围至全省[EB/OL]. 新浪财经,2022-09-19[2023-12-05]. https://finance.sina.com.cn/china/2022-09-19/doc-imqqsmrn9719386.shtml.

17. 数字货币研究所. 扎实开展数字人民币研发试点工作[EB/OL]. 中国人民银行微信公众号,2022-10-12[2023-12-19]. https://mp.weixin.qq.com/s/mrc_vPXAZf4glX9_NEfmUQ.

18. 数字货币研究所. 扎实开展数字人民币研发试点工作[EB/OL]. 中国人民银行微信公众号,2022-10-12[2023-12-19]. https://mp.weixin.qq.com/s/mrc_vPXAZf4glX9_NEfmUQ.

19. 数字货币研究所. 扎实开展数字人民币研发试点工作[EB/OL]. 中国人民银行微信公众号,2022-10-12[2023-12-19]. https://mp.weixin.qq.com/s/mrc_vPXAZf4glX9_NEfmUQ.

20. 六家国有银行分别为中国银行、农业银行、工商银行、建设银行、交通银行、邮政储蓄银行,两家股份制银行是招商银行、兴业银行,两家民营银行是网商银行、微众银行。

21. 孙翼. 数字人民币概论(二):特征、应用与产业图景[EB/OL]. 链得得 App 今日头条号,2021-02-24[2023-12-21]. https://www.toutiao.com/article/6932625707507909133/?tt_from=mobile_qq&wid=1674184977524.

22. 央行数字货币(CBDC)与法定数字货币具有同等意义,前者更强调发行主体是人民银行,后者则强调发行者是由各国宪法法律授权的货币当局,包括人民银行等机构。

23. 未来智库头条号. 数字人民币专题报告:全球央行 CBDC 进展报告[EB/OL]. 今日头条,2022-07-05[2023-12-23]. https://www.toutiao.com/article/7116681381933187617/.

24. 自由时报. 厄瓜多尔将推法定数字货币异于比特币[EB/OL]. 移动支付网,2014-09-02[2023-12-24]. https://www.mpaypass.com.cn/news/201409/02101846.html.

25. 未来智库头条号. 数字人民币专题报告:全球央行 CBDC 进展报告[EB/OL]. 今日头条,2022-12-27[2023-07-05]. https://www.toutiao.com/article/7116681381933187617/.

26. 委内瑞拉"石油币"介绍[EB/OL]. 南湖互联网金融学院搜狐号,2018-07-03[2023-12-26]. https://www.sohu.com/a/239026018_774221.

27. news.bitcoin,委内瑞拉的最低月工资不与石油币挂钩[EB/OL]. 链门户,2022-03-21[2023-12-23]. http://www.lianmenhu.com/blockchain-28909-1.

28. 陈耿宣、景欣、李红黎:《数字人民币》,中国经济出版社 2022 年版,第 41—42 页。

29. 年双渡. 比特币突变法定货币　总统"任性"让萨尔瓦多食恶果[EB/OL]. 中国商报网,2022-06-29[2023-12-27]. https://www.zgswcn.com/article/202206/202206291003001020.html.

30. 刘蕊.“炒币”误国？比特币暴跌令萨尔瓦多面临主权债违约风险[EB/OL]. 中国商报网，2022-05-18[2023-12-25]. https://www.sohu.com/a/548272055_121255906.
31. 碳讯. 尼日利亚数字货币 eNaira 全面实施将分四个阶段进行，最终实现与其他人民银行的互操作性[EB/OL]. 碳链价值，2022-12-27[2021-11-23]. https://www.ccvalue.cn/article/1387053.html.
32. 陈耿宣、景欣、李红黎:《数字人民币》，中国经济出版社 2022 年版，第 45—46 页。
33. 零壹财经. IMF:尼日利亚数字货币 eNaira 可能带来新的洗钱和恐怖主义融资风险[EB/OL]. 零壹财经网易号，2022-02-22[2023-12-27]. https://www.163.com/dy/article/H0R-375KD05198086.html.
34. Kyle. 牙买加参议院通过新立法，授权该国央行发行 CBDC 并给予其法币地位[EB/OL]. 巴比特，2022-02-22[2023-12-27]. https://www.8btc.com/article/6756464.
35. 未央网. 瑞典央行:电子克朗(e-krona)可以整合到现有银行或支付系统中[EB/OL]. 证券之星，2022-04-07[2023-12-27]. https://finance.stockstar.com/IG2022040700001068.shtml.
36. 52CBDC. CADcoin:加拿大的央行数字货币试验[EB/OL]. 金色财经，2019-11-09[2023-12-23]. https://www.jinse.com/blockchain/517216.html.
37. BIS, Project Helvetia: A multi-phase investigation on the settlement of tokenised assets in central bank money. https://www.bis.org/about/bisih/topics/cbdc/helvetia.htm.
38. 链闻. 新加坡央行数字货币计划 Ubin 解读[EB/OL]. 链门户，2019-11-26[2023-12-26]. http://www.lianmenhu.com/blockchain-15673-1.
39. 胡天姣. BIS 与四成员合作项目 Dunbar 取得进展，多种数字货币国际结算技术可行[EB/OL]. 新浪财经资讯号，2022-03-23[2023-12-28]. https://cpu.baidu.com/pc/1022/275122716/detail/61828155538770657/news?chk=1.
40. 智通财经快资讯号. 多边央行“货币桥”项目试行！数字货币长期有望受益于跨境支付的万亿市场[EB/OL]. 快资讯，2022-10-28[2023-12-26]. https://www.360kuai.com/pc/90083d953ba4560eb?cota=3&kuai_so=1&sign=360_57c3bbd1&refer_scene=so_1.
41. 星球日报. 美联储:央行数字货币发行前的 5 个先决条件[EB/OL]. 中金网，2021-02-25[2023-12-25]. https://www.jinse.com/blockchain/517216.html.
42. Bank of Canada, European Central Bank, et., Central bank Digital Currencies: Foundational Principles and Core Features. 2022-11-09[2023-12-19]. https://www.bis.org/publ/othp33.pdf.
43. 全球技术地图网易号. 世界各国抢占研发央行数字货币先机[EB/OL]. 网易号. 2020-08-11[2023-12-23]. https://3g.163.com/dy/article/FJNFNAVM0514R8DE.html?clickfrom=subscribe.
44. 未来智库头条号. 数字人民币专题报告:全球央行 CBDC 进展报告[EB/OL]. 今日头条，

2022-07-05[2023-12-23]. https://www.toutiao.com/article/7116681381933187617/.

45. 欧盟委员会将于 2023 年一季度提出数字欧元相关法律框架[EB/OL]. 链门户,2022-09-30[2023-12-25]. http://www.lianmenhu.com/blockchain-31562-1.

46. Council of the European Union, Proposal for a Regulation of the European Parliament and of the Council on the Establishment of the Digital Euro. COM (2023) 369 final, 29 June 2023.

47. 金融界. 日本央行将开展数字日元试运行[EB/OL]. 快资讯,2022-11-25[2023-12-25]. https://www.360kuai.com/pc/9830dc619f1446f3a?cota=3&kuai_so=1&sign=360_57c3-bbd1&refer_scene=so_1.

48. 新浪 VR. 全球主要经济体央行数字货币政策盘点[EB/OL]. ZAKER, 2022-08-10[2023-12-30]. https://app.myzaker.com/news/article.php?pk=62f3181d8e9f092ef66a53c9.

49. BIS innovation Hub, Lessons learnt on CBDCs report submitted to the G20 Finance Ministers and Central Bank Governors. July 2023.

50. 量子安全:利用量子力学原理强化安全性,并检测第三方是否窃听通信的做法。

51. 盲签名:一种数字签名方式。签名者在签名时无法了解具体的消息内容,仅在特定时刻证明其签名的真实性。

52. 后量子密码学:使密码学的分支之一,研究公钥加密算法等能够抵抗量子计算机的加密算法。

53. BIS innovation Hub, Lessons learnt on CBDCs report submitted to the G20 Finance Ministers and Central Bank Governors. July 2023.

54. 巴比特企鹅号. 欧洲央行正在制定数字欧元规则手册[EB/OL]. 腾讯网,2023-01-13[2023-01-03]. https://new.qq.com/rain/a/20230104A07Y3V00.

55. 陈永伟, DC/EP 来了! 它究竟会是什么样[N/OL].新浪财经, 2019-11-09[2023-07-19]. https://finance.sina.com.cn/roll/2019-11-09/doc-iicezuev8194292.shtml.

56. F 君, 数字人民币来了? 央行回应! [N/OL].搜狐网, 2020-04-29[2023-07-17]. https://www.sohu.com/a/389350484_692684.

57. 迪迪搞笑小分队, 碰一碰就能付钱,数字人民币真的来了[N/OL].搜狐网, 2022-09-06[2023-09-07]. https://www.sohu.com/a/582766552_121461140.

58. 我们发现,这类说法呈阶段性分布,最早的出现于 2019 年 11 月份,最晚的出现于 2022 年 9 月份,2020 年出现的频次最多,往往是新闻标题或内容的一部分。只要数字人民币进行测试、开始试点或试点扩容,就会出现类似说法。

59. 杨畅, 央行行长周小川等人在记者会上说了什么? [N/OL].新浪财经, 2018-03-09[2023-08-17]. http://finance.sina.com.cn/money/bank/bank_hydt/2018-03-09/doc-ifysayyf9423001.shtml.

60. 深圳中心支行，人民银行数字货币研究所：网传DC/EP信息为测试内容　并不意味数字人民币正式落地发行[EB/OL]. 中国人民银行，2020-04-24[2023-08-22]. http://shenzhen.pbc.gov.cn/shenzhen/122787/4013185/index.html.

61. 丁宝秀，央行副行长：推广数字人民币尚无具体时间表[EB/OL].中国新闻网，2021-04-19[2023-08-25]. https://www.chinanews.com.cn/cj/2021/04-19/9457949.shtml.

62. 中国人民银行数字人民币研发工作组：《中国数字人民币的研发进展白皮书》，2021年7月，第20页。

63. 人民银行召开2022年下半年工作会议[EB/OL].中国人民银行，2022-08-01[2023-08-27]. http://shenzhen.pbc.gov.cn/shenzhen/122787/4013185/index.html.

64. 2024年中国人民银行工作会议在京召开[EB/OL].中国人民银行，2024-01-05[2024-01-19]. http://www.pbc.gov.cn/goutongjiaoliu/113456/113469/5194629/index.html.

65. 陈佳怡，四地数字人民币试点将适时逐步扩围至全省[EB/OL].中国证券网，2022-09-20[2023-10-27]. https://news.cnstock.com/news，yw-202209-4958917.htm.

66. 中国人民银行数字人民币研发工作组：《中国数字人民币的研发进展白皮书》，2021年，第8页。

第二篇　如何使用数字人民币

数字人民币怎么用？它都有哪些功能？它比支付宝、微信支付先进在哪儿？……人们一定都特别关心这些问题。

数字人民币尚处于试点阶段，并未全面推广。只有试点地区的人们才能使用它。人民银行数字货币研究所与市场主体共同研发了数字人民币（试点版）App，它是数字人民币的载体与主要媒介。无论是参与红包发放活动的中签用户，还是开通数字钱包的客户，人们都要在数字人民币（试点版）App 中操作，设置数字钱包的通用功能、支付功能，绑定银行卡、硬钱包，并与互联网平台联通。诸多操作与支付宝支付或微信支付的功能类似，但数字人民币钱包不收任何手续费，还有无电无网支付、双离线支付、元管家等特色，其安全性与便捷性都更高。尽管如此，人们还是要识别有关数字人民币的新型诈骗套路，增强权益保护与风险防范意识与技巧。

本篇围绕着数字人民币 App 展开，旨在介绍与讲解数字人民币钱包的使用技巧，重点解读了数字人民币的各类功能与优势。同时，本篇也解析了新型诈骗的套路，为各主体使用数字人民币提供了相关建议。

第四章 数字人民币怎么用

第31问：哪些主体能使用数字人民币？

很多读者一定会想，既然数字人民币这么先进，那么我们所有人应该都能用它吧？也有很多人兴冲冲地下载了数字人民币（试点版）App，却被提示因不在试点地区而无法注册使用。看到类似提示的人们多少有些失望，也会有几分不解和疑惑。

诚然，数字人民币主要是为零售支付提供便利，它的用户是社会公众，在中国境内的任何人原则上都可以用[1]，没有身份、地位、籍贯、资金等限制。然而，大家要知道数字人民币仍然处于试点阶段，其使用受到环境、条件等制约。我们只有在试点地区的特定机构、参与商户或企业那里，才能使用数字人民币。例如：在成都的舞东风、红旗连锁等综合商业超市旗下的任一门店，我们都可以使用数字人民币购物。在上海市冯梦龙村、成都市邛崃市农村的人们也可以用数字人民币。那些注册了数字人民币（试点版）App、选择特定银行服务的人们，只要他们身处试点地区，也都可以用数字人民币。但在试点地区内也并非所有场景均被覆盖，有些场景仍无法用数字人民币。倘若拥有数字人民币（试点版）App的用户前往非试点地区，那么他也就没法使用数字人民币。换言之，只有那些身处数字人民币试点地区的人们，在具备使用条件时，才能自由使用数字人民币。

人民银行之所以对用户有地域和技术等限制，是因为试点中的数字人民币还存在很多技术难点和不确定性，很多非试点地区尚不具备硬件基础。况且一个应用场景的搭建涉及人民银行、金融机构、商户、企业、用户等主体，需要解决诸多技术应用和机具改造升级等问题。这些事务都不是一朝一夕就能解决的，需要在保障安全性、便捷性和速度等前提下稳步推进。目前，数字人民币的主要用户是社会公众、企业或相关机构，可以满足他们日常零售、支付结算的需求。将来的数字人民币会逐步拓展到M1、M2、M3，在贷款、证券资金结算等领域中广泛运用，届时将会可以用于银行间资金往来。随着试点扩容和功能优化，相信越来越多的人会用上数字人民币。

背景知识

数字人民币的使用主体也就是其客户群体。一国货币客户群体的范围与该货币的法偿性有关。一国货币往往只在本国境内具备绝对法偿性。也就是说，一国货币的使用主体是该国境内的居民、企业或组织。除了适用两国之间的货币清算或货币互换安排外，我们在国外只能将人民币兑换为该国货币。由于各国的货币制度、研发动机、技术架构都不同，使得零售型CBDC

与批发型CBDC存在不同的客户群体。其中，零售型CBDC的用户是个人及中小企业，批发型CBDC的用户是货币当局与金融机构。数字人民币是一种零售型CBDC，其用户是社会公众及企业，客户群体的范围将依照试点进展而确定。

第32问：哪些地区可以使用数字人民币？

目前，我们只能在17个省市的26个地区使用数字人民币。2020年，首批试点地区呈现“4+1”格局，深圳、苏州、雄安新区率先开展了试点，当时红包活动的中签用户都可以使用数字人民币；冬奥会场景主要分布在北京和张家口的冬奥会场馆。2021年，上海、海南、长沙、西安、青岛、大连成为第二批试点地区，数字人民币试点形成了“10+1”格局。此时，数字人民币（试点版）App已正式上线。在“10+1”试点地区的居民和企业只要下载、注册了该App，都可以使用数字人民币。2022年4月起，天津、重庆、广州、福州、厦门、杭州、宁波、金华、温州、湖州和绍兴成为第三批城市，冬奥场景所在地也成为试点地区。在这23个地区，都可以使用数字人民币。在非试点地区的人们，即便下载了App，也无法使用数字人民币。

背景知识

数字人民币各地试点的建设重点与应用场景各具特色。在上述试点地区中，北京、上海、厦门、海南等地都是自贸区所在地，海南是首个全省试点，而浙江六城市主要围绕亚运会搭建相关场景。根据人民银行的规划，广东省、江苏省、河北省与四川省已在全省开展了数字人民币试点。

第33问：商户如何使用数字人民币？

支付宝、微信等第三方支付为各类商户提供了很多便利，也产生了垄断、不公平竞争等问题。数字人民币将有助于打通支付的B端与G端，可缩短商户资金清算时间，减少资金在途风险，减少商户的运营成本，也为商户获得精准的政府资金支持奠定了基础。

参与试点的商户主要有普通商户与受理服务机构，前者只是将数字人民币作为一种支付工具使用，而后者则深度参与数字人民币试点，开展支付、公共事业等业务。商户可以采取多种方式开通与使用数字人民币。便利店店主、小贩等个体商户与个人差异不大，直接下载、开通数字人民币（试点版）App即可。但加盟店、综合超市等商户开通数字人民币业务，需要具备接口对接与技术能力。它们可以与指定运营机构或受理服务机构合作，在聚合支付收银台接入数字人民币支付。双方需要签订保密协议，约定清算、结算等细节。商户需要根据商业银行准入要求，提供开立对公钱包的相关资料，根据不同场景设置母钱包、子钱包，用于自己的收款服务。作为受理服务机构的商户，既可通过直连方式对接互联互通平台，实现与数字货币研究所、金融机构的战略合作；也可通过其他指定运营平台开展商务合作。

背景知识

人民银行对数字人民币的研发与推广持开放态度，鼓励有能力的商户参与技术研发、试点共建，已初步形成了数字人民币的产业链。数字人民币进行市场化运营，有助于促进市场竞争、激励技术研发，也有助于改善数字人民币的生态环境。然而，数字人民币涉及新兴技术应用，对商户的技术对接能力与资质要求较高，意图进行战略合作的商户不仅要具备相应的能力，也要履行保密、安全保障等义务。

第 34 问：港澳台同胞与境外人士如何使用数字人民币？

港澳台同胞、境外人士可以用数字人民币吗？当他们开通数字钱包后就可以用数字人民币了。

港澳台同胞来大陆开通数字人民币钱包，须前往开办该业务的试点行。他们进行身份验证时，要持有身份证、护照、港澳台通行证、港澳台居住证和大陆手机号。[2]

在北京冬奥会期间，来我国参赛的外国运动员及奥运委员会官员首次体验到了数字人民币的便利。[3]他们既可以在我国境内下载数字人民币（试点版）App，使用其境外手机号或邮箱开立一个四类钱包；也可以根据自己偏好选择使用滑雪手套、手环手表等硬钱包，不用其手机号或邮箱注册。目前，境外人士可以开通的数字人民币钱包有较多的限制条件，余额上限仅为 1 000 元，交易限额分别为 500 元/单笔、1 000 元/日、10 000/年，可使用首付款与专项两项服务。[4]境外人士在出境前，还可将未用完的数字人民币到银行网点兑换成外币携带出境。由此可见，目前外国人来华可以使用小额、匿名的数字钱包。随着试点的推进，境外人士适用的数字钱包将会逐渐取消这些限制。

背景知识

港澳台同胞、外国人用的数字钱包，实质是数字人民币的一种跨境场景。目前，我国已在冬奥会赛场、海南省、厦门市等试点地区开通了相关服务。成都世界大学生运动会、杭州亚洲运动会的举办地也探索创新了境外人士使用数字人民币的相关服务。其他试点地区也将因地制宜，推出更多的跨境服务。

据了解，中国银行已经研发了交互性强的数字人民币兑换机，支持护照、身份证等 8 类涉外身份证明进行数字人民币业务验证，也可以使 18 种外币办理数字人民币硬钱包兑换业务。同时，该兑换机还可以提供汉语、英语、法语、德语、日语、俄语等 8 种语言与语音服务，吸引更多外国来华人士使用数字人民币。[5]

第 35 问：哪些平台开通了数字人民币业务？

数字人民币的研发与推广遵循市场化原则。中国人民银行数字货币研究所与各运营机构共同参与试点，使数字人民币可在线上线下的各场景中使用。各运营机构包括第三方支付机构、通信机构与平台企业，这些机构一起打造数字人民币（试点版）App，使数字人民币能够满足用户差异化需求。[6]

2022 年 1 月 4 日，数字人民币（试点版）App 在各应用商店正式上线[7]，华为、苹果等手机的用户都可以下载该 App，为各大互联网平台开通数字人民币业务奠定了基础。经过一年多的技术迭代，已有 1 家支付平台和 100 多家商户平台与数字人民币（试点版）App 实现互联互通。用户可以通过钱包快付管理开通或添加相应的平台，并在相应的场景中使用数字人民币支付。这些平台既包括支付宝、美团、饿了么、飞猪、顺丰等常用 App；也包括苏周到、随申办、天府通等综合 App，涵盖日常生活、公务、旅游、购物等方面。人们可以随意选择各种支付手段，就能享受更方便、安全和快捷的服务。

第 36 问：如何获得数字人民币？

常言道："手里有钱，心里不慌。"那么，我们手里的钱又是从哪里来的？货币在我们生活中无处不在，以至于很少有人考虑它是怎么到我们手中的。在实物人民币发行与流通的背景下，这似乎不是什么问题。自人民银行垄断货币的发行权后，货币一直都由人民银行发行，但人民银行并不会向社会公众直接发放货币，而是通过商业银行、企业或个人以工资、货款、结算资金、贷款、存款等形式发放到每个人手里。个人将以数字化手段获取数字人民币。从试点情况来看，数字人民币有以下获取方式。

第一，参与数字人民币红包活动，以预约抽签方式获取。2020年10月，深圳市开展了“礼享罗湖数字人民币红包”活动，5万名中签用户获得了200元的数字人民币红包，可以在罗湖区3 000多家商户购物消费。[8]自此以后，苏州、成都、上海等地开展了多轮数字人民币红包活动，不仅有了五五购物节、绿色出行、“天涯任我游”等多种用途的红包，也出现了55元、66元、178元或520元的面额。

第二，参与数字人民币推广活动，在特定活动期间获取消费券或消费补贴，或者在活动现场申请开通。2022年1月以来，深圳市罗湖区、天津市等地发放了数字人民币消费券或消费补贴，用户可以在特定时段获取购车补贴，或者在购物时享受一定的费用减免或抵扣。此外，各试点行在平时也开展一些推广活动，居民可受邀或申请当场办理开通。

第三，下载开通数字人民币（试点版）App。数字人民币（试点版）App是数字人民币的最主要载体，试点地区居民需要下载开通该App才能使用。居民可以采取三种方法办理。一是自行下载。居民可在手机中应用商店里操作，就像下载使用其他App那样。二是去试点银行网点申请办理。银行工作人员将会出示一个二维码，指导居民扫码办理。有的居民可以当场开通，有的居民最迟会在T+2日开通。

第四，通过手机银行申请办理。很多试点行以发送邀请短信的方式推广数字人民币。收到短信的客户登录手机银行，点击数字人民币图标开通相关业务。

第五，通过商业银行 ATM 机兑换。很多试点行已经对 ATM 机进行了升级改造，可以兑换现金与数字人民币。居民可以像取现、转账那样，直接用现金或银行账户中的钱兑换数字人民币（图 4.1）。

资料来源：戚文丽、柴军虎. 全国首个！“数字人民币”相城生活服务平台正式上线[EB/OL]. 现代快报网易号，2021-10-08[2023-09-04]. https://www.163.com/dy/article/GLQLL25O053469KC.html.

图 4.1　农业银行的数字人民币机具

无论采取上述哪种方式开通数字人民币 App 后，用户都要使用“充钱包”功能，将银行账户中的钱转入数字钱包。

背景知识

无论是参与红包活动、推广活动，还是自行下载或去试点行柜台办理，居民可采取三种方式获取小额的数字人民币。第一种方式最快，可先下载相应试点行的 App，以扫码取现或转账获取。第二种方式是通过钱包编号及其密码进行验证。第三种方式是先用身份证、手机号或钱包查询钱包身份信息，再用客户手机验证码验证后取现。倘若取现金额超过 5 万元，居民需要通过核验身份信息＋人脸识别才能取现。[9]总之，数字人民币的获取或取现方式都与第三方支付取现等类似。

第 37 问：商户、个人或机构可以拒收数字人民币吗？

答案当然是否定的，但也得考虑一些特殊情况。因为数字人民币是人民币的数字形式，理应具有同等的绝对法偿性。[10]我们需要结合我国人民币管理法律制度，才能全面解答这个问题。

众所周知，无论人民币的材质如何、面额多少，它在我国境内都可以按照其面额支付，具有绝对的法定偿付效力。[11]它可以支付我国境内的一切债务。[12]因此，任何机构或任何人都不得以任何理由拒收。拒收是一种违法行为，造成严重后果的，还会被处以罚款等处罚。

近年来，各地都曾发生过拒收人民币现金的事件。就拿一件拒收现金的小事来说。李某开车路过某地的加油站，趁着加油站人员给车加油的空闲，他去便利店买了几包零食。轮到他在柜台付钱时却犯了难，他常用的微信钱包里没钱了。这时，他顺手取出上衣口袋里的钱包，发现里面居然还有几张 50 元的钞票。他便从中取出一张，递给了店员。不料该店员却冷冷地说，本店不收任何现金。他与店员理论了半天，一气之下退掉了那几包零食，悻悻地离开了那个便利店。事后，李某越想越气，便拨打了某人民银行的12363电话投诉。该人民银行接到投诉后，立即与便利店核实了情况，在现场向他们讲解和普及了人民银行法及相关知识，便利店店员当即表示他们已认识到了拒收现金的错误。无独有偶，上海市、重庆市等地也都发生过拒收现金的现象。2018年，中国人民银行发布了通告[13]，明确规定拒收现金是一种违法行为，要根据情节轻重承担相应的法律责任。随后，各地人民银行开展了多次拒收现金整治活动，定期发布整治活动通报，举办形式多样的宣传活动，使社会各界不再抵触现金，拒收现金现象较以前大幅减少。

我国尚未正式发行数字人民币，它还不具备与实物人民币同等的法偿性。在试点地区内，数字人民币可以被视为具有与现金等同的支付效力，可以参照适用人民币管理制度，要求参与试点的机构、商户与个人不得拒收数字人民币。对于非试点地区或者未使用数字人民币(试点版)App的主体而言，他们拒收数字人民币的行为不能被认定为拒收行为。

背景知识

如果人民银行法修订草案将来被全国人大会议通过，那么新的人民币条款将产生效力[14]，数字人民币也将具备绝对法偿性。届时，任何人、任何机构都不能拒收数字人民币。鉴于数字人民币的特殊性，对于拒收人民币的行为，还需要区分是否属于故意，是否存在技术、网络、设备或环境等制约因素。在不具备使用数字人民币的客观情形下，不宜盲目认定拒收行为，或者有相应的替代条件、豁免事项。这将是数字人民币法律制度需要考虑的问题。[15]

第 38 问：支付宝与微信用户如何使用数字人民币？

2021 年 5 月 8 日，支付宝接入了数字人民币。[16] 2022 年 12 月 12 日，支付宝作为首家第三方支付平台，正式接入了数字人民币服务。[17] 2022 年 1 月 6 日，微众银行（微信支付）上线了数字人民币服务。[18] 这就打破了数字人民币要取代支付宝与微信的坊间传言。目前，微信小程序可以接入景区博物馆、T3 出行等几百家收单机构，涉及生活服务、民生缴费等方面。[19] 随着二者不断完善相关功能，用户可以通过登录 App 开通数字人民币钱包。

在支付宝与微信中使用数字人民币，需要先开通网商银行、微众银行的数字钱包，开通数字钱包的手机号必须与绑定支付宝、微信的手机号相同。用户进行身份验证、密码设置后，就可以在相关 App 中使用数字人民币支付了。我们在支付宝、微信中成功开通数字人民币钱包后，便会获得唯一的钱包编号与数字人民币收款专用码，便可以使用转账、收款等功能。

值得注意的是，在最新一版的数字人民币（试点版）App 中，支付宝是目前唯一一家支付平台。当支付宝用户开通数字人民币钱包后，应用该平台上的美团、饿了么等商户服务时，也可以直接用数字人民币支付。

数字人民币
由网商银行(支付宝)提供钱包服务
中国人民银行
钱包余额
充钱包 >
¥0.00
转钱
收付
网商银行(支付宝)

数字人民币
网商银行
钱包余额
币信息
¥0.00
存银行
充钱包
交易记录
钱包管理
回到首页

钱包
账单
零钱
零钱通
银行卡
亲属卡
数字人民币
支付分
消费者保护
身份信息
支付设置

零钱
优先使用此支付方式付款
使用数字人民币付款
二维码收款

图 4.2　数字人民币的操作界面

背景知识

读者也许会纳闷：我们使用数字人民币，怎么感觉和用微信支付或支付宝差不多？也没见到它有多么神奇？我们在前文中已经说明了二者的关系。这里有必要再说明一下。

究其实质而言，支付本身不过是转移资金价值罢了。数字人民币与微信支付或支付宝支付是两类概念。正如前文所说，二者是法定货币与支付工具的区别，支付不过是数字人民币的职能之一。微信支付和支付宝支付都属于第三方支付，其 App 中流转的资金源于各商业银行。二者接入数字人民币，有助于数字人民币的互联互通，持续优化数字人民币的生态格局。

第 39 问：数字人民币有助于解决货币超发的问题吗？

自从人民银行垄断货币发行权后，人民银行就存在超发货币的冲动，超发货币容易引发通货膨胀、货币贬值，这似乎是信用货币的悖论。比特币原理的提出者中本聪认为，通过去中心化的区块链机制可以解决货币超发问题。比特币使这一设想变为现实，似乎可以避免信用货币超发问题，引发了私人数字货币热潮。但比特币却无法既保持去中心化，又追求币值稳定，还依靠货币政策调节经济，于是产生了数字货币悖论。[20]稳定币虽实现了币值的锚定，却又突破了去中心化构想，无法避免时常发生的币值暴跌，仍无法妥善解决数字货币悖论。比特币将会在 2100 年达到峰值，之后不会产生新的比特币。也就是说，私人数字货币虽然可能会避免货币超发，却会引发通货紧缩等问题。

数字人民币与实物人民币的并存，引发了很多人对货币超发问题的担忧。从理论上讲，如果人民银行滥用发行权，也可能会出现法定数字货币超发现象。人民银行遵循法定职责与法定程序，会遏制数字时代任意发行法定数字货币的冲动。数字人民币不会出现所谓"货币超发"问题，也将避免货币悖论与数字货币悖论。人民银行行长曾明确表示："我们始终强调，央行数字货币的使用和推广应遵循市场化的原则。也就是说老百姓需要兑换多少，我们就发行多少。"[21] 也就是说，数字人民币的使用与推广遵循市场化原则，其发行量取决于市场的需求量，是根据社会公众需求发行与兑换的。目前，我国市场上流通的数字人民币数量占流通中货币总量的比例低于4%，使货币结构发生了一些变化，但对货币政策的影响是中性的。[22]同时，结合运行机制及其影响来看，数字人民币也不会出现超发问题。数字人民币将长期保持替换部分M0的地位，商业银行仍需向人民银行缴纳100%的准备金，其双层运营体系也不会改变现行货币投放结构，虽会产生微小的紧缩效应，但不会诱使人们大量兑换数字人民币存款。同时，数字钱包还设置了交易限额等措施，也能有效降低挤兑等风险，不会存在无法满足客户需求的情形。我国很多地区经济发展不均衡，还有大量公众有使用现金的习惯，数字人民币将与现金并存。[23]当然，人民银行发行数字人民币时，需要考虑运用科学方法调控货币发行量，也将会是法定数字货币国际竞争中的关键因素。

背景知识

从金融学理论上讲，数字人民币会降低整体的货币需求，也会提高货币供给能力。数字人民币主要通过影响货币乘数来影响货币供应量。货币乘数是指央行的货币供给量与基础货币之间的比值。在基础货币供给量一定时，货币乘数对货币的供应量起决定作用。货币乘数与现金漏损率、超额存款准备金率、定期与活期存款比率等变量有关。数字人民币具备安全、便捷等优势，将会使部分公众选择数字人民币，可能会使现金漏损率下降。数字人民币的推广降低了商业银行利用现有资金参与清算的需求，弱化其持有存款准备金的动机，导致超额存款准备金率下降，货币乘数上升，货币供应量会增加。

数字人民币在一定程度上会降低货币需求。按照凯恩斯货币需求函数,人们持有货币的动机有交易性动机、预防性动机、投机性动机。数字人民币的机会成本小于现金、安全性较强,人们将弱化持有数字人民币的预防性动机,强化交易性动机。因此,从理论上判断,数字人民币的推行将降低人们对现金的需求。但是一种新型货币的推广受多种主客观因素影响,货币供给不会因为局部变动产生剧变,但它有助于人民银行在发行、供给货币时更多地考虑公众需求。

第 40 问:能否介绍一下数字人民币(试点版)App?

我们了解到,获取数字人民币需要下载、开通试用版的 App,它是数字人民币客户端的移动终端。[24] 数字人民币(试点版)App 是在原测试版基础上不断优化的产物。早期试点以及部分试点实行白名单制度,只有受邀请或注册通过审核的用户才能使用 App。

2022 年 1 月 4 日,数字人民币(试点版)App 正式上架,用户可以在应用商店下载使用。截至目前,该 App 经过了 28 次的版本更新,基本解决了安装耗时、操作复杂等问题,已面向试点地区的所有用户开放。[25] 当前版本的 App 比支付宝、微信支付的界面与功能单调,不如后者那般分门别类、一目了然,却也具备转账、收付款、红包管理、预付资金管理、多种支付设置、钱包快付管理等主要功能，既适当地满足了客户的一般需求，也保障了客户的资金安全、知情权等权益。数字人民币（试点版）App 极大地优化了测试版 App，具备了向广大社会公众推广的基础；它也体现了数字人民币生态格局的演化，10 家国有银行、民营银行可以开通数字钱包，也支持 100 多家商户实现钱包快付功能。这些功能的优化正在不断地改进用户的体验。

背景知识

截至 2024 年 1 月 4 日，数字人民币（试点版）App 正式上线已满两年。两年间，该 App 不断更新迭代，已进行了 28 次更新。目前最新的版本是 1.1.4 版，其功能比以前诸版本更多元化，也具有更强的用户友好性。[26]我们梳理了数字人民币（试点版）App 的版本更新情况，[27]总结了几个重要版本的演变历程及其特点。如图 4.3 所示：

截至目前，哪些应用市场上架了数字人民币 App？据不完全统计，苹果的 App Store，国产的华为、小米、OPPO、vivo 手机应用市场，应用宝、360 手机助手等安卓应用市场都上架了该 App。

当我们成功注册数字人民币（试点版）App 后，可以设置专属头像[28]，还可以用挂件装饰头像，如果个人不想再用头像及其挂件，可以删除它们，这种删除操作是不可逆的。用户还可以修改钱包名称、更改操作语言。所有这些功能都可以在 App 中通用功能里找到。目前，我们只能用 App 账号登录一个设备，如果登录其他设备，会自动退出当前已登录的设备。

数字人民币（试点版）App的主要版本

日期	版本	更新内容
2022.01.04	1.0.1 版本	正式上架国内App Store和各大主流安卓应用商店，解决了前期试点中的问题。
2022.01.25	1.0.4 版本	增加消费红包余额显示功能。
2022.05.15	1.0.9 版本	App升至84位，其体积缩小至90 MB，启动速度加快。
2022.08.23	1.0.12 版本	增加随用随充功能，关联多张银行卡时可以按照银行卡排序充值。
2022.09.06	1.0.13 版本	1. 新增“元管家”功能，运用智能合约进行预付消费资金管理。 2. “子钱包”更名为“钱包快付”。 3. 增加手机Pay添加入口，可以开通基于手机的硬钱包。
2022.12.24	1.0.16 版本	1. 新增专属头像功能，可以生成用户唯一的专属头像。 2. 新增个人现金红包功能。用户可以通过微信、QQ或支付宝等平台发放或领取拼手速、拼手气与平均金额等群红包和固定金额的专属红包。
2023.03.19	1.0.19 版本	1. 钱包快付支持搜索。 2. 在“商户平台”和“支付平台”上方新增搜索商户与平台的搜索框。
2023.05.30	1.0.21 版本	新增暂时适用于杭州、绍兴的“乘车码”功能，可用于乘坐杭州地铁、绍兴地铁、杭海城际。
2023.09.15	1.1.0 版本	1. “九宫格”界面展示9项主要功能。 2. 新增生活缴费、手机充值、硬钱包展示等功能。 3. 上线支付多种类型商户的元管家商城。
2023.12.01	1.1.3 版本	提供更为便捷的修改手机号、挂失、解挂、重置密码的方式。

资料来源：笔者根据网络资料整理制作。

图4.3　数字人民币App重要版本更新情况

> 如果手机号注册不了数字人民币 App，可能有若干原因：一是手机信号差、无网络服务导致接收不到验证码，可以换个时间段或重启手机。二是频繁操作导致无法注册，稍后再试即可。三是可能存在重复注册，直接登录已存在账号，或修改密码后再登录。四是手机号无效，或者所在地区不是试点地区。

注 释

1. 来华访问、旅行的外国人也可以通过各类硬钱包使用数字人民币，这项功能在冬奥会期间备受广大来华参赛运动员的青睐，相关报道常常见诸报端，可谓数字人民币应用场景的一大亮点。
2. 高龙安.兴业银行上线港澳台同胞数字人民币钱包业务[EB/OL]. 吉林新闻网，2022-10-08[2023-11-13]. https://www.jl.chinanews.com.cn/mqtj/2022-10-08/215369.html.
3. 董希淼.北京冬奥会拓展数字人民币在国际场合使用场景[EB/OL]. 21 世纪经济报道新浪号，2022-01-27[2023-11-16]. https://finance.sina.cn/forex/hsxw/2022-01-28/detail-ikyamrmz7782135.d.html.
4. 湘潇晨报. 境外人士及外国人申请数字人民币账户的方法[EB/OL]. 晋鹏娱乐社网易号，2021-07-05[2023-11-19]. https://www.163.com/dy/article/GE3PIF1K05372XZF.html.
5. 中行数字人民币兑换机亮相“奋进新时代”主题成就展[EB/OL]. 新浪财经，2022-10-21[2024-1-06]. http://finance.sina.com.cn/jjxw/2022-10-21/doc-imqmmthc1644197.shtml.
6. 中国人民银行数字人民币研发工作组:《中国数字人民币的研发进展白皮书》，2021 年，第 12 页。
7. 李楠桦、吕骞. 数字人民币(试点版)App 来了，已正式登陆各大应用商店[EB/OL].人民网，2022-09-04[2023-09-29]. http://finance.people.com.cn/n1/2022/0104/c1004-32323727.html.
8. 刘安琪、李震、万军伟. 深圳市“礼享罗湖数字人民币红包”抽签工作已完成 5 万人“中签”[EB/OL]. 大河财立方搜狐号，2020-09-17[2023-09-17]. https://www.sohu.com/a/423882557_120109837.
9. 叶晓珺. ATM 机上可以“数字人民币兑换现钞”[EB/OL]. 杭州新闻中心，2022-09-15[2023-11-17]. https://hznews.hangzhou.com.cn/jingji/content/2022-09/15/content_8353757.htm.
10. 在《中国人民银行法(修订草案征求意见稿)》里规定人民币包括数字形式。中国人民银行关于《中华人民共和国中国人民银行法(修订草案征求意见稿)》公开征求意见的通知[EB/OL].中国人民银行,2020-10-23[2023-9-23]. http://www.pbc.gov.cn/tiaofasi/144941/144979/3941920/4115068/index.html.

11.《中华人民共和国人民币管理条例》第四条:"人民币的单位为元,人民币辅币单位为角、分。1 元等于 10 角,1 角等于 10 分。人民币依其面额支付。"

12.《中华人民共和国中国人民银行法》第十六条:"中华人民共和国的法定货币是人民币。以人民币支付中华人民共和国境内的一切公共的和私人的债务,任何单位和个人不得拒收。"

13. 中国人民银行有关部门负责人就整治拒收现金有关问题答记者问[EB/OL]. 中国人民银行,2018-07-13[2023-09-13]. http://www.pbc.gov.cn/goutongjiaoliu/113456/113469/3577298/index.html.

14.《中华人民共和国中国人民银行法(修订征求意见稿)》规定,人民币包括实物形式和数字形式。

15. 景欣.法定数字货币的支付场景前瞻及对策建议[J].经济体制改革,2021(02):166.

16. 镁客网搜狐号. 数字货币接入支付宝,到底什么是数字人民币?[EB/OL]. 搜狐网,2021-05-10[2023-12-13]. https://www.sohu.com/a/465550229_324615.

17. 中新经纬. 支付宝今起支持淘宝使用数字人民币付款[EB/OL]. 快资讯,2022-12-12[2023-12-13]. https://www.360kuai.com/pc/910c3143c1061d2e3?cota=3&kuai_so=1&sign=360_57c3bbd1&refer_scene=so_1.

18. 沐沐讲数币. 微信支付开通数字人民币如此简单[EB/OL]. 今日头条,2022-01-09[2023-12-17]. https://www.163.com/dy/article/H6KIN2BP0519830Q.html.

19. 周驰. 数字人民币在微信内应用"扩容" 已接入数百万家商户[EB/OL]. 今日头条,2024-01-17[2024-01-18]. https://www.chinanews.com/cj/2024/01-17/10147878.shtml.

20. 盛松成、龙玉:货币政策与去中心化是数字货币的悖论[EB/OL]. 新浪财经,2018-10-13[2023-12-18]. https://finance.sina.com.cn/stock/stockzmt/2018-10-13/doc-ifxeuwws3983033.shtml.

21. 央行行长:数字货币使用推广应市场化　老百姓要兑换多少就发行多少[EB/OL].信息新报网易号,2021-11-11[2024-01-11]. https://www.163.com/dy/article/GOH4UFP10552ADWT.html.

22. 细说数字人民币|央行数字货币能否有助于解决货币超发问题?[EB/OL].新浪科技,2020-08-19[2024-01-09]. https://tech.sina.com.cn/roll/2020-08-19/doc-iivhuipn9557936.shtml.

23. 澎湃新闻搜狐号. 细说数字人民币|央行数字货币能否有助于解决货币超发问题?[EB/OL].搜狐网,2020-08-19[2023-12-15]. https://www.sohu.com/a/413930966_260616.

24. 中国人民银行数字人民币研发工作组:《中国数字人民币的研发进展白皮书》,2021 年 7

月，第 11 页。

25. 木子剑. 数字人民币 App 一周年：推出 16 个大版本，生态不断完善[EB/OL]. 新浪看点，2023-01-04[2023-01-04]. https://k.sina.com.cn/article_2550216490_9801372a001015p80.html?display=0&retcode=0.

26. 数字人民币 App 上架 2 周年：已推出 28 个版本，体验不断完善[EB/OL]. 新浪财经，2024-01-04[2024-01-17]. https://finance.sina.cn/bank/yhgd/2024-01-05/detail-inaamksk3195514.d.html?cid=76654&node_id=76654.

27. 木子剑. 数字人民币 App 一周年：推出 16 个大版本，生态不断完善[EB/OL]. 新浪看点，2023-01-04[2023-01-04]. https://k.sina.com.cn/article_2550216490_9801372a001015p80.html?display=0&retcode=0.

28. 专属头像是最新版的数字人民币（试点版）App 中才具有的功能，其他较早版本需要更新到最新版本才能设置。

第五章
玩转数字人民币钱包

第 41 问：什么是数字人民币钱包？

数字人民币是数字化的人民币，它将以数字形态发行、获取、使用与流通，自然离不开实现这些功能的载体。数字人民币钱包又称数字钱包，是数字人民币的载体，是数字人民币（试点版）App中最重要的服务之一，也是数字人民币最重要的创新之处。

数字人民币钱包就像我们存放现金的钱包，本身并不复杂。它与余额宝、微信钱包一样，也具有现金存储功能。人民银行与各运营机构参与设计、研发，共同开发了数字人民币钱包及其生态平台，使其能够依托于移动终端 App 运营，并根据不同的开立主体、客户身份识别强度、权限归属与载体应用于各场景。用户开通数字钱包后，可依照自身的需求与喜好，选择支付设置、钱包快付、转账、充值等业务。目前，六大国有银行、两大股份制银行、两大民营银行都可以直接开通数字钱包[1]，其他城市商业银行、民营银行及农村合作金融机构可以间接接入数字人民币服务。城银清算服务有限责任公司和农信银资金清算中心作为数字人民币的“分发商”，分别提供“一点接入”等服务，使客户可以选择相应的中小银行绑定升级钱包与银行卡使用数字钱包[2]，打通了非试点银行与农村合作金融机构的服务渠道。

第 42 问：什么是数字人民币的四类钱包？

四类钱包是根据客户身份识别强度划定的分类，针对不同用户的需求设置了不同类钱包的交易限额、验证要求。一类钱包要完全实名，四类钱包可以完全匿名，体现了数字人民币的可控匿名性、松耦合特性，也符合当前现金管理、账户实名制管理等要求。这四类钱包的办理与管理情况可见表 5.1 所示。

表 5.1　数字人民币四类钱包的办理与管理要求（单位：元）

钱包类型	验证要求	交易限额				匿名性	是否绑定银行卡
		余额	单笔消费	日累计消费	年累计消费		
一类钱包	手机号 + 有效身份证件 + 本人银行账户 + 运营机构现场面签	无	20 000	50 000	1 000 000	实名程度最高	可以绑定
二类钱包	手机号 + 有效身份证件 + 本人银行账户	500 000	50 000	100 000	无	实名程度较高	可以绑定

（续表）

钱包类型	验证要求	交易限额				匿名性	是否绑定银行卡
		余额	单笔消费	日累计消费	年累计消费		
三类钱包	手机号＋有效身份证件	20 000	5 000	10 000	无	实名程度较低	无需绑定
四类钱包	手机号	10 000	2 000	5 000	50 000	完全匿名	无需绑定

注：网商银行、微众银行无余额上限、单笔消费限额、日累计消费限额与年累计消费限额。

资料来源：笔者根据数字人民币 App、人民银行白皮书综合整理。

背景知识

数字钱包是数字人民币的载体与客户的媒介。人民银行与商业银行等机构共同研发、创设了数字人民币钱包，并以共享、共建方式不断优化数字钱包的生态系统。[3]截至目前，各方已开发出功能各异的各类数字钱包，满足不同客户的个性化、多元化需求。法人、非法人机构可以开立对公钱包，老年人等可使用可穿戴设备等硬钱包，个人还可以通过子钱包（钱包快付业务）及智能合约实现限额支付、条件支付等功能。未来，新兴技术的深度运用将增强数字人民币钱包的普惠性。

值得注意的是，表 5.1 中数字钱包的交易限额只是各试点行统一的限额标准，具体限额取决于各银行的具体业务。在数字人民币（试点版）App 中，我们可以查询到各运营机构四类数字钱包的具体限额，涉及消费、转钱、收钱、充钱包、存银行五项业务。以一类钱包为例，网商银行和微众银行的五项业务没有任何限额限制。六大国有银行消费、转钱的消费限额都一致，分别为 20 000 元/笔、50 000 元/日、1 000 000 元/年，各行收钱业务均无限额，但充钱包或存银行的限额差异较大。比如，工商银行存银行的限额分别为 50 000 元/笔、200 000 元/日、2 000 000 元/年；农业银行充钱包的限额分别为 20 000 元/笔、50 000 元/日、200 000 元/年，中国银行、建设银行的三项限额与之相同，其他几家银行也设置了不同限额。

第 43 问：什么是个人钱包与对公钱包？

这是根据数字钱包开立主体进行的分类。法人、自然人和非法人组织都可以使用数字人民币钱包。自然人可以申请开通个人钱包，法人、非法人组织可以申请开通对公钱包。个人钱包就是按照身份识别强度分类的四类钱包，根据不同匿名性与验证要求，实行分类交易与交易限额管理。对公钱包可采取现场开立、远程开立两种方式，它目前有两类。一类对公钱包与一类个人钱包一样，需要去试点行现场办理，没有余额与付款限额；二类对公钱包可线上办理，需要提交相关资料，经过运营机构审核。二类对公钱包的余额上限为 50 万元，转账限额分别为 50 万元/笔、200 万元/日、5 000 万元/年。[4]

背景知识

对公钱包可谓数字人民币的一大创新和亮点，对公并不意味着这类钱包不能对私人使用，其主要用于行政机关、行政机关与企业、企业与企业之间的资金流通，因而其转账限额远超个人消费限额。开通对公钱包有助于打通B端与G端的接口，实现企业对公场景与对私场景的互联互通。

第44问：什么是母钱包与子钱包？

按照数字人民币的权限归属，可以将数字人民币钱包分为母钱包与子钱包。[5]我们可以从主从关系、通用与特定的关系来理解这两类钱包。所谓母钱包其实就是我们开通的数字人民币钱包。如果不设置相应的子钱包，我们就只能使用扫码支付、小额免密支付、生物支付等通用功能。子钱包是指用户开展分机构、分场景设置的更小钱包，可以适用于交通出行、行政公务、日常生活等场景，也可以设置限制支付、条件支付，甚至开展特定财务活动。[6]一个母钱包可以开通多个子钱包，每个子钱包是相互兼容的，使用其中一个子钱包时，就是享受与之对应场景的服务，就是向该商户进行支付。当我们在消费支付时，可以选择多种支付方式。当用户开通子钱包后，相当于商品或服务下单时多了数字人民币支付的付款方式。子钱包可以更好地包括个人隐私，也有助于企业优化财务管理。

据不完全统计，数字人民币（试点版）App可以开通100多家商户的子钱包，支付宝等商户的App亦可以开通数字人民币钱包。2022年9月，数字人民币（试点版）App再次更新，“子钱包”

已被更名为“钱包快付管理”。随着试点的深入推进，相关机构将会开发越来越多的钱包快付业务。

> **背景知识**
>
> 我们怎么开通子钱包呢？操作很简单，其实就是在数字人民币（试点版）等 App 中绑定子钱包或数字人民币支付即可。以开通京东的子钱包（钱包快付）为例，用户可以在 App 中选择开通子钱包，当选择完成、确认京东子钱包、设置支付密码后，便会成功设置京东子钱包。很多人找不到子钱包，是因为它已被更名为钱包快付管理。

图 5.1　京东数字人民币钱包（作者截图）

第 45 问：什么是软钱包与硬钱包？

在北京冬奥会期间，落地了 40.3 万个衣、食、住、行、娱、医等场景，国内消费者、境外人士可任选手机或可穿戴设备进行支付。

当时可选择的数字人民币硬钱包有可视卡、滑雪手套、冬奥特色徽章、智能手表等多种形态。早在 2021 年,一些试点行或机构就开发了数字人民币硬钱包。比如,工商银行与中国移动就在 2021 年 9 月份推出“SIM PAY”的异形硬钱包,老年人、小孩可使用可视卡、智能手环进行支付。[7]可见,硬钱包是各类卡或设备上使用的钱包,它可以脱离手机、网络进行支付。相比而言,软钱包其实就是我们常用的母钱包与子钱包,也就是我们在 App、应用程序接口上开通的钱包。由此可见,二者的区别在于载体不同。硬钱包实现了与银行账户的松耦合,关键在于其中装载的安全芯片,有助于使用圈存、圈提、兑换、消费等功能。[8]

纵观各类数字人民币硬钱包,主要分为卡式硬钱包与移动设备硬钱包。卡式硬钱包包括标准卡式硬件钱包、普通可视卡硬件

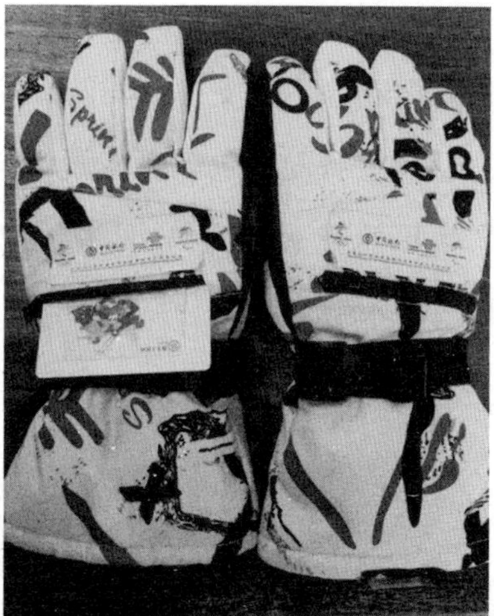

资料来源:佘云峰.数字人民币硬钱包路在何方?困境主要有两方面[EB/OL].移动支付网新媒体搜狐号,2021-11-02[2023-10-03].https://www.sohu.com/a/498802040_223323.

图 5.2　可用数字人民币支付的智能手套

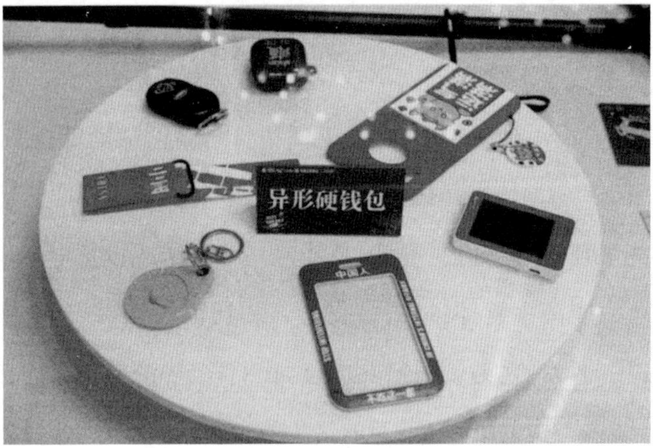

资料来源：唐婧. 中国移动联手工行发布基于超级 SIM 卡的数字人民币 SIM PAY 钱包. [EB/OL]. 新浪财经，2022-04-15[2023-10-17]. https://finance.sina.com.cn/blockchain/coin/2021-10-14/doc-iktzqtyu1308928.shtml.

图 5.3 异形硬钱包

钱包与全功能硬件钱包。标准卡式硬件钱包形似传统的银行卡，可通过“碰一碰”完成支付；普通卡式硬件钱包利用了 IC 卡与电纸书的技术，可支持近场支付、离线支付等功能；最后一种硬件钱包融合了多重功能。移动设备硬钱包体现为异形卡式硬件钱包，包括可穿戴设备、手表手环、蓝牙耳机等，具有便携性、安全性等特点，供不同主体用于不同场景。

背景知识

硬钱包可以脱离手机、银行卡等载体的束缚，并与各类设备相融合，这种创新可以为老年人、儿童等群体提供更便捷的支付服务。冬奥会期间，各类硬钱包集中亮相。随后又在中国国际贸易服务会等会议上被展示，很多人都可以当场体验硬钱包。硬钱包将不断实现更新迭代，进行更多的创新。

第 46 问：如何开通与管理数字人民币钱包？

用户在数字人民币(试点版)App 中开通数字钱包时，需要在其中输入手机号码进行验证，并绑定银行卡、设置支付密码；默认会开通四类钱包。当用户提供更多的个人身份信息后，该钱包便会升级为二类钱包、一类钱包。在支付宝等 App 开通数字人民币钱包时，也需要进行验证、绑定、设置等操作。

当用户开通数字钱包后，就要进行管理。他可以设置个性化的钱包名称，设置支付功能，设置语言等通用功能，开通或添加软钱包与硬钱包，升级自己的数字钱包；也可以查询使用事项，解决钱包使用中存在的问题。这诸多操作如同管理 App 一样，也像商业银行或机构的 App 那样设置了不同的模块。数字钱包的管理亦将随着新兴技术运用而不断优化。

用户还可以对数字钱包进行线上线下管理。个人可以在指定运营机构的移动客户端开展线上管理。最常见的管理方式便是登录相应 App 后，选择数字人民币专区进行相关操作。企业用户可以登录企业网银管理对公钱包(图 5.4)。此外，各类用户可以到各试点行的营业网点管理数字钱包，在柜台或自助机具上开展相应操作；也可以在手机上管理硬钱包。

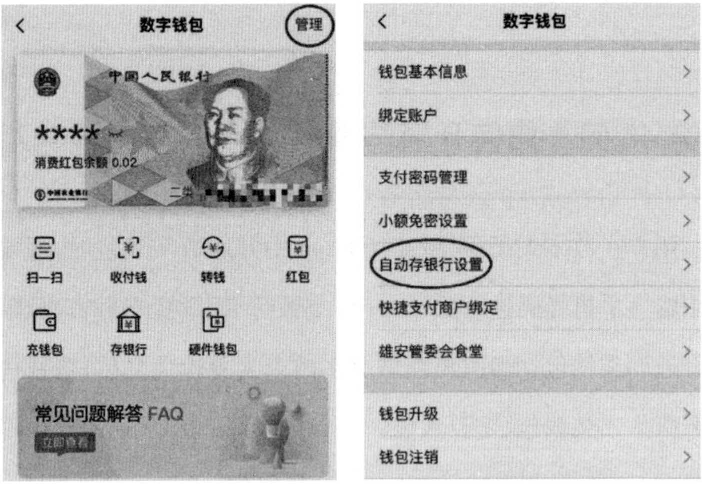

图 5.4　农业银行 App 中数字人民币专区的数字钱包管理

背景知识

其实开通数字人民币就类似于我们在其他 App 上的操作一样。身份验证、密码设置是开通任何数字钱包的必备流程，但一类钱包、二类钱包还要绑定个人银行卡，三类钱包、四类钱包无需银行卡。

只有让钱包鼓起来，我们才能够放心去消费。同理，数字人民币钱包也需要充值。四类钱包都可以选择手机银行、银行卡进行充值操作，但三类钱包和四类钱包需绑定个人银行卡。

如果用户不想再用数字人民币钱包，他也可以注销钱包。注销钱包需要满足以下条件：一是钱包内无余额，也就是通常说的钱包空了。二是钱包里没有未完成的交易，且该钱包也处于正常状态。三是用户已经取消了钱包快付。

第 47 问：数字人民币钱包如何绑定与解绑银行卡？

对于三类钱包、四类钱包，不存在绑定或解绑银行卡的问题。这两类钱包成功绑定银行卡后都会升级为二类钱包，但四类钱包需要先验证实名信息再绑定，三类钱包可直接绑定。原因在于前者是匿名钱包，后者是实名钱包。除非二类钱包去商业银行柜台办理一类钱包，一类钱包、二类钱包在绑定了银行卡后，其等级不会发生变化。如图 5.5 所示，绑定或解绑银行卡的操作都比较简单，当解除绑定时，进行移除操作即可，但仍需进行身份验证。

图 5.5　数字人民币钱包的绑定与解绑操作

总之，绑定和解绑类似于开通或取消支付代扣业务，按照相关提示进行操作就行。

第 48 问：数字人民币有哪些支付方式？

数字人民币最大的创新在于“支付即结算”。不仅提升了支付的安全与效率，也可在线上线下无障碍使用，融入更多的生活场景。既然使用数字人民币支付如此便捷，那么我们如何使用其支付功能呢？这就需要了解数字人民币的支付方式，它大致可被分为线上支付和线下支付。

用户进行数字人民币的线上支付时，可使用线上 App 或非独立 App。当他使用线上 App 时，可用美团、支付宝等独立 App 中的数字人民币支付，目前已有 100 多个独立 App 接入了数字人民币，可以通过子钱包推送功能，绑定子钱包后就可以用了。此外，还能用数字人民币 App 中的多种方式，如小额免密支付、银行卡自动扣款、生物支付等方式。其中，小额免密支付仅适用于限额在 500 元以下的交易。用户授权开通后，可使用付款码、“碰一碰”功能。银行卡自动扣款主要适用于付款时钱包不足的情形。与我们常用的支付宝、微信类似，可以添加多个银行卡，并调整扣款顺序。当数字人民币钱包余额不足时，会自动从开启的、优先级最高的银行卡中扣款。至于生物支付，是近年来兴起的一种新兴支付方式。[9]它以用户的生物特征进行识别与验证，降低了用户使用支付的难度，安全性、便捷性与独特性更强。常见的生物支付手段有人脸识别、指纹识别、虹膜识别等手段，微信或支付宝就可以用“刷脸”等方式进行支付。目前，数字人民币(试点版)App 仅开通了指纹支付，随着技术迭代、版本更新，将会出现更多生物支付方式。

用户还可以利用非独立 App 进行 H5 支付等线上支付。[10]用户在某个商户平台上选择数字人民币钱包进行支付，该钱包直接呈现在该平台上。最常见的 H5 支付应用有上海交通卡、厦门公交、天府通等，试点城市的公共交通运营机构与试点行等相关方更常见。用户在使用 H5 支付时[11]，需选择开通数字人民币支付的商户，等待其平台的支付页面跳转后，输入支付密码进行验证。

用户还可使用线下支付，选择硬钱包扫码支付、“碰一碰”、“贴一贴”等功能。

首先，可用主扫或被扫的扫码支付方式。我们使用主扫功能时，要在超市自助结账机、快餐店大屏点餐机等支付。选择数字人民币支付后，扫描屏幕上生成的商户收款码即可。被扫功能需在开通数字人民币支付的商户中使用，以 POS 等机具扫描客户的数字人民币付款码。[12]

图 5.6　数字人民币钱包主扫与被扫功能

其次，可用各类硬钱包“碰一碰”“贴一贴”，完成即时支付。正如前文所述，我们可选择开通手机钱包、卡式硬钱包或异形硬钱包，但还需在银行柜面、数字人民币 App 与手机上完成相关设置。目前，手机钱包仅支持荣耀、OPPO、小米及华为部分机型。也只有系统 Android7 及以上的安卓手机、系统版本 13.0 及以上的苹果手机（iPhone7 及以上机型）才能开通硬钱包。用户完成支付次数、额度等相关设置后，方可在指定场景中使用。“碰一碰”“贴一贴”都采用了近场支付技术，靠近同样安装了安全芯片的支付机具，就可以完成支付（图 5.7）。[13] 用户使用智能手环等异形硬钱包时，需将智能卡置于相关机具前进行识别与验证。在手机没有电、突然断电等极端情形下，可使用“碰一碰”终端完成快捷支付。当手机处于睡眠状态时，用户可以双击手机电源键，一键唤起后完成

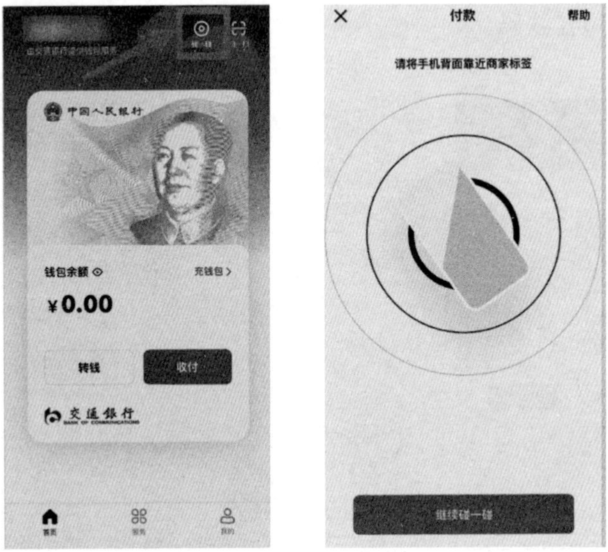

图 5.7　数字人民币“碰一碰”功能

快捷支付。这两种免密支付都不用输入验证密码，最多可以使用10次，交易限额为500元。

此外，用户还可选择双离线支付，交易双方都可以在没有网络时完成支付。与“碰一碰”“贴一贴”等相比，双离线支付虽然也是基于近场支付技术的功能，但它可以完全脱离网络的束缚，完美地解决网络不稳定、信号不好等情形下的支付难题。比如：OPPO钱包利用了NFC支付技术，开通了双离线支付功能。倘若用户需要使用数字人民币双离线支付功能，可以采取如下操作：首先，在数字人民币（试点）App中开立账户，通过硬钱包进入OPPO Pay。其次，在OPPO钱包手机Pay中显示对应的硬钱包。最后，用户在具备条件的商户或门店使用OPPO钱包刷卡。[14]

> **背景知识**
>
> 很多读者会质疑数字人民币支付的安全性。其实，在我们下载数字人民币App时，就会完成一定的安全设置，都为交易安全提供了保障。各类支付都以用户设置的支付次数与额度控制交易风险。倘若交易金额超过了免密额度和次数，就无法进行交易。

第49问：如何使用数字人民币钱包的充值、收付、转钱功能？

支付宝、微信之所以方便，在于其充值、收付与转账功能。数字人民币（试点版）App也具备了颇具特色的相应功能。

对数字钱包充值时，可选择从银行卡或手机银行转入；还可以根据需要使用“随用随充”功能。前两种操作较为简单，用户经过手机银行 App 或银行卡验证等流程后即可完成充值。用户使用“随用随充”功能，则需数字人民币钱包已绑定银行卡，并在付款余额不足时使用，自动扣款充值补足差额。在关联了多张银行卡时，将会按照银行卡扣款顺序充值。用户可调整顺序、关闭功能。[15]

数字人民币的收付功能与支付宝、微信支付的类似，打开相应界面向交易对方出示付钱码或收款码即可。

用户运用数字人民币转账时，可以选择用手机号或数字钱包号“转钱”。当他选择手机号“转钱”时，要输入交易对方的手机号，选择其开通的数字钱包运营机构。倘若对方没添加该运营机构，就会转账失败。当选择对方的钱包编号“转账”时，输入金额、支付密码后即可转账。

图 5.8 数字人民币钱包转账功能

用户如何将数字人民币转到银行卡呢？在 App 中的钱包界面选择相应的银行卡，输入相应的金额，经过身份验证后即可完成转存。

如何进行数字人民币的跨行转账？其实操作也比较简单。假

图 5.9　数字人民币钱包存银行功能

设我们想从中国银行的数字钱包向工商银行的数字钱包转账，需要先登录中国银行手机银行，在其数字人民币专区中选择转数币操作，此时可通过钱包 ID、手机号或邮箱转数币。之后，要输入收款人信息及钱包 ID(工商银行数字人民币钱包 ID)。

图 5.10　数字人民币钱包跨行转账功能 1

完成上述操作后，还需进入工商银行手机银行数字人民币专区，点击复制数字钱包 ID、输入转数币金额，方可确认完成转账。

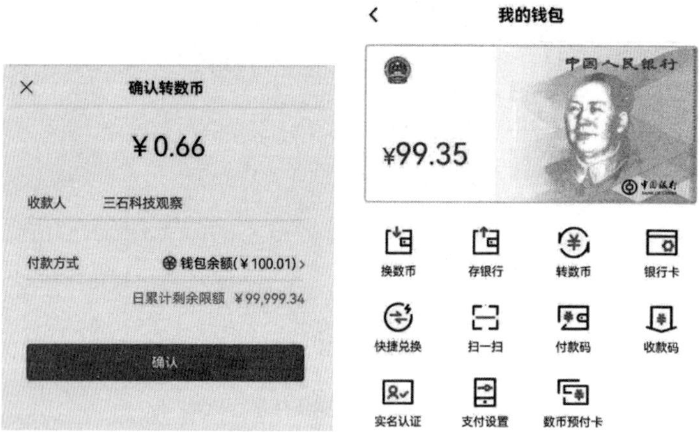

图 5.11　数字人民币钱包跨行转账功能 2

背景知识

2023 年 8 月 23 日，数字人民币（试点版）App 的更新版本中增添了“随用随充”功能。如果用户的数字钱包已关联银行卡，在商户付款余额不足时，将自动从已关联的一张或多张银行卡中充钱完成支付。比如：小李购买了 117 元的物品，但他的数字钱包里只有 45 元。他之前已关联了工商银行和农业银行的卡，系统将自动从工商银行卡里扣除 72 元充值到钱包，然后完成支付。倘若系统对工商银行卡扣款失败，也会自动地从农业银行卡充值完成支付。其速度之快，令人难以察觉。

总之，数字人民币充值、收付与转账功能与支付宝、微信支付等大同小异。大家可能还会觉得其转账功能比较繁琐。这类业务涉及身份验证，操作流程复杂，大家早已习惯了各类移动支付，可能还不太喜欢或不太习惯于使用数字人民币 App 的这类功能。

第 50 问：使用数字人民币有手续费吗？

很多人办理过转账、汇款等业务，一定对手续费有印象。这两种业务都属于资金汇兑业务。无论是个人、企业或政府机构，凡是办理资金汇兑业务，都需要支付一定的手续费。同城同行的资金汇兑无需缴纳费用，但同地跨行、异地同行、异地跨行汇兑资金超过一定限额，无论是现金、银行卡、网上银行、手机银行等，都会收取业务手续费。以跨行柜台转账汇款手续费为例，个人办理的手续费一般为 2—50 元/笔，机构办理的手续费则是 5—200 元/笔。2016 年以后，支付宝、微信支付也开始收取汇兑手续费。

数字人民币的汇兑是否也会收费呢？人民银行白皮书表示，人民银行不会收取运营机构数字人民币的兑换流通费用，这些机构当然也不会收取数字人民币汇兑服务费。也就是说，使用数字人民币不会收取手续费的，尽管我们使用存银行、充钱包、提取现金等功能都有金额限制。

第 51 问：如何发放和领取数字人民币红包？

每当过年过节或庆贺奖励之时，我们都会向亲朋好友发金额不等的红包。当微信、支付宝等社交工具兴起后，虚拟红包不再是单纯的赠予或贺礼，也逐渐具备了娱乐、消遣、社交、激励等复合功能。

用户可通过 App 领取或发放数字人民币红包，有现金红包与消费红包之分。区别在于领取消费红包，其金额不计入钱包余额。消费红包主要是试点地区政府或商户发放的消费券，用于特定时间、特定地点的个人消费。目前，各试点地区主要以数字人民币形式发放了旅游、购物等消费券。

图 5.12　数字人民币支付机具展示的消费红包海报

怎样才能领取和发放数字人民币红包呢？不同类型的红包"玩法"各异。消费红包一般是由政府或运营机构发放的消费券或优惠券。当红包用户消费达到一定额度，才能在特定期间使用红包抵冲相应金额。用户错过了时间，便过期不候；要是花钱"不到位"，则达不到消费门槛。

相比之下，现金红包就有很多玩法。用户只能用数字人民币 App 发放现金红包（区别于消费红包）；却可以通过 QQ、微信或支付宝收到红包链接，仍需打开 App 领取。他可以分享链接给微信、QQ 或支付宝好友，选择发拼手气、拼手速或平均金额等群红包；[16]也可以给手机号联系人发放专属红包。用户发放出去的红包超过 24 小时无人领取的话，这笔钱将会原路返回至钱包。在 2023 年更新版本的数字人民币 App 中，用户还可以选择日常祝福与节日祝福等封面，使红包更加喜庆、应景。[17]

背景知识

红包是数字人民币（试点版）App 新增的功能之一，它同样继承了传统红包的祝福与交往意，强化了亲友、邻里与同事之间的感情联络与关系。此外，数字人民币红包也有政府消费券、商户消费券，有助于发挥政府促消费、促民生的作用，也可以改善商户与消费者之间的关系。

群红包与专属红包的领取、发放与使用，与微信、支付宝的红包类似，用户按照 App 中的提示操作即可。领取专属红包时，需点击 App 中提醒弹窗的“开”；领取别人用手机号发放的专属红包时，需手机注册开通数字钱包；领取社交平台的群红包时，需在相应群组中点击红包链接，按照提示领取。消费红包的领取与使用需遵守政府或商户的规则或说明。

第 52 问：数字人民币 App 专属头像怎么用？

2023 年春节前几日，数字人民币 App(1.0.13)再次更新版本，上线了新春头像“兔年财神”和春节红包封面。[18]在数字钱包中，每个头像都有不同的序号，不会与其他人的重复。每个账号只有一次生成头像的默认机会，用户可以分享头像海报邀请其他人注册 App 参与，以推广、新增用户的方式获取更多生成头像的机会。头像的挂件具有装饰效果，是永久有效的。

这组截图展示了头像生产与管理的全过程。其中 A 中是头像管理界面，每个人可以从三个头像或挂件中选择其一，选定一个头像或佩戴一种挂件后(图 5.13B)，便会生成当前头像(图 5.13C)，最终呈现在软钱包左上方(图 5.13D)，成为个人数字钱包的独特标记。

A　　B　　C　　D

资料来源：作者数字人民币 App 中进行头像管理生成的截图组合。

图 5.13　数字人民币 App 的专属头像

背景知识

数字钱包的头像与微信或QQ头像类似，它以数字人民币形象为基础，也是算法的产物，是具有唯一性的个人标识。这一功能使数字钱包有了更多娱乐性，也符合人们的社交需求与彰显个性的需求。此外，用户邀请新人注册使用App，也有助于数字钱包的推广。

第 53 问：如何使用数字人民币 App 的元管家？

当美发店的 Tony 老师卷款跑路后，很多人先前充值办卡花的钱便不知去向，再也无法追回。这类骗局常见于美容店、美发店、健身房等行业，仍有不少人损失惨重、深受其害。数字人民币（试点版）App（1.0.13 版）新增了元管家功能，有助于解决这一难题。[19]

图 5.14　数字人民币元管家（功能）界面

元管家以智能合约技术为依托，是数字人民币 App 中设置的预付消费资金管理服务。当我们以数字人民币购买了美容、美发、教育培训等预付消费服务后，将由运营机构管理这笔资金，等到完成实际消费后才会将资金划转给商户。存放在App中的预付资金受到智能合约监管，只有达到预设条件时才会将资金划拨给商户，商户在预设条件未成就时无法篡改信息或提取资金，避免了商户提前卷款跑路。目前，元管家仅对部分商户开放，主要适用于教育培训、美容美发等行业。

背景知识

预付资金监管是数字人民币潜力巨大的应用场景。2022年4月，深圳市发布了《深圳市扶持金融科技发展若干措施》，提出鼓励数字人民币领域运用智能合约，搭建相关智能合约公共平台。[20]未来，数字人民币的智能合约不仅能够用于预付资金消费，还可以广泛用于货币政策精准调控、财政拨款、乡村振兴等场景。央行或运营机构可以设置触发机制、主体、用途等条件，与相关场景相适配，从而增强货币调控的精准性，但数字人民币中加载的智能合约不宜影响货币本身的属性。

第54问：如何办理数字人民币钱包的挂失与解除挂失？

如今，手机已变得日益智能化，几乎每个人都非常依赖它。我们的手机绑定了银行卡、支付宝及微信的账号，也安装了手机银行、支付宝及微信App。我们能随心所欲地“扫码”“刷脸”，是因为智能手机的摄像头功能与拍照权限。因此，当我们不小心丢掉了手机，就像把身份证弄掉了那样，第一反应恐怕会是一阵惊慌。由于我们的手机绑定了各类业务，丢失手机后一般都会即刻办理挂失或停机等业务。当我们不慎丢失了钱，多半是找不回来了。当我们丢失了存折或银行卡后，可通过挂失及时止损。那么，当我们丢失了手机或数字人民币时，该怎么挂失呢？我们可以采取两种办法，要么挂失账号和数字钱包，要么只挂失账号，二者必居其一。其操作方式与手机、银行卡等丢失后的操作方式一致。一类钱包、二类钱包的挂失手续较为繁琐，原因在于开通这两类钱包时就设置了账户及其密码、支付密码。也就是说，数字人民币的挂失要求与钱包的匿名性要求一致。

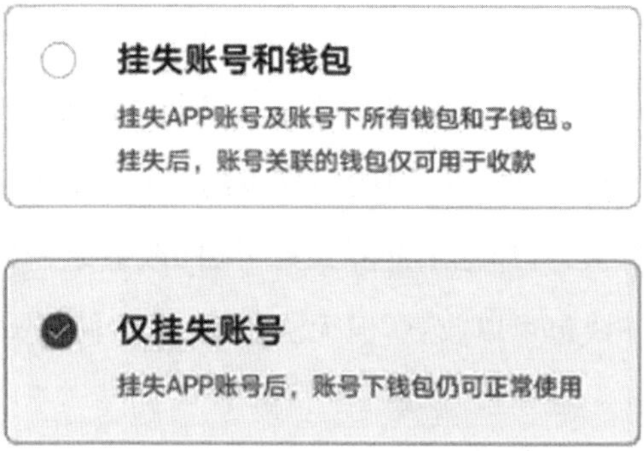

图 5.15　数字人民币钱包的挂失操作

我们选择的挂失方式不同，其范围与效力不同。当用户只选择账号时，仅仅不能使用账号，但该账号名下的数字钱包仍然可以正常使用。当用户选择了同时挂失账号和数字钱包时，该账号及其绑定的数字钱包都会被挂失，也就是说他根本不能用所注册数字人民币（试点版）App。

用户还可以帮别人挂失。不过，他得用别人的密码登录数字人民币(试点版)App,输入或确认被挂失账户对应的手机号,之后才能进行挂失。此时,操作者需要分四种情况,对当前被找回登录密码的账号进行挂失,采取相应操作。其一,该账号下没有钱包。在输入手机号后,输入并验证其登录密码即可。其二,该账号下只有匿名钱包(四类钱包)。在输入手机号后,输入并验证其登录密码即可。此时,如果选择了运营机构,输入钱包手机号,输入、验证该钱包的支付密码,就会对其子钱包进行挂失。其三,该账号下有实名钱包(一类钱包、二类钱包和三类钱包)。在输入或验证手机号后,需要输入并验证其登录密码、自然人信息。如果同时选择了运营机构,输入钱包手机号,输入、验证该钱包的支付密码、自然人信息,就会挂失子钱包。

当丢失的账号或数字钱包失而复得时,就需要进行解除挂失操作。针对只挂失账号的情形,解除该账号的挂失状态后,无法登录账号、修改登录密码。针对同时挂失的账号与数字钱包,虽可以同时解除挂失状态,却也不能登录账号、修改登录密码;同时该账号绑定的数字钱包可以收款,但无法付款、无法使用数字钱包的通用功能。

背景知识

很多人觉得数字人民币钱包的挂失与解除挂失太过繁琐,实际上它比传统的挂失与解除挂失简单多了。实际用过一次便会体验到其便利。挂失是我们常用的止损方式。挂失已丢失的身份证、资格证等证件,一般都需要办理新证件。我们丢失QQ或电子邮箱时,挂失便会阻止他人冒用的效果。数字人民币账号与数字钱包的挂失也有这样的效果,其效果其实与挂失银行卡或存折一样。之所以需要输入、验证登录密码、支付密码或自然人信息，是因为我们在开通数字人民币钱包时就设置了这些信息。解除挂失是在确保原账号与数字钱包安全时进行的操作。当然，如果个人确实无法记得各类密码，那么可能只得去找经办银行的员工帮忙了。

注释

1. 六大国有商业银行分别为工商银行、农业银行、中国银行、建设银行、交通银行、邮政储蓄银行，它们最早开展了数字人民币的内部测试，也是最初能够受理数字人民币业务的试点行。两大股份制银行分别是招商银行和兴业银行，两大民营银行是微众银行与网商银行。
2. 张玫. 中小银行接入数字人民币的"分发商" 数字人民币试点按下快进键[EB/OL]. 新浪财经综合，2021-08-23[2023-01-03]. https://finance.sina.com.cn/money/bank/bank_hydt/2021-08-23/doc-ikqcfncc4419169.shtml.
3. 余继超. 中国人民银行穆长春"解密"数字人民币钱包|陆家嘴论坛[EB/OL]. 澎湃新闻·澎湃号，2021-06-11[2023-09-23]. https://www.thepaper.cn/newsDetail_forward_13105510.
4. 数币服务商. 数币百科|数字人民币钱包之"个人钱包与对公钱包"[EB/OL]. 数币服务商网易号，2022-06-15[2023-10-11]. https://www.163.com/dy/article/H9R668GM05536OUH.html.
5. 中国人民银行数字人民币研发工作组：《中国数字人民币的研发进展白皮书》，2021 年，第 13 页。
6. 王柯瑾.争抢数字人民币场景：银行瞄向"子钱包"[EB/OL]. 新浪财经，2022-04-15[2023-10-9]. https://finance.sina.com.cn/chanjing/cyxw/2022-04-15/doc-imcwiwst2058292.shtml.
7. 唐婧. 中国移动联手工行发布基于超级 SIM 卡的数字人民币 SIM PAY 钱包[EB/OL]. 新浪财经，2022-04-15[2023-10-15]. https://finance.sina.com.cn/blockchain/coin/2021-10-14/doc-iktzqtyu1308928.shtml.
8. 中国人民银行数字人民币研发工作组：《中国数字人民币的研发进展白皮书》，2021 年，第 13 页。
9. 唐婧. 中国移动联手工行发布基于超级 SIM 卡的数字人民币 SIM PAY 钱包[EB/OL]. 新浪财经，2022-05-05[2023-10-17]. https://www.163.com/dy/article/H6KIN2BP0519830Q.html.

10. H5 支付:触屏版的手机浏览器在确认客户支付请求时、唤醒微信支付场景的支付手段。

11. 上海金融信息行业协会. 数字人民币三种线上支付方式比较[EB/OL]. 新浪财经,2022-09-22[2023-12-22]. http://news.10jqka.com.cn/20220922/c641956817.shtml.

12. 中国工商银行客户服务. 数字人民币线下使用[EB/OL]. 杭州本地宝,2022-04-17[2023-12-26]. http://m.hz.bendibao.com/mip/117405.shtm.

13. 金融界网站. 数字人民币解锁无网无电支付[EB/OL].新浪财经,2023-01-16[2023-01-18]. https://cj.sina.com.cn/articles/view/1704103183/65928d0f020032glq.

14. 王晨曦. 支持添加数字人民币硬钱包　OPPO 钱包实现双离线支付[EB/OL].中国网财经,2023-01-03[2023-01-16]. http://finance.china.com.cn/roll/20230103/5923480.shtml.

15. 移动支付网.数字人民币 App 更新,增加"钱包添加银行卡,随用随充".2022-08-23[2023-09-15]. https://www.mpaypass.com.cn/news/202208/23175200.html.

16. 拼手气红包是按个人随机领到的红包,金额大小全凭运气好坏;拼手速红包比拼的是抢红包的速度;平均金额红包不存在大小金额之分。

17. 兔年春节的红包封面包括"福兔迎春""五福临门""恭贺新禧"和"新年快乐"等多个主题。这些封面有效期约 3 个月;其余封面均永久有效。

18. 数字人民币新春头像"兔年财神"来了,还有多款春节特色红包封面[EB/OL]. 澎湃新闻财经头条号,2023-01-20[2023-01-27]. https://cj.sina.com.cn/articles/view/5044281310/12ca99fde02001y1zj.

19. 金融时报客户端. 钱预付了,商家却关店跑路? 数字人民币帮你守护"钱袋子"[EB/OL]. 网易新闻,2022-05-07[2023-09-16]. https://www.163.com/dy/article/H6OS9CQ50534S548.html.

20. 深圳市地方金融监督管理局. 深圳市地方金融监督管理局关于印发《〈深圳市扶持金融科技发展若干措施〉资助项目申报操作指引》的通知[EB/OL].深圳政府在线,2022-07-06[2023-09-23]. http://www.sz.gov.cn/cn/xxgk/zfxxgj/tzgg/content/post_9934903.html.

第三篇 数字人民币的市场、监管与治理

数字人民币既有助于推进金融业的数字化转型，也给市场主体、行业带来很多机遇与挑战。我国的货币发行管理法律与监管制度不健全，已无法完全适应数字人民币的发展。我国构建监管框架与法律，防控研发与运营风险，强化合规责任与消费者保护，不断加强国际合作，构建数字人民币的法律监管体系。同时，还需引导新型职责发展，加快人才培养。

当今世界，国际社会高度重视法定数字货币研发与试验，各经济体结合国情推出各自的方案或试验，相关试验有成有败，值得我国借鉴。我国唯有与国际社会合作共赢，才能有利于推动数字人民币的可持续发展。我国还要积极响应国际倡议，遵循国际共同原则，开展互利互惠的国际合作。

本篇首先解析了数字人民币对金融监管、义务与相关行业的影响，分析了数字人民币运营中的风险与防范举措，也提出了我国开展法定数字货币国际合作、促进数字人民币国际化的设想。

第六章 数字人民币的安全与监管

第 55 问：使用数字人民币会泄露个人隐私吗？

近年来，大数据、云计算等技术已广泛运用于金融业，业务、经营管理与生活对数据的利用达到了前所未有的高度。人们在享有大数据带来的各种便利时，也遭受着越来越多的数字侵权事件。雅虎、Facebook 泄露客户数据、Mt.Gox 的比特币失窃等事件让人触目惊心，表明互联网并非绝对安全，存在侵害个人知情权、泄露隐私等潜在风险。各类平台企业利用格式条款、技术优势大量采集个人信息与数据，也引发了人们对隐私与安全的担忧。很多人不了解数字人民币发行与流通中的数据利用模式，担心数字人民币也会存在隐私泄露的问题。网上甚至有传言说，使用了数字人民币，人就像被安装着 GPS 的蝼蚁，会清楚地记录个人行踪、日常消费等轨迹。[1]

数字人民币十分安全，一般不会泄露个人隐私。我们需要结合数字人民币的原理与运行来答疑解惑。

从原理、设计与架构看，数字人民币仍然依照双层体系发行与流通，人民银行主要在发行层进行中心化管理，不会处理个人交易信息。商业银行、支付机构等在投放层与社会公众形成法律关系，这些指定运营机构仅收集少量的、必要的个人信息。

从交易与流通看，数字人民币及其钱包遵循可控匿名的原则，不存在大规模侵害个人信息的情形。个人在注册数字人民币钱包时，需要提供身份信息、支付密码、银行卡号等，这是金融业务身份验证必须的。在各支付场景中，机构、平台企业或商户虽与用户发生了资金往来，却只是买卖合同或服务合同的关系，只能看到用户支付、消费的信息和数据。这就像我们支付宝里、微信钱包的账单那样，是我们消费的记录与凭证，并不涉及个人信息的采集、聚合或利用。[2]个人开通和使用各类数字钱包时，三类钱包、四类钱包支持线上和线下的小额匿名交易，一类钱包、二类钱包的实名要求较严格，各类交易数据已被加密存储或销毁，个人敏感信息也被匿名化处理。人民银行、金融机构仅在反洗钱、反恐怖主义融资时，才能收集或提取必要的个人信息。一般情况下，人民银行、金融机构会根据客户意愿采集、使用个人信息和数据。[3]

背景知识

数字人民币具有可控匿名性，使其不会随意获取信息、侵犯隐私，也有助于保障与维护金融安全。我们进一步试点与推广，必须高度重视信息安全与隐私保护。一方面，健全相关法律制度，完善信息隔离机制、处罚机制，强化指定运营机构的信息合规义务与责任。另一方面，不断推进安全技术创新，探索风险防控与应急处理机制。[4]同时，还要加强试点与推广中的宣传教育，使广大社会公众消除使用数字人民币的各种疑虑。

第 56 问：涉及数字人民币的犯罪都有哪些套路？

2022 年 9 月 6 日，吴女士接到了自称为广州社保总局稽查科员工的来电。对方谎称吴女士 2 月初在沪办理了一张社保卡，涉及报销 1.5 万元。吴女士一开始很怀疑，自己没有办卡的印象。此时，对方声称要将电话转接给公安局，使她在惊慌之下听从了对方的指示，急忙下载了数字人民币 App，也绑定了多张银行卡，将验证码多次告知了对方。待她发觉这种查询不对劲时，才发现卡里的 1.5 万元已被对方划掉。[5]

随着各地不断推进数字人民币试点，人们开始逐步了解数字货币、离线支付等新名词。很多不法分子乘机行骗，使很多人上当受骗、防不胜防。涉及数字人民币诈骗、洗钱等犯罪套路多，常见套路主要有这些：

套路一：冒充公职人员行骗

很多人会遭遇类似吴女士碰到的骗局，这也是骗子们的惯用手法。他们要么冒充公检法工作人员或其他公职人员，虚构受害人违法需配合调查的理由，接着诱骗受害人钱财。常见的欺骗行为如下：

其一，诱导受害人向指定的银行卡转账，同时开通数字人民币钱包，利用受害人提供的个人信息取走卡内资金。如：2021 年 11 月，廖女士被骗子以反洗钱调查为由，不仅向骗子的银行卡转账，还将自己新开通的数字人民币钱包验证码告知对方，损失了 37 万元。[6]

其二，指示受害人下载开通数字人民币钱包，利用对方告知的验证码或支付密码划走款项；或者令受害人先在数字钱包里存钱，再转出到指定的数字钱包或账户，利用数字人民币转走资金。[7]如：2020 年 11 月，成都徐某被骗 9.78 万元。该案中的骗子以调查所涉诈骗案为由，诱导他在手机上填写个人信息、转账，并在注册数字人民币钱包后转走所有款项。[8]

其三，骗子冒充防疫人员，虚构受害人违反防疫规定或配合疫情流调的理由，诱使受害人配合资产核查或检查，提供个人身份、账户等信息，趁机转走资金。如：2022 年 8 月 28 日，郑州的郑女士被骗。事情经过是这样的：当日，郑女士接到所谓“异地疾控中心”人员的电话，对方声称她是密接人员，需配合“警方”核实信息。电话旋即被转接到某市“公安局”人员。郑女士按“警方”要求下载了数字人民币 App，并将其支付宝的资金转到 App，将 4 万元转到了对方指定的银行卡。[9]

套路二：假借推广活动行骗

这是利用受害人对数字人民币认知度不高，诱使受害人参加虚构活动、点击虚假链接、下载虚假 App。

其一，以学习、指导为名行骗。例如：浙江婺城区的群众被骗，就是被骗子以“飞书”会议共享屏幕的结果。骗子在视频上教其开通数字人民币钱包，套取其个人信息，先后兑换了 7 笔 26.5 万元资金，转移到他人数字钱包。[10]又如有受害人被所谓“DC/EP 学习群”所误导，向骗子提供收款码后受骗受损。[11]

其二，以虚假活动行骗。骗子发送虚假活动链接，诱使受害者点击操作后上当。2021 年 2 月，苏州的苻某收到一条手机短信，内容是“数字人民币预约登记”，附带着一个网络链接。苻某回想起先前看到的朋友圈有关活动的消息，便点开了网址。随后他按照系统提示，在登记的银行卡里转入 1 万元，这 1 万元片刻被骗子转走。[12]

其三，利用钓鱼网站行骗。有的骗子设置钓鱼网站和网络链接诱使人们上当。这类骗子截取网上的数字人民币宣传信息或科普海报，拼接成貌似官方、权威和真实可信的网站。[13]

套路三：假借投资理财行骗

这类骗子往往借助数字人民币推广，编造推广获利、投资理财等虚假信息，以高额收益诱使受害人充值或转账。受害人一般是老年人，疏于防范。如：2021 年某日，北京市某老人被其网友告知，集齐 6 张央行的数字人民币银行卡，可在 2022 年元旦至冬奥会期间兑换 100 万元数字人民币。幸运的是，这位老人与女儿商讨了此事，又咨询了好友，识破了骗局。[14]又如：2022 年 8 月某日，在农业银行上海黄浦国货路支行，一位 70 多岁的阿姨咨询办理业务，要求将其数字人民币钱包升级为一类钱包。经业务人员了解与提示，向民警报了案。经调查，这是第三方埋财公司的骗局，要求老阿姨以数字人民币购买理财产品，并以数字人民币返还收益。经银行业务员与警方劝阻与解释，这位老阿姨识破了这场骗局。[15]

还有的骗子利用诈骗网站进行诈骗。D某经过某朋友推荐，声称央行数字币价格波动，可通过在该网站上交易获利。D某登录朋友推荐的网站，点击了充值，网站提示联系在线客服充值，他被客服告知向某银行账户转账。D某经银行人员提示，确认并识破了骗局。[16]

套路四：以其他虚构理由为名行骗

这类违法犯罪虽没有虚构身份、活动，却会编造其他理由，让人在放松戒备后开通数字人民币钱包并转账，以便获取非法利益。如：丁某在某日接到了自称是某快递公司的客服的电话，对方声称丁某的快递于运输途中丢失，要对她进行赔偿。但丁某未开通商家理赔通道，需通过数字人民币钱包先转款后才给予理赔。丁某此前确有网络购物经历，对这些说法信以为真。她在对方的远程操控下开通了数字人民币钱包，并按照对方要求进行了转款等操作。事后，丁某才发觉自己被骗。[17]还有的不法分子通过手机、微信等即时通信工具，发布高价收购数字人民币钱包的相关消息，并将其用于电信诈骗、洗钱等违法犯罪活动。[18]

套路五：利用数字人民币进行洗钱或传销

2021年11月，河南郑州市公安局反诈中心与新密市公安局联合，破获了全国首例利用数字人民币的团伙洗钱犯罪。屈某接到某一陌生电话，被对方告知因其网购商品质量有问题，准备向其赔偿三倍的货款，却被对方以验证身份为名，以数字人民币形式累计转账 20 多万元。原来是林某借助屈某的数字人民币钱包，为在柬埔寨的团伙洗钱，又骗取了屈某的资金。[19]还有的地方出现了有偿回收数字人民币一类钱包的骗局，名义上以赚钱或高额回报为诱饵，实则为洗钱犯罪做准备。[20]

另外，有的骗子编造了推广数字人民币获利的理由，诱使受害人入群、拉人下载注册数字人民币 App 或其他钱包，这类犯罪行为已涉嫌传销活动了。比如：在“央行国际数字钱包 PLUS”的推广项目中，管理员捏造了国家用 1.2 万亿元奖励资金推广 DC/EP 的骗局，要求群成员参与推广、拉人下载注册“央行国际大钱包”，参与者不允许注册六大国有银行数字钱包，只能注册使用“央行国际大钱包”。参与推广者可获得 16 万元的纯收益。[21]还有的推广群利用半真半假的信息诱骗受害人，管理员诱使受害人注册会员、发展下线，骗他们可在 18 个月内获得 6%的推广收益返利，然后终身享受这笔收益。[22]

套路六：利用数字人民币“跑分”

2023 年 5 月 2 日起，肖某以非法牟利为目的，招募了阚某等人组建了“跑分车队”。他还购买了多个手机号码、30 多部手机，注册了多个数字人民币四类钱包，为上家提供接受资金的账户。肖某在明知是他人犯罪所得资金的情形下，按照上家确定取现金额，向虚拟货币商龚某、黄某购买、兑换虚拟货币，并以所获的虚拟货币支付到上家的指定账户。上家收到虚拟货币后，将相应金额的数字人民币账户与密码发送给肖某，再由他转发给“跑分车队”

的“车手”阚某等人。各位“车手”分别到银行网点，在 ATM 机具上输入上述数字人民币账户、密码，将所取现金转移到了肖某指定的银行账户。“车手”在 5 月底频繁兑换虚拟货币、频繁大量取现，立即引起了银行业务员的警觉。后者随即报案，才使得这起转移赃款的“跑分”团伙犯罪案件浮出水面。据法院查明，2023 年 5 月至 6 月之间，肖某及其“跑分车队”先后从 900 多个数字人民币钱包中取现 1 000 多万元。经杨浦区人民法院裁判，肖某等人犯有掩饰、隐瞒犯罪所得罪，被判处有期徒刑 7 个月至 4 年 6 个月不等，并被处以 0.5 万元至 4.5 万元不等的罚金。龚某等人犯有帮助信息网络犯罪活动罪，被判处有期徒刑 1 年 4 个月、并处 1 万元罚金。[23]

背景知识

纵观各类涉及数字人民币的新型犯罪，其共性在于利用受害人对数字人民币的认知度不高，编造各类事实，虚构各类活动及高收益，诱使受害人陷入恐慌、焦虑或急于赚钱等心态。这类违法犯罪行为涉及组织、领导传销活动罪、诈骗罪及洗钱罪的认定。[24]由于实践中大多数违法犯罪都涉及电信诈骗等行为，往往会被认定为诈骗罪。前述推广活动的管理者、领导者涉嫌组织、领导传销活动罪。林某等团伙、肖某等团伙属于以数字人民币隐瞒或掩饰诈骗及其他犯罪所获资金，涉嫌洗钱罪、帮助信息网络犯罪活动罪。至于参与所谓 DC/EP 推广者，只要他没有向其他人发送虚假信息或虚假链接，或者没有拉其他人加入 QQ 群或推广微信群，那么他就属于受害人。如果他有这类行为，可能涉嫌帮助信息网络犯罪活动罪。总之，我们每个人都要关注有关数字人民币的官方权威信息，不要轻信其他非官方的相关信息，不要迷信高收益、高回报等骗局，炼就一双识别各类骗局的“火眼金睛”。

第 57 问：个人如何识别与防范新型诈骗行为？

随着数字人民币试点不断深入推进，人们也了解到越来越多的试点与创新消息。与数字人民币相关的骗局也日渐增多，一些不法分子的骗术也随之升级，使一些居民遭受了财产损失。人民银行、金融机构、商户等都应保护消费者权益，理应提供可得性强、安全与便捷的数字人民币。个人不应成为被动的接受者和持有者，应当及时了解数字人民币的原理与技术，增强风险防控与维护权益的意识，识别与防范各类新型诈骗行为。

首先，在正规平台上下载官方 App，不随意在来源可疑处操作。个人必须明确数字人民币尚处于试点阶段，只能在苹果、安卓和华为等应用商店下载数字人民币（试点版）App，也只有 10 家试点行 App 可以提供数字人民币支付功能。人民银行指定参与数字人民币运营的第三方支付机构仅有支付宝。个人一定要警惕其他仿冒的应用程序，通过官方途径获取数字人民币相关资讯。目前，仅有各试点地区或运营商组织的红包活动才涉及抽签活动，其他短信、网站链接或邮件都是来历不明的，不能随意相信或点击使用。

其次，个人用户要增强风险防控意识，妥善保管数字人民币（试点版）App及各类密码。个人开通数字人民币（试点版）App、数字钱包后，要签订电子版的使用规则、个人信息安全协议，也都会涉及支付密码、银行卡号及密码、钱包编号、验证码，个人需要保管好这些密码信息。商户、平台、机构或客服人员等都不会索要这类信息，其他机构或个人也无权知晓这类信息。

再次，谨慎使用数字钱包，甄别假金融信息。个人用数字钱包转账时需注意钱包名称，它与交易对方的真实身份并不完全一致，不能仅以其数字钱包名称确认对方身份。商业银行不会借助数字人民币，向用户推荐理财、信贷或贵金属业务，个人不能相信这类金融营销信息。

最后，认真识别各类信息，必要时报警求助。个人需要认真识别要求操作数字人民币钱包的信息。很多不法分子冒充公安机关、司法机关、银行或电商平台内部人员行骗，要求个人提供数字钱包、银行卡号、支付密码等信息。但任何单位或机构都不会打电话或发短信，更不会办理涉及个人敏感信息的业务。任何利用数字人民币进行返现获利、缴纳保证金等的操作都是欺诈行为。个人接到这类短信、网络链接或电话时，应当通过官方网站或工作人员多方求证。倘若个人怀疑遭遇以数字人民币名义的电信诈骗，可以及时拨打各地的110电话报警求助。

背景知识

涉及数字人民币的诈骗案件一般有以下类型：一是以转变账户身份为由，要求对方打款。二是以反洗钱调查或检查为由，要求通过视频会议引导用户下载、注册数字人民币 App，在视频期间窃取个人信息。三是以公安机关、司法机关验证为由，要求用户提供验证码、银行卡号等信息，趁机转走用户资金。

第 58 问：数字人民币运营中存在哪些风险？

金融活动本身与风险相伴相生，新兴技术的应用与推广也存在很多不确定性。数字人民币是人民银行运用金融科技的创新成果，实现数字技术与法定货币的融合，却也使数字技术风险与金融风险相互交融。[25]

第一，技术架构与系统维护的风险。尽管我国迄今为止的试点中，数字人民币系统运转正常，但由于我国幅员辽阔、各地基础设施建设水平不一，目前无法完全排除数字人民币各模块及系统设计的缺陷。这类缺陷与隐患将会影响整个系统的正常运转，影响兑换、支付、清算等功能。如若作为底层技术的分布式账本存在缺陷，亦将产生影响整个系统运转的传染风险。

第二，数字技术与金融业务融合的风险。数字人民币的不同架构设置，可能会使商业银行去中介化或导致人民银行资金的数字挤兑，导致商业银行流失大量存款，增加商业银行对批发融资的依赖性，可能限制经济中的信贷供给，对经济增长产生潜在影响。随着数字人民币的推广使用，商业银行也将开拓更多支付场景，运用新兴科技不断试错，使其数字货币衍生品和服务存在不稳定性风险，容易产生合规风险和操作风险。

第三，网络安全风险与系统风险。数字人民币的发行、流通等系统存在恶意攻击、盗窃等潜在的网络安全风险[26]，其宏微观应用也存在复杂网络、业务互联互通等系统性风险。支付系统的互联性会传播信贷风险或流动性风险。

第四，货币业务发展中的风险。数字人民币的发行、流通与交易中存在欺诈、伪造、非法融资与洗钱风险，将通过不同场景的切入点传输各类风险。倘若任一节点存在问题，都可能会成为系统中容易损坏或被攻击的薄弱环节，给整个系统的维护带来潜在的负面影响。

背景知识

虽然数字人民币的设计与试点需要兼顾安全与风险，但在技术应用、业务拓展、场景建设与系统维护等方面仍存在风险。这既是货币及其业务固有的风险，也是新兴技术应用必然产生的风险。在数字人民币研发与试点中产生风险，都是不可避免的。我们应当辩证地认识风险，防范与控制风险，如此才能促使数字人民币实现可持续发展。

第 59 问：如何防控数字人民币试点与推广中的风险？

人民银行作为数字人民币的发行主体，在数字人民币架构中处于中心地位。金融机构是数字人民币产业链条中的重要参与者，为了有效减少不法分子给用户带来伤害，央行和金融机构应积极采取诸多措施：

第一，强化金融机构数字合规责任，恪守反洗钱、反恐怖主义融资义务，积极履行数据和隐私保护义务。利用数字人民币的安全防控技术、大数据分析技术，监测与处置非法交易信息。金融监管机构、金融机构职员应当知晓相关法律制度，增强数字素养。

第二，金融机构强化数字人民币（试点）App 的安全认证，实时分析预警信息。密切关注异常的资金链及上下游账户，加强可疑资金交易监控，监测资金异常流向、异常交易等问题。

第三，人民银行、金融机构在采集个人数据时，应当依法履行职责，恪守正当程序，获取个人主体同意，并限定使用范围。同时在使用个人信息时，应履行更加严格的信息管理与安全保障义务。对个别交易信息进行脱敏、隐蔽等处理，禁止将未经识别的信息适用于监管和调控领域。采取验证方式确保加密数据安全，在必要时设置触发条件自动销毁相关数据。

第四，优化数字人民币的宣传教育机制。借助新兴媒体及平台，向越来越多的公众普及相关知识，增强公众的风险防范意识。同时，举办各类红包发放活动、互动式体验活动，激发公众参与试点的积极性，消除公众有关数字人民币的知识盲区。

背景知识

在数字人民币的试点与全面推广中，不仅存在技术研发、环境优化、系统构建、机具升级、突发事件等风险，也存在认知不同、习惯难变、机制体制等风险，呈现传统风险与新型风险交织、金融风险与技术风险并存的趋势。人民银行及相关主体首先要辩证认识各类风险，唯有平衡数字人民币的安全与效率，才能有效地驾驭与控制风险。技术创新与风险是共生共存的，各方主体需以健全的法律制度、技术规范与工作机制防范与遏制风险。此外，通过各类宣传推广活动，有助于改善各主体的认知，也促使金融机构、商户、机构及公众增强技术素养与风险防范意识。

第 60 问：如何完善数字人民币的发行管理制度？

数字人民币虽遵循传统货币的双层体系，却需要以数字技术搭建与维护“一币”“两库”与“三中心”，需要尽快建立健全符合数字人民币特点的发行管理制度。

首先，尽快修订完善《中国人民银行法》与货币管理法规，研究制定数字人民币的法偿性规则，同时明确特定群体、特定情形下拒收数字人民币的免责制度。明确规定人民银行发行与管理数字人民币的权力，商业银行等机构投放代理人法律地位，研究制定参与数字人民币业务运营的行政许可制度。

其次，研究制定符合数字人民币特点的管理办法。结合数字人民币特性，构建法律法规与技术规范、行业标准相结合的制度体系。制定发行、清结算、基础设施维护与监管等业务规则，健全个人信息保护机制与数据利用、流通与销毁规则。

最后，完善数字人民币运营体系安全管理制度。数字人民币的发行与流通涉及密码、数据及业务，更加注重密码应用安全、金融信息安全、数据安全、业务安全、网络安全与系统安全，为交易高效性、业务连续性、体系稳健性等提供法治保障。建立国内外安全审查、系统安全测试与评估，风险预警、防范与处置等机制。[27]

第 61 问：如何健全数字人民币的监管法律？

当前，人民银行只从试点管理角度监管相关业务，数字人民币的发行管理还缺少更加适配的监管规则与制度。目前，仅数字人民币（试点版）App 中的《用户协议》规定了相关监管机制，无法完全适用于数字人民币监管的情形。

针对上述监管问题，我国应当明确数字人民币的监管体制。监管应当保障法定货币属性、严格防控风险、支持创新，需要总结各地试点的工作机制确立相关的监管规则。针对数字人民币的安全管理要求，强化反洗钱、反恐怖融资监管，增强制定运营机构在个人信息保护、数据存储等方面的合规责任。

在数字人民币的试点与推广中，反洗钱、反恐怖主义融资等合规责任更重要，消费者权益保护职责也很重要，这些责任与职责都需要根据数字人民币的特性做出适当调整。那么，我们需要怎样的数字人民币监管法呢？

首先，需要明确数字人民币的法律地位，明确规定人民银行发行与管理数字人民币的权力。尽管人民银行的货币发行权与管理权得到了法定授权，《中国人民银行法》（修订草案征求意见稿）笼统地规定了人民币的数字形式，但法律并未明确规定发行与管理数字人民币。现阶段的数字人民币仍属于一种电子现金，适用商业银行相关业务规范。[28]我国在《中国人民银行法》等法律法规中应明确数字人民币的法偿性，也应明确规定人民银行独享数字人民币的发行与管理权力。

其次，健全数字人民币发行与流通的全程监管规则。一是明确数字人民币业务准入监管规则。对申请的运营机构、商户设置相应的准入门槛，增加资质审查、安全审查等机制。二是规定发行与流通不同环节的监管规则。结合发行、投放、兑换、转账、利用、销毁等流程，制定相应的业务监管与监测分析规则。三是针对数字人民币钱包设置相关监管规则。现行《用户协议》与《个人信息保护政策》较为完善，其相关规则与机制可被归纳为监管规则。此外，还需结合其业务特点制定其他规则。

背景知识

对数字人民币的监管应当是适应性监管、规则监管相结合，综合运用监管科技提升监管能力。数字人民币监管应当贯穿于其发行与流通的全过程，强化对运营机构的准入、数字人民币红包投放、数字人民币流向等方面的监管，进一步明确监管主体、监管责任与监管程序。

数字人民币监管法应当注重主体监管、业务监管与行为监管，同时结合数字化特性优化合规责任与消费者权益保护机制。其法律渊源包括宪法、中国人民银行法及货币管理法规、规章等等，我国应确立系统化的监管法律制度，为数字人民币的可持续发展提供法治保障。

第 62 问：如何加强合规责任与消费者权益保护？

在数字人民币的试点与推广中，各方主体仍需要履行合规责任，也要落实消费者权益保护的义务。《中国人民银行法（修订草案征求意见稿）》虽采取自然延伸的思路，但不足以为发行与管理数字人民币提供法律依据。因此，我国需要针对数字人民币健全合规责任体系，完善消费者权益保护机制。

第一，强化各方主体的合规责任。一是强化各方主体反洗钱、反恐怖主义融资的义务与责任，针对数字化尽职调查、数字身份及交易记录存储、大额及可以交易报告制定行为规范。二是强化个人隐私、个人信息及商业秘密保护职责，不得泄露客户身份信息与交易记录。三是进行反洗钱、反恐怖主义融资监测与分析时，有必要对个人敏感信息进行脱敏处理。四是依法采集、使用与销毁相关信息与数据。

第二，优化消费者权益保护规则。数字人民币在越来越多的场景中应用，凸显了强化个人信息与隐私保护的必要性。各指定运营机构、商业银行应当依照《数据安全法》《个人信息保护法》，尊重与维护用户的知情权、同意权、遗忘权等权利。与现金管理中的消费者权益保护机制一样，人民银行、指定运营机构甄别数字人民币，通过登记中心进行大数据分析对数字人民币进行验证。相关主体应当健全争议处理机制，利用好在线纠纷处置机制，同时在数字人民币兑换、流通中保护消费者权益。

背景知识

我国的《人民币管理条例》虽经过两次修订，却滞后于数字人民币发展的态势，需要结合数字人民币与实物人民币并存的趋势进行修订。我国主要从强化合规责任与消费者权益保护机制入手，现行机制需要与数字人民币的特点相结合，才能更好地引导市场主体与业务规范发展。

第 63 问：我国如何开展法定数字货币的国际合作？

数字人民币主要满足我国国内零售支付需求，也在积极拓展跨境支付场景。我国积极参与了国际清算银行的法定数字货币研发项目。未来，人民银行将积极回应国际社会的倡议，积极参与法定数字货币的国际研发与标准制定，积极参与相关的国际监管合作。

其一，以国内试点与国际社会需要为导向，充分尊重双方货币主权，在依法合规的前提下探索创新跨境支付、清算、供应链等应用场景。

其二，遵循“无损”“合规”与“互通”原则，与相关货币当局、金融机构探索法定数字货币互联互通的机制，实现数字人民币与其他 CBDC 的交互操作。

其三，恪守各国监管与合规的要求，坚持双层运营、风险为本的管理体制，与国际社会开展多边、双边的监管合作。

背景知识

国际社会对法定数字货币已有颇具深度的研究，也达成了一些共识。我国的数字人民币试点虽处于国际先进水平，却并非独占鳌头、独树一帜。数字美元、数字欧元等方案各具特色与优势，相关场景试验也取得了丰硕的阶段性成果。我国需要与国际社会合作，不断提升数字人民币的跨境支付应用，也有助于推动人民币国际化。法定数字货币领域的国际合作包括研究合作、技术合作、监管合作等方式，旨在实现国际社会有关倡议。未来，我国将与国际组织、“一带一路”国家、东盟国家及海合会国家深化数字货币合作。

注 释

1. 穆长春：数字人民币隐私与个人信息保护[EB/OL].2022-07-24[2023-11-24]. https://finance.sina.com.cn/china/2022-07-24/doc-imizmscv3327272.shtml.
2. 易纲行长在“2022 年香港金融科技周”活动上的讲话[EB/OL].中国人民银行，2022-10-31[2023-11-27]. http://www. pbc. gov. cn/hanglingdao/128697/128728/128829/4694476/index.html.
3. 穆长春：数字人民币隐私与个人信息保护[EB/OL].新浪财经，2022-07-24[2023-11-29]. https://finance.sina.com.cn/china/2022-07-24/doc-imizmscv3327272.shtml.
4. 穆长春：数字人民币隐私与个人信息保护[EB/OL].新浪财经，2022-07-24[2023-07-24]. https://finance.sina.com.cn/china/2022-07-24/doc-imizmscv3327272.shtml.
5. 骗子盯上数字人民币　杭州一市民被骗 1.5 万元[EB/OL].杭州网，2022-09-17[2023-09-18]. https://jrsh.hangzhou.com.cn/read/content/2022-09/17/content_8355600.htm.
6. 银数观卡搜狐号. 信用卡风险案例：2021 年有哪些新型诈骗“套路”？[EB/OL].搜狐网，2022-01-20[2023-09-20]. https://www.sohu.com/a/517917447_659885.
7. 陈耿宣、景欣、李红黎：《数字人民币》，中国经济出版社 2022 年版，第 209 页。
8. 成晚财经　紧急提醒！骗子开始利用数字人民币实施诈骗，四川已有人中招[EB/OL].商业新知，2021-11-10[2021-11-22]. https://www.shangyexinzhi.com/article/4348355.html.

9. 濠江宣传网易号. 骗子也蹭数字人民币热度，遇到这类信息要提高警惕[EB/OL].网易，2022-09-05[2023-12-10]. https://www.163.com/dy/article/HGFPFLL00514X3KG.html.
10. 老杨说链搜狐号. 紧急提醒：骗子开始利用数字人民币进行诈骗！[EB/OL].搜狐，2021-11-11[2023-12-11]. https://www.sohu.com/a/500495077_120978428.
11. 佘云峰. 315 关注|数字人民币的诈骗问题仍需重视[EB/OL]. 移动支付网新媒体搜狐号，2022-03-16[2023-12-16]. http://news.sohu.com/a/530243751_223323.
12. 平安丰都网易号. "数字人民币"伪装的新骗局[EB/OL].网易，2022-12-30[2023-01-09]. https://3g.163.com/dy/article/HPQS9IFN0534069X.html?spss=adap_pc.
13. 陈耿宣、景欣、李红黎：《数字人民币》，中国经济出版社 2022 年版，第 210 页。
14. 北京商报号. 数字人民币再现新骗局，集齐 6 张卡可兑换 100 万元？[EB/OL].移动支付网企鹅号，2021-11-11[2023-09-07]. https://new.qq.com/rain/a/20211111A0B4WJ00.
15. 杨晓俊、江跃中. 打着"数字人民币"旗号的新型电诈盯上老年人，提额转账还需谨慎[EB/OL].新民晚报网易号，2022-11-07[2023-08-09]. https://www.163.com/dy/article/HEBEMCIF0512DU6N.html.
16. 不使用"数字人民币"违反防疫规定？新骗局来了！[EB/OL].门源公安澎湃号，2022-10-12[2023-11-07]. https://www.thepaper.cn/newsDetail_forward_20272075.
17. 警惕！利用"数字人民币"诈骗新手法[EB/OL].南通市公安局，2023-05-25[2023-12-27]. http://gaj.nantong.gov.cn/ntsgaj/jfts/content/4a2f792a-bfea-4f0f-8f7c-e843c1ca13ca.html.
18. "数字人民币"玩不会？昆明有人被骗了 8 万多[EB/OL].掌上春城网易号，2023-02-15[2023-12-27]. https://www.163.com/dy/article/HTLAS3MT0550EB0R.html.
19. 苗艺伟. 全国首例！警方破获利用数字人民币洗钱案，11 名涉案嫌疑人被刑拘[EB/OL].新浪财经，2021-11-03[2023-11-13]. https://finance.sina.com.cn/china/2021-11-03/doc-iktzscyy3448551.shtml.
20. 岳品瑜、廖蒙. 回收数字人民币一类钱包账户，日入 5 位数？警惕这一洗钱骗局[EB/OL].新浪财经，2021-11-15[2023-11-15]. https://finance.sina.cn/2021-11-15/detail-iktzscyy5714816.d.html.
21. 福州小八卦. 国家为推广 DCEP 拿出 1.2 万亿？这是骗局[EB/OL].快资讯，2022-02-19[2023-11-13]. https://www.360kuai.com/pc/9c9a8d8420880e7c6?cota=3&kuai_so=1&sign=360_57c3bbd1&refer_scene=so_1.
22. 王永菲、冉学东. 起底 DCEP 推广 QQ 群套路：打着推广数字货币幌子，这些传销组织是这样"洗脑"的[EB/OL].新浪财经，2020-12-09[2023-11-15]. https://finance.sina.com.cn/wm/2020-12-09/doc-iiznezxs5958426.shtml.
23. 上海首例利用数字人民币"跑分"案，法院判了！[EB/OL].中国证券网，2024-01-17[2024-01-19]. https://news.cnstock.com/news,bwkx-202401-5177955.htm.

24. 赵竞竞、景欣:《身边的数字人民币》,西南财经大学出版社 2023 年版,第 116—124 页。
25. 景欣. 数字人民币生态格局的演变及其治理[C].《上海法学研究》集刊 2022 年第 13 卷——新兴权利与法治中国文集.上海法学会,2022:61—70.
26. 戚聿东,褚席.数字经济视阈下法定数字货币的经济效益与风险防范[J].改革,2019(11):52—62.
27. 赵竞竞、景欣:《身边的数字人民币》,西南财经大学出版社 2023 年版,第 148—155 页。
28. 柯达.数字人民币的理想与现实——基于对深圳数字人民币试点活动的观察[J].金融法苑,2020(04):166—180.

第七章 数字人民币与经济金融发展

第 64 问：我国出台了哪些有关数字人民币的政策文件？

自 2020 年以来，中央与地方逐渐将数字人民币的研发与试点纳入相关政策文件。在 2020 年至 2021 年间发布的政策文件中，中央文件提出推进研发、试点及拓展场景的要求。随着试点扩容、场景增多，凸显数字人民币发展与安全的重要性，人民银行等机构联合制定了规划，对研发数字人民币标准作出规划，将引领金融业积极应对数字化转型。

与此同时，各省市在中央允许的范围内，因地制宜将数字人民币试点纳入了总体规划、金融业规划，也制定了具体的工作方案，提出了相应的目标任务。上海市将数字人民币试点作为重点工作，纳入促销费、城市数字转型及医疗数字转型。江苏省不仅将数字人民币试点纳入“十四五”规划与金融业规划，还制定了更全面

表 7.1　中央及各部委数字人民币政策一览表

制定机关	发布时间	文件名称	工作要求
中共中央、国务院	2019 年 8 月	《关于支持深圳建设中国特色社会主义先行示范区的意见》	支持在深圳开展数字货币研究与移动支付等创新应用。
中共中央	2020 年 10 月 9 日	《中共中央关于制定国民经济和社会发展第十四个五年规划和二〇三五年远景目标的建议》	稳妥推进数字货币研发。
第十三届全国人大第四次会议	2021 年 3 月 13 日	《中华人民共和国国民经济和社会发展第十四个五年规划和 2035 年远景目标纲要》	稳妥推进数字货币研发。
中共中央、国务院	2021 年 4 月 23 日	《中共中央　国务院关于支持浦东新区高水平改革开放打造社会主义现代化建设引领区的意见》	加快构建贸易金融区块链标准体系，推进法定数字货币试点，丰富数字人民币应用场景。
中共中央、国务院	2021 年 10 月 20 日	《成渝地区双城经济圈建设规划纲要》	建设网络安全产业基地，支持开展法定数字货币研究及移动支付创新应用。
国务院	2021 年 12 月 12 日	《国务院关于印发〈“十四五”数字经济发展规划〉的通知》（国发〔2021〕29 号）	稳妥推进数字人民币研发，有序开展可控试点。积极借鉴国际规则和经验，研发数字人民币治理规则。
国务院	2021 年 12 月 31 日	《国务院办公厅关于印发要素市场化配置综合改革试点总体方案的通知》（国办发〔2021〕51 号）	增加有效金融服务供给，支持在零售交易、生活缴费、政务服务等场景试点使用数字人民币。
国务院	2023 年 9 月 25 日	《国务院关于推进普惠金融高质量发展的实施意见》（国办发〔2021〕51 号）	稳妥推进数字人民币研发试点。

（续表）

制定机关	发布时间	文件名称	工作要求
国务院	2023年11月26日	《国务院关于印发〈全面对接国际高标准经贸规则推进中国（上海）自由贸易试验区高水平制度型开放总体方案〉的通知》（国办发〔2021〕51号）	有序推进数字人民币试点，探索数字人民币在贸易领域的应用场景。
商务部	2020年8月12日	《商务部关于印发全面深化服务贸易创新发展试点总体方案的通知》（商服贸发〔2020〕165号）	在京津冀、长三角、粤港澳大湾区及中西部具备条件的试点地区开放数字人民币试点。
商务部、中央网信办、发展改革委	2021年10月26日	《商务部　中央网信办发展改革委关于印发〈"十四五"电子商务发展规划〉的通知》（国发〔2021〕29号）	要稳妥推进数字货币研发工作，探索数字人民币在电子商务领域支持作用。
中国人民银行、市场监管总局、银保监会、证监会	2022年1月27日	《中国人民银行　市场监管总局　银保监会　证监会关于印发〈金融标准化"十四五"发展规划〉的通知》（银发〔2022〕18号）	探索建立完善法定数字货币基础架构标准、研发制定法定数字货币信息安全标准、法定数字货币业务和应用标准、法定数字货币技术标准、基础数据元标准、终端技术标准、评估监测标准。

的推进措施与目标。重庆市将数字人民币研发与推广作为战略新兴产业，广东、海南两省则提出建设跨境场景的具体要求。湖北省、河南省等省在争取试点落地，其他内地省份尚未提出相关要求。可见，数字人民币试点总体上呈现"东部铺开、中部追赶、成渝跟进"的格局，京津冀、长三角与大湾区地区积极推进试点，与这些地区数字化程度高有关。

表 7.2　相关省市数字人民币政策一览表

省市	发布时间	政策名	主要内容
北京市	2022 年 3 月 1 日	《打造“双枢纽”国际消费桥头堡实施方案(2021—2025 年)》	积极拓展数字人民币应用,鼓励跨境电商企业应用新技术创新商业模式,提供优质的国际化消费体验。同时,总结北京冬奥会支付服务环境建设经验,深化数字人民币试点,逐步提升国际旅客支付便利度。
上海市	2021 年 4 月 19 日	《关于加快建设上海国际消费中心城市的持续促进消费扩容提质的若干措施》	将开展数字人民币应用试点纳入全面推进商业数字化转型。
	2021 年 9 月 18 日	《上海市建设国际消费中心城市实施方案》	完善重点商圈数字人民币受理环境建设,丰富数字人民币试点应用场景。
	2021 年 10 月 25 日	《上海市全面推进城市数字化转型“十四五”规划》	开展数字人民币试点,拓展线下和线上支付、交通出行、政务和民生等场景应用。
	2022 年 2 月 12 日	《上海市“便捷就医服务”数字化转型 2.0 工作方案》	增设数字人民币支付渠道。依托“一网通办”平台支撑,以“随申办”移动端为服务渠道,以数字人民币为场景拓展切口,丰富就医支付方式,积极响应国家稳妥推进数字货币研发的政策,助力上海建成全国首个覆盖数字货币的医疗支付统一平台。
	2024 年 1 月 5 日	《上海市促进在线新经济健康发展的若干政策措施》	支持在线新经济企业与数字人民币试点运营机构合作,拓展数字人民币与互联网新技术、新模式的融合应用。
天津市	2022 年 9 月 14 日	《天津市金融业发展“十四五”规划》	积极争取数字人民币应用试点,鼓励引导金融机构和相关企业参与数字人民币生态系统建设及延伸产业的研究开发。

（续表）

省市	发布时间	政策名	主要内容
重庆市	2022年1月14日	《重庆市金融改革发展“十四五”规划（2021—2025年）》	争取开展法定数字货币试点，探索数字人民币的国际应用场景。
	2022年3月2日	《重庆市战略性新兴产业发展“十四五”规划(2021—2025年)》	积极争取国家法定数字货币试点支持，开展数字人民币研究和移动支付创新应用，拓展数字人民币应用场景。
浙江省	2021年2月18日	《中国（浙江）自由贸易试验区深化改革开放实施方案》	争取数字货币试点，允许境外个人和企业在浙江自贸试验区定额兑换、流通使用数字货币，探索将数字货币应用于大宗商品期现交易中。
	2021年3月15日	《浙江省金融业发展“十四五”规划》	将深化移动支付之省建设，包括争取数字人民币应用试点，鼓励和引导浙江省相关企业参与数字人民币生态系统建设和延伸产业的研究开发。
江苏省	2020年10月26日	《江苏省政府办公厅关于深化推进数字经济发展的意见》	提到要发展金融科技，支持苏州开展数字货币试点。
	2021年3月2日	《江苏省国民经济和社会发展第十四五个五年规划和二〇三五年远景目标纲要》	支持苏州开展央行数字货币试点和金融科技创新监管试点。
	2021年8月31日	《江苏省“十四五”金融发展规划》	1. 以“验证、优化、提升、探索”为目标，完善数字人民币苏州试点工作的统筹协调和推进机制。 2. 支持试点机构积极探索数字人民币应用场景，建设试点示范区、示范点，探索完善数字人民币流通生态体系。 3. 探索“长三角一体化”跨区域互联互通。 4. 构建覆盖研发、运营、发行、流通、应用的数字货币全产业链和生态圈。 5. 建设全国性数字货币产业核心城市。

(续表)

省市	发布时间	政策名	主要内容
江苏省	2023 年 2 月 2 日	《江苏省数字人民币试点工作方案》	提出数字人民币九大任务，于 2025 年底形成较为完善的数字人民币运营体系。
广东省	2021 年 1 月 4 日	《深圳市数字经济产业创新发展实施方案(2021—2023 年)》	构建数字人民币应用生态，畅通数字人民币应用体系，实现数字人民币首府系统全覆盖，数字人民币应用场景全拓展，数字人民币支付模式全打通，支持罗湖区对数字人民币进行全领域、全链路的试点和测试。
	2021 年 9 月 4 日	《广东省人民政府关于印发广东省深入推进资本要素市场化配置改革行动方案的通知》	支持深圳深化央行数字人民币应用创新试点，适时申请扩大试点城市范围，推动广州申请数字人民币试点工作。
	2022 年 8 月 5 日	《广东省金融改革发展“十四五”规划》	支持深圳在数字人民币应用上先行先试。
	2023 年 1 月 9 日	《关于加快建设深圳国际财富管理中心的意见》	依托中国人民银行金融科技研究院，深入推进数字人民币试点工作，联动香港开展数字人民币跨境支付试点，打造数字人民币跨境应用示范区。
	2023 年 11 月 10 日	《罗湖区关于高质量建设数字人民币应用生态示范区的若干措施》	1. 建设“1 + 1 + 12”的数字人民币产业集群。 2. 打造“1 + N”的数字人民币产业载体。 3. 鼓励数字人民币应用首发首创。 4. 推动数字人民币全覆盖普及化。
河北省	2020 年 9 月 1 日	《中国(雄安新区)跨境电子商务综合试验区建设实施方案》	探索数字货币跨境支付。

（续表）

省市	发布时间	政策名	主要内容
四川省	2021年11月26日	《四川省“十四五”金融业发展和改革规划》	1. 支持成都稳步推进数字人民币试点，着力完善数字人民币应用生态体系，拓展数字人民币应用场景。 2. 推广数字人民币惠农场景，推动农村金融服务普惠化、便捷化。
	2022年6月	《成都市“十四五”金融业发展规划》	1. 依托数字人民币试点优势，完善数字人民币应用生态体系。 2. 构建乡村惠农、智慧民生、政府服务等全场景的数字人民币应用空间。 3. 加快落地人民银行数字货币研究所分支机构。
湖南省	2021年8月12日	《湖南省“十四五”服务业发展规划》	积极稳妥推进长沙数字人民币试点工作，适时将数字人民币试点工作向全省推广。
	2021年11月2日	《推动流通创新发展促进消费提质扩容行动方案（2021—2023年）》	加快数字化、智能化改造和跨界融合，加快推进长沙数字人民币试点，扩大应用场景和范围。
福建省	2020年6月5日	《福州市推进新型基础设施建设行动方案（2020—2022年）》	积极争取央行数字货币试点，推广可信数字身份，拓展应用场景，打造社会治理现代化样板区。
	2021年10月15日	《关于支持福州实施强省会战略的若干意见》	积极争取数字人民币试点落地福州。
湖北省	2021年11月2日	《关于全面推进数字湖北建设的意见》	积极争取在武汉等地开展数字人民币应用试点。
海南省	2021年11月10日	《海南省“十四五”建设国际旅游消费中心规划》	加快推广数字人民币试点，增设外币与人民币结售兑换服务点。

（续表）

省市	发布时间	政策名	主要内容
海南省	2021年11月23日	《海南省金融业“十四五”发展规划》	1. 在全岛全域开展数字人民币试点，探索具有海南自由贸易港特色的数字人民币应用场景，打造数字人民币生态体系，并将利用数字人民币促进绿色消费的试点经验。 2. 开展数字人民币跨境支付试点，探索提升海南自由贸易港跨境支付效率。
陕西省	2022年9月27日	《陕西省“十四五”金融业高质量发展规划》	稳步推进法定数字货币应用试点工作。
河南省	2022年2月16日	《河南省“十四五”数字经济和信息化发展规划》	争取开展数字人民币试点，重点推进智慧物流、电子商务、智慧金融、智慧文旅、智慧养老等具有河南特色的服务业数字化水平提升。
黑龙江省	2023年12月11日	《黑龙江省推进普惠金融高质量发展实施方案》	支持哈尔滨市积极争取数字人民币试点。
山东省	2021年7月28日	青岛市《关于促进金融科技发展的指导意见》	将数字人民币试点纳入金融科技重点应用场景。

随着试点深入推进，数字人民币试点法治进程加快。2020年11月份，人民银行发布了《中国人民银行法（修正草案征求意见稿）》，规定了人民币包括实物形式与数字形式。[1]一些地方性法规规定了试点任务，使数字人民币试点于法有据。《北京市数字经济促进条例》明确了场景开拓、推广对象。[2]《广东省数字经济促进条例》提出，要探索数字人民币的应用与国际合作。[3]《深圳经济特区数字产业促进条例》也规定了推进数字人民币应用的要求。[4]

背景知识

中央与地方重视数字人民币的研发与试点，分别从全国、行业及地方不同层面作出规划。各项规划侧重点不同，地方规划突出了特色场景建设，金融业规划则凸显标准化要求。部分地方性法规也提出推进试点的原则性规定。诸多政策文件及法规的出台，意味着我国数字人民币试点已进入了规范化发展阶段。一些省市对数字人民币试点作出更具体安排，有助于构建完善的数字人民币运营体系，也为数字人民币制度构建提供更多经验。相比而言，数字人民币试点的法治化相对滞后，由于数字人民币发行管理规则属于基础金融制度，需要遵循“法律保留”原则，可采取“先试先行”模式，授权由试点地区探索相关法律制度，可将普适性强、指引性强的政策规定转化为法律规则。当然，数字人民币监管法律制度的构建不可一蹴而就，必须遵循《立法法》等现行法制的相关要求。

第 65 问：数字人民币对实体经济有什么影响？

货币是在社会一定范围内被普遍接受的，能够作为支付结算工具使用的通用信用财产。[5]很多人可能存在疑惑，数字货币诞生之后是否会改变货币的这一本质属性？是否会改变存贷款的产生机理进而影响实体经济的运行？实质上，数字人民币的发行对实体经济具有正负双向的影响。从商业银行充当金融中介的角度来看，数字人民币会促进商业银行的金融脱媒，对商业银行现有的存款形成机制造成影响，而央行则成为吸收存款的主要力量。商业银行吸收原始存款的能力下降之后，传统的存款创造贷款的信用中介功能会随之弱化，商业银行的授信能力和信用创造能力降低，对实体经济的信贷支持可能出现“有心而无力”的困境。从实体经济获得金融资源的便利性而言，数字人民币可追溯性、交易成本低、信息完全性等特点恰恰是解决实体经济融资难、融资贵等问题的有效抓手。[6]所谓金融支持实体经济发展主要是支持中小微企业发展，我国市场主体90%以上是中小微企业，是实体经济的中坚力量，但是由于存在信息不对称、抵押物不足等先天不足，成为长期以来困扰中小微企业融资发展的问题。[7]数字人民币落地之后，将有效打破这一困境，银行能以较低成本获取基于场景交易的客户数据流，提升信息获取质量，准确分析企业的财务状况、经营情况、偿还能力和风险变化，从而提高向中小企业发放贷款的意愿，增加中小企业的贷款可得性。

背景知识

简而言之，在法定数字货币支付过程中产生的支付数据可以衍生出很多新的业务，如信用风险评估、反洗钱、资本账户管理等。各国在设计法定数字货币时，通常需要综合考虑隐私保护、化解金融风险、激励措施等多个维度。如果隐私保护做得不好，公众对数字人民币的使用意愿可能会降低。在数字人民币体系中，10家指定运营机构各自开发数字钱包，这些钱包之间可以完成支付交易，比如买方把钱从工商银行钱包账户付到卖方的支付宝钱包，工商银行和蚂蚁集团各自掌握一半的支付信息，这样数据就被割裂了，但人民银行拥有完整的数据，这将有助于更好地维护数据安全和信息开发。[8]

第 66 问：数字人民币对金融市场有哪些影响？

数字人民币作为网络信息时代传统货币的创新模式，是以技术演变作为驱动力发行的数字人民币，有助于推动金融产业创新，更好地维护国家金融体系。[9]不过，也有人觉得尽管数字人民币有许多优点，在好多领域都具有颠覆性的变革。然而如此显著的革新，会对金融市场造成什么影响？理论上，确实如此，任何事物都有两面性，数字人民币不可避免地也会对现存的金融市场体系造成一定的负面影响。

第一，可能造成商业银行的金融脱媒。我国数字人民币的构建原型是基于一种零售型数字货币。消费者可以直接在人民银行开设数字人民币账户，如果数字人民币进行计息且利率水平具有一定吸引力，那么此类货币将比商业银行存款更具有吸引力，这将会造成存款“搬家”，也就是金融脱媒，引发“狭义银行效应”，限制了货币的乘数效应，商业银行金融中介的身份将会被弱化，甚至最后被淡出金融市场。[10]另外，随着试点地区推广数字钱包后，中小银行可能因技术短板失去一些机会，银行竞争格局也会悄然生变。

第二，法定数字货币可能会加剧金融危机。[11]数字人民币与作为实物货币的纸币和硬币二者在本质上是一致的，两者之间的兑换原则上是畅通和便捷的。当银行挤兑发生时，消费者完全可以将自己存在银行的实体货币全都兑换为数字货币，只需通过线上程序直接取走或转移数字人民币即可，这无疑大大节省了时间。这也意味着，本来可用于缓解挤兑压力的时间被大大压缩，使得银行不得不面对瞬时发生的挤兑，金融风险被无限放大。

第三，数字货币使货币与金融资产的转换更加便捷，货币流通速度、货币乘数有可能上升，过往的货币政策经验可能会不适用。[12]在金融安全方面，数字人民币无疑增加了货币体系的信息安全防护范围，现有安全机制亟须同步完善，各类潜在风险更要充分预估。与传统的人民币发行模式相比，数字人民币在创造、发行、流通环节也有其自身的独特性质，这也必将是后期研究跟进的重点。

背景知识

金融脱媒是指在金融管制的情况下，资金供给绕开商业银行体系，直接输送给需求方和融资者，完成资金的体外循环。货币乘数效应是银行把钱贷出去，贷出去的钱会通过消费、采购等，再回到银行，银行收到存款再往外贷，周而复始。

第 67 问：数字人民币的发行对金融稳定会产生什么影响？

可能有人不禁要问，既然数字人民币是安全的资产，那么会不会成为居民和企业争相拥有的硬通货，尤其是在金融危机期间是否会加剧对商业银行的挤兑？[13]这样的发问可以说不无道理，数字人民币作为一种最安全的资产，公众可以很便利地将存款转换为数字人民币，导致金融中介规模收缩，这种金融脱媒可能会引起金融波动。尤其是在金融危机期间，数字人民币为社会公众快速转换安全资产提供渠道，进一步加剧了银行挤兑。不可否认，数字人民币对金融稳定的影响是目前试点地区的一项重要测试内容，当然也是数字人民币设计过程中不能回避的要素之一。

实际上，对于此类忧虑，人民银行已经做出了积极的回应。[14]第一，数字人民币坚持 M0 定位，不计付利息，以降低与银行存款的竞争。第二，数字人民币的投放方式与实物人民币基本一致，采用双层运营模式且由商业银行承担向公众兑换的职能。第三，人民银行适当设置制度摩擦，防范银行挤兑快速蔓延。比如，为引导数字人民币应用于零售业务场景、降低对存款的挤出效应，避免套利和压力环境下的顺周期效应，提出数字人民币钱包分级分类设计的理念，分别设置交易金额和钱包余额上限。第四，人民银行还为数字人民币建立大数据分析及风险监测预警框架，以提高数字人民币管理的预见性、精准性和有效性。

背景知识

数字人民币采用双层运营模式。[15]具体来说，在数字人民币运营体系中，人民银行作为第一层，实施中心化管理，仅处理跨机构交易，不处理个人交易信息；第二层主要由商业银行、电信运营商和第三方支付网络平台公司等作为指定运营机构，按照“最小、必要”原则收集个人信息，面向公众提供数字人民币兑换流通服务。第二层级指定商业银行包括中国银行、农业银行、工商银行、建设银行、交通银行、邮政储蓄银行以及网商银行(支付宝),这些银行具有向用户注册数字人民币钱包的资质。在双运营模式下,人民银行负责数字人民币发行、注销、跨机构互联互通和钱包生态管理,同时审慎选择在资本和技术等方面具备一定条件的商业银行作为指定运营机构,牵头提供数字人民币兑换服务。在人民银行中心化管理的前提下,充分发挥其他商业银行及机构的创新能力,共同提供数字人民币的流通服务,在保护个人隐私的同时维护金融安全。

第 68 问:数字人民币对我国社会信用体系有什么影响?

数字人民币本质上还是货币,它仍然是信用货币。我们知道信用是货币的本质属性,那么有人可能会问,数字人民币广泛使用之后会给我国的信用体系带来什么影响呢?简单来讲,从人类货币发展史上看,货币形态随着技术进步不断演变,相继出现过实物、金属铸币、纸币等形态,数字货币是数字时代货币的新形态。不言而喻,数字人民币的出现将给社会信用体系带来革命性影响。[16]

一是重构信用体系。数字人民币的便利性、安全性、普惠性、合法性等特点,为重构我国信用体系创造了条件。随着移动支付、终端安全存储、区块链等技术的不断发展,我国居民支付习惯已经发生了巨大变化，而数字人民币顺应这一发展趋势，极大地提高了交易便利性，降低了交易成本。数字人民币通过使用多种防护技术，实现不可重复花费、不可非法复制伪造、交易不可篡改及抗抵赖等，保障数字人民币全生命周期安全和风险可控。不同于比特币等加密货币，数字人民币克服了缺乏价值支撑、价格波动剧烈、能源消耗巨大等缺陷，能够充分发挥稳定币值的作用。[17]

二是能够有效监控网络欺诈行为。数字货币的技术底层源于区块链技术，区块链中账本记录的修改，要经过全网见证，能最大程度上减少私自篡改的可能。数字人民币还具有可追溯性，在严格依照程序出具相应法律文书的情况下，可以对交易行为进行数据验证和交叉比对，有效打击欺诈、洗钱、偷税漏税等违法犯罪行为。数字人民币的这些特点，有助于及时跟踪监督隐匿财产等违约行为，更加便利地监控货币流动及流向。[18]数字人民币将货币信用与自然人信用融为一体，我国社会信用体系将得到根本改善。

三是有助于降低交易成本。国家控制数字人民币的发行权，其本质是国家对货币的信用担保，提升了数字人民币的法律效力。相对众多的“私币”而言，数字人民币在我国具有合法地位，在解决协议履行中“对价支付”问题时具有显著优势。数字人民币的发展将有助于降低传统纸币发行、流通的高昂成本，可以实现货币的精准投放、实时传导、前瞻指引以及逆周期调控，解决“负利率”的流动性陷阱困境。[19]

背景知识

广义的社会信用体系是一种有效的社会、经济管理机制，它以道德、产权和法律为基础，以信用制度为核心，通过对市场主体信用记录的采集、分析、传播、预警等功能，解决经济和社会生活中信用信息不对称的矛盾，从而惩戒失信行为，褒扬诚实守信，维护经济活动和社会生活的正常秩序，促进经济和社会的健康发展。而狭义的社会信用体系则是指作用于经济交往领域的信用风险保障体系，主要解决信用交易的安全和效率问题，不包括社会成员的社会行为规范等诚信问题。我国社会信用体系的内涵和外延采用了广义社会信用体系的定义。应该说是非常符合我国信用建设实际的，它既体现了我国自古以来对信用概念的理解，也反映了现阶段我国社会信用问题的基本特征。[20]

第69问：数字人民币如何影响政府的监管与调控？

随着我国数字人民币试点的不断推进，“李鬼们”利用公众对数字人民币测试阶段信息的模糊，假冒数字人民币钱包进行违法犯罪。魅影闪现的背后，显示出数字人民币时代依然面临防伪防假的问题。[21]对此，可能有人要问，数字人民币会影响政府对宏观经济的监管调控吗？是降低监管的复杂性还是增加了复杂性？实际上，数字人民币确实会对经济调控造成影响，但这个影响主要取决于数字货币的设计，此外数字人民币这场革新必然伴随监管和规范的同步推进。数字人民币在降低监管复杂性、提高货币政策有效性等方面能发挥积极作用。

第一，降低市场监管复杂性。数字人民币具有可追溯性。相关的交易信息集中沉淀在人民银行的管理系统，人民银行实施“中心化管理”可以更加高效地甄别违规资金和犯罪活动，开展反洗钱、反恐怖融资等。

第二，增强货币政策有效性。数字人民币在数据监测和控制环节更加具有可操作性，央行可以在货币发行环节设置“前瞻条件触发”机制，根据宏观调控需要预设时点、信贷利率、资金流向等，从而形成精准有效的货币政策，防止金融脱实向虚。

第三，提高金融普惠水平。一方面，数字人民币只需通过手机号开立弱实名的数字货币钱包，支持双离线支付，这有助于老年群体、短期来华境外居民以及边远地区居民享受更加便捷的金融服务；另一方面，数字人民币支持线上线下全场景应用和软硬件钱包的多种选择，可以满足多元化的金融需求。

第四，催生新型货币政策工具。若数字人民币成为计息资产，将可能成为新的货币政策工具。[22]在批发端，当数字人民币利率高于准备金利率时，人民银行可通过调整数字人民币利率调控银行存款利率和贷款利率。在零售端，数字人民币可以打破传统现金零利率的约束，对数字人民币计负利率，或酌情收取钱包管理费，从而创新货币政策工具。

背景知识

双离线支付将极大丰富交易场景，减少电子支付的交易限制，也正是与目前支付宝、微信支付等电子支付方式最大的不同和比较优势。一旦数字人民币实现了双离线支付功能，无疑能令其在无互联网状态下的收付与转账等功能再无障碍，便会无限接近“流通中的现金”[23]。从长远来看，若数字人民币在双离线支付领域的结算处理效率得到进一步提升，其应用场景有望延伸到小额贸易与贸易金融场景，因为众多小微企业对上下游贸易款资金到账的时效要求更高。

第70问：如何基于数字人民币构建新型金融基础设施？

有人可能要问，在数字人民币环境下，当前的金融基础设施是否还能满足金融服务的各项要求？应该如何构建新型的金融基础设施？这一问题可以说切中了数字人民币发行的核心，不得不说，数字人民币是顺应了金融业数字化转型的历史趋势。因此，构建数字人民币环境下的新型金融基础设施需要人民银行、商业银行、地方政府等共同参与的系统性工作。具体来看，应该紧跟5G时代发展机遇，从网点布局、场景建设、风险管控等方面多管齐下，构建安全稳定的新型金融基础设施。

一是重塑网点布局。数字人民币的发行必然给商业银行目前的网点布局带来更大的冲击，可能进一步降低金融消费者对传统物理网点的依赖。与此同时，商业银行还需要加快更新网点设备、丰富银行App功能等，以匹配数字人民币高效便捷的优势。由此来看，商业银行可以依托数字人民币发行的契机，细分客户群体，突出业务特色，根据实际需要重新布局物理网点，提高网点综合竞争能力。发挥自身科技金融优势、借助网点特色，充分利用以分布式账本技术为核心的新型支付结算体系，提高结算效率及结算的稳定性，盘活存量睡眠客户，同时拓宽获客渠道，吸引新的客户流。

二是加快场景建设。在推进数字人民币的进程中，应该同步推进数据和技术，就是在探索新型数字化服务的模式上，嵌入数字人民币场景。核心就是要提高客户黏性，重新布局线上线下渠道，实现B端、C端、G端的统筹一致。搭建B端商户支付场景，提高各种支付工具的兼容性，以更便捷和丰富的支付场景适应新型资金流动模式。推进C端建设，关键在于提高客户体验感，通过高效的互换机制，吸引和挖掘新客户群体，稳住存量盘活流量。打造特色G端，紧跟国家政策，通过特色场景建设，协助政府转移支付政策有效完成，为G端客户群提供高效服务通道，加强支付生态场景建设。[24]

三是优化使用环境。利用数字人民币高效、便捷的特点，打造更为人性化的数字人民币钱包模式，以客户需求为目标导向，持续改进优化收款设备。最为关键的是要重点关注青少年、老年人、残障人士等新兴领域应用场景，比如校园一卡通、智慧养老平台等场景的便利性建设，无盲点地丰富数字人民币的应用场景。

背景知识

金融基础设施包括货币发行管理系统、支付系统、结算系统等。它包括货币发行、流通与应用的各个子系统，每个子系统又由各方主体与设施、规则组成。我们熟悉的ATM、各类银行App等，都属于金融基础设施。稳健而强劲的金融基础设施对一国经济大动脉的畅通至关重要。数字人民币促使我国的金融基础设施逐渐向数字化转型,各试点城市改造了支付机具,深圳甚至设置了硬币与数字人民币自由兑换的机具。随着未来试点的不断推进,更多的城市将优化数字人民币流通与使用的环境(特别是农村环境),以增强新型技术城乡、城际之间交易的互联性、便捷性。

第 71 问：数字人民币如何改善货币流通环境?

数字人民币的发展将会改变公众持有货币的习惯和态度。由于数字经济的发展,人们更多地习惯于平台化生存。这样就带来了一个问题,数字人民币如何改善货币流动环境呢?一般而言,数字人民币催生的平台化生存模式下,消费者希望支付本身能成为一个平台,满足更多的需求。在这种情况下,单纯的支付方便不一定能赢得消费者的青睐。

在实际生活中我们了解到,数字人民币很受年轻人的青睐,普遍觉得数字人民币很方便、很新奇,然而他们并不关心数字人民币是 M0 还是 M1,而是关心数字人民币可以干什么。从数字人民币发展趋势来看,平台化支付需求模式可能是个人支付领域发展主流,因此数字人民币支付场景开发如果仅仅停留在单纯现钞支付理念,不能充分实现平台化支付需求,那么有可能导致使用需求不足的问题。对此,数字人民币改善货币流通环境的举措主要有三个方面：

一是设计各类数字钱包。简单来讲，使用数字人民币需要各类数字钱包。人民银行根据客户身份识别强度，设计了不同等级的钱包，设定具体的交易限额。这样居民和商户可以设置个人数字钱包，而企事业单位等机构可以开立对公钱包，并且可以自行定制个性化的钱包功能。[25]

二是开发各类软钱包。人民银行运用移动支付 App、软件开发工具包（SDK）、应用程序接口（API）等，开发了适用于各类场景的软钱包，以适应零售支付的特点。

三是研发多点多活数据中心。人民银行研发了多点多活数据中心解决方案，保障城市级容灾能力和业务连续性，提供 7×24 小时连续服务。同时，人民银行还需规范数字人民币及相关系统的设计、开发和运维操作流程全生命周期信息安全管理，实现不可重复花费、不可非法复制和伪造、交易不可篡改和抗抵赖等特性，保障数字人民币运营系统满足业务连续性要求。[26]

背景知识

多点多活数据中心是分布式系统架构的延伸，是依托于云计算、微服务和分布式账本等新一代技术体系发展起来的新一代数据中心架构。该架构体系可灵活调度计算和存储资源，并快捷部署应用，满足了现代互联网行业开发的敏捷性和标准化的要求，使得基础资源和网络链路得到充分利用，在成本和效益之间达到良好平衡。

第 72 问：数字人民币对跨境支付有哪些作用？存在哪些障碍？

数字人民币将在跨境支付中充当重要角色[27]，主要体现为三个方面：

一是加速中国数字化转型。在数字经济发展的大趋势下，传统产业的数字化转型迫在眉睫。相比之下，我国的数字经济规模正在稳步提升且增速较高。而数字人民币的跨境支付将进一步促进我国数字化转型，尤其是对商业银行的转型升级提出了更为迫切的要求。数字人民币跨境支付将促使银行各项业务加快数字化进程，有利于降成本、提效率，节约更多资金用于进行其他产品创新。[28]

二是节省资本跨境流动成本。跨境领域的数字人民币更加注重点对点、高速、透明、信息防伪等方面的建设，提供了一种方便、快捷、安全的支付手段，节省了大量的结算时间。[29]当然，数字人民币跨境支付需要世界各国在制度设计上相向而行，重点解决币种系统不兼容问题，逐步改善目前跨境支付垄断的局面。

三是重塑未来竞争格局。数字人民币试点范围逐步扩大，在跨境支付领域的应用需求同样日益紧迫。如今，中国作为世界出口第一大国，在大宗商品和贵金属等重要商品上的定价话语权也更大，如果未来能够使用数字人民币进行大宗商品结算，绕开传统的美元结算体系，将打破美元对全球主要大宗商品定价的垄断，促进市场向更加公平高效的方向发展。[30]

若要实现数字人民币跨境支付,至少有以下几方面的挑战:

一是解决国际兼容问题。跨境支付需要各国的支付清算体系彼此之间达成较高的共识,如果使用新型的法定数字货币,对数据来源与运用、安全性和监管的国际协作要求更高。[31]最为困难的是,当下各国在本国境内法定数字货币的试点应用仍不完善,更何况在全球范围内建立一个完善的法定数字货币跨境支付体系,这将需要大量的时间、技术等投入。此外,在法定数字货币跨境支付的制度建设方面,多数人民银行尚未制定相关的应用规则,缺乏规范统一的监管体系会带来潜在的风险。

二是面临国际竞争的挑战。若数字人民币在跨境支付领域有所建树,首先面临的是来自强势美元的挑战。美元仍旧是主要的国际流通货币,美元支付体系在全球贸易结算体系中占有重要位置。数字人民币跨境支付功能势必和现有美元支付体系产生竞争。为此,美国将利用现有优势对我国外贸发展、跨境支付体系建设等方面进行围堵,同时积极发展本国的法定数字货币。[32]因此,如何应对美国的挑战是在较长期限内发展数字人民币的一道必答题。此外,数字人民币还面临和其他私人数字货币之间的竞争,这种竞争实际上是主权货币与非主权数字货币之间的竞争,如何平衡二者之间的关系是数字人民币未来发展必须面对并解决的问题。

背景知识

跨境支付,是指两个或两个以上国家或地区之间因国际贸易、国际投资及其他方面所发生的国际间债券债务借助一定的结算工具和支付系统实现资金跨国境和跨地区转移的行为。跨境支付涉及不同币种资金的支付结算，以及不同经济体的支付结算规则与资金监管规则，其复杂程度远远超过了国内支付。

BIS创新中心与相关国家人民银行联合开展了多项数字人民币跨境支付试验项目。“货币桥”项目尝试利用基于分布式账本技术(DLT)的公共平台进行跨境支付，多家人民银行可在该平台上发行和交换各自的央行数字货币，旨在验证一个高效、低成本和通用的多边央行数字货币平台，可以提供人民银行和商业参与者直接连接的网络，以大幅增加国际贸易流动和跨境业务的能力。2022年8月15日至9月23日期间，在“货币桥”平台上首次成功完成了基于四个国家或地区央行数字货币的真实交易试点测试，来自四地的20家商业银行基于“货币桥”平台为其客户完成以跨境贸易为主的多场景支付结算业务，2022年底该项目正式落地。[33]

以出口贸易为例，中国的古典餐具在美国、英国、德国、日本、新加坡等国很畅销，所以公司A通过某跨境平台把自己的餐具类产品卖给国外消费者，他们购买这些商品时会使用Paypal、Visa、Payoneer等海外支付工具，付款的币种涉及美元、欧元、英镑、日元、新加坡币等，但是公司A在国内只接收法定货币人民币，就需要通过结算工具和支付系统，实现使用外币的支付通道收到外币，并且将收到的外币换成人民币给国内卖家结算，最终完成交易。

第 73 问：数字人民币对货币政策有哪些影响？

数字人民币作为数字经济时代的新型基础设施，将对宏观经济产生积极影响。

其一，提升宏观调控与资金监测的精准性。数字人民币的发行和推广既有利于降低传统纸币发行与流通管理的成本，减轻银行系统结算、清算业务的压力。[34]数字人民币的可追踪、可编程特性可以深入分析货币的发行、流通等数据，提高货币政策调控的预见性、直达性和有效性。并且还能有效监控资金流向，能够精准打击洗钱、恐怖主义融资、偷税漏税等违法行为。

其二，提升财政政策的执行力与精准性。数字人民币加载的智能合约具有可编程性，能够结合地区、行业等要素设置财政补贴资金的具体条件，可以在触发相应条件时自动发放与申领资金，会简化财政政策操作流程，也会执行差异化、个性化的财政补贴措施。

其三，发挥促消费、促民生、助力经济复苏。各地试点中先后发放了各类数字人民币消费红包或消费券，其通用程度高，应用场景广泛。消费者可以在线上线下场景中拆分使用或满额减使用，享受更多的消费便利与实惠。数字人民币红包或消费券可以推动线上线下消费融合，有助于区域经济稳步复苏。某试点地区数据显示，发放数字人民币消费券的消费放大效应超过 15 倍。[35]

第 74 问：数字人民币怎样影响涉农资金发放？

我国涉农资金项目较多，包括农村公路修建、基本农田建设、农业综合开发等农村基础设施建设类资金，粮食直补、农资综合直补等补贴类资金。数字人民币在运营安全和隐私保护方面具有优势，既能推进农村数字支付体系建设，又能提高农村普惠金融发展水平，可以说推动数字人民币涉农是一个多赢的工作。[36]

一是有助于提高农村支付结算便捷性。数字人民币具有"支付即结算"的特性，支持离线交易，与农村商户小规模、高频次的支付结算需求高度匹配，有助于提升其资金周转效率。

二是有助于缩小城乡"数字鸿沟"。数字人民币的应用有助于拓展金融服务覆盖面，降低交易成本。尽管，我国已有 98% 的行政村实现了通光纤、通 4G，但偏远地区移动支付的硬件建设仍然难以较好地满足当地居民的金融需求。[37] 数字人民币的离线支付技术在没有网络的情况下实时覆盖偏远地区，这将从根本上解决边远地区居民移动支付困难的问题。

三是有助于保障农村居民信息安全和财产安全。数字人民币综合使用数字证书体系、数字签名、安全加密存储等技术，实现不可重复花费、不可非法复制伪造、交易不可篡改及抗抵赖等特性，可以避免农村客户信息泄露和假币流通，保障农村居民的信息和财产安全。

四是有助于提高农村政策的精准性。涉农资金主管部门与银行签订智能发放合约，通过硬钱包向资金使用人发放数字人民币，同时也建立了数字金融监管的闭环系统。在资金使用过程中，农业主管部门就可以监督、分析资金使用情况，省去了事中和事后检查、审计成本。一旦发现使用问题，主管部门可以按照智能合约追溯、跟踪或者收回资金，并且清晰定位已使用的资金流向，最大限度保障政府资金安全。[38]

背景知识

涉农资金是中央、省、市、县安排用于农村经济社会发展的专项资金，主要包括农村公路修建、基本农田建设、农业综合开发、农村饮水安全、沼气建设等农村基础设施建设资金，粮食直补、农资综合直补、良种补贴、农机具购置补贴等涉农补贴资金，种植业、养殖业项目资金，扶贫、救济、农村五保供养、农村低保、危房改造资金，退耕还林等生态建设资金，“雨露计划”“阳光工程”等农村劳动力培训资金及用于农村教育、卫生、文化、科技事业发展的资金等，资金管理方式通常是成立县涉农资金监管工作领导小组，负责当地涉农资金监管工作。

第 75 问：数字人民币会对支付行业产生哪些影响？

数字人民币是一种新型支付工具，主要用于零售支付，将引发支付行业的变革，支付生态主体、环境与格局都将发生变化，初步形成新兴支付生态。

第一，支付生态主体的演进。人民银行负责发行数字人民币，对试点及应用推广进行顶层设计，维护数字人民币的安全与稳定，指定符合条件的商业银行及其他机构参与研发与试点。数字货币研究所与相关机构参与数字人民币的设计与研发。人民银行指定的商业银行开发各类数字钱包，向社会公众兑换数字人民币，对接各类线上服务平台。平台企业分别开拓数字人民币在电子商务、金融科技、餐饮等场景中的应用。

第二，支付生态环境的优化。数字人民币助推试点地区推进支付机具升级改造，谋划数字经济发展，制定地方法规及相关制度，为未来数字人民币的流通奠定基础。城银清算服务公司、农信银支付清算系统亦逐步参与试点，分别对接城市与农村金融机构，使更多中小金融机构接入数字人民币服务。深圳、海南等地已完成跨境小额支付、跨境电商支付等测试，亦将逐步改善跨境支付格局。

第三，支付生态格局的演变。人民银行秉持技术中立理念，主导 DE/CP 试点、负责发行数字人民币，调控与监管其研发与推广，但不参与数字人民币运营。数字人民币具备多重支付功能和安全性能，望打破第三方支付对零售支付市场的垄断，数字人民币将与支付宝、微信支付并存、竞争，客户的支付行为与习惯不会发生根本性变化。更多银行、IT 企业的参与，有助于形成“发行流通 + 交易场景 + 技术创新 + 设备改造”的产业链条。[39]

背景知识

数字人民币与银行支付、第三方支付的维度不同，对支付行业的影响是深远的、渐进式的。数字人民币是法定货币的数字化，也将随着技术创新与试点深入促使存款、贷款数字化。数字支付功能更新升级不过是一方面变化。银行支付、第三方支付只是零售支付工具与业务，无法升格到货币的高度。当人民币呈现数字化形态时，将带动整个支付市场的变革，优化整个金融生态系统，带来生态主体、生态环境与产业链的变化。未来支付行业将在业务创新、场景丰富与生态优化上持续演进。[40]

第 76 问：数字人民币带给银行业哪些机遇与挑战？

数字人民币的推广也将促使银行业发生许多变革。商业银行既是数字人民币的代理投放机构，也是支付业务的主要供给机构。数字人民币在这两方面都给银行业带来机遇与挑战。

一、数字人民币给银行业带来的机遇

货币发行管理与支付业务的变革。数字人民币的发行与投放与实物人民币的不同，转变为央行库与商业银行库之间的数字化登记、确权、转移等流程。诸多中小银行通过其他银行、清算机构接入服务，成为数字人民币发行与投放的 2.5 层机构。数字人民币的应用将打破对私和对公场景的割据状态，广泛运用于 C 端、B 端和 G 端场景和跨境支付场景。其中，C 端小额高频零售交易是数字人民币最主要的应用场景，B 端应用针对企业支付场景，G 端

成为政府转移支付的新型工具。在跨境支付场景的应用，将提升支付结算效率，解决 SWIFT、CHIP 等系统的耗时、昂贵等弊端。[41] 这些变革将促使银行业的业务结构与商业模式转型。目前的十家试点行是数字人民币的代理投放机构，可以直接开通各类软钱包与硬钱包。村镇银行等中小银行间接联通数字人民币系统，与试点行、清算机构开展合作，间接接入数字人民币钱包等服务。比如，中国银行河北雄安分行就与中银富登村镇银行开展合作[42]，北京银行则开发了银银合作的数字人民币硬钱包“压岁包”[43]，兴业银行与华通银行等城市商业银行、农村商业银行开展数字人民币钱包合作。[44]

二、数字人民币给银行业带来的挑战

数字人民币也给银行业带来很多挑战。首先是商业银行业务转型的挑战。数字人民币可能会使居民加快转移存款，存在引发银行挤兑的潜在风险；也将引发银行卡支付、收单等传统业务的变革；使商业银行面临系统升级改造、风险防控、能力建设等挑战。[45] 其次是新兴支付领域风险管理的挑战。随着数字人民币试点逐步深化，商业银行也将探索创新支付业务，使其数字人民币衍生品和服务存在不稳定性风险，容易产生合规风险和操作风险。数字人民币的试点中还存在法律制度不完善、政策不确定性，存在技术开发利用、实施成本、网络安全等风险。[46] 最后是交易数据和隐私保护之间的挑战。数字人民币具有“数据驱动”和数据密集的特性，其发行、流通与运用中容易泄露个人信息，其跨境使用还需协调不同司法管辖区的数据交易规则与隐私保护政策。各类新兴技术运用中的潜在风险，也引发了业界和社会公众对个人隐私与系统安全的担忧。[47]

背景知识

数字人民币将给银行业带来机遇与挑战，这是由新兴技术运用产生“双刃剑”效应。一方面，促使商业银行加快数字化转型，需要做好战略布局，加强技术能力、服务能力与运营能力，尽快促使传统银行业务转型与新兴业务发展。另一方面，在推进数字人民币业务的过程中，存在业务、技术、网络、数据、人力、治理等多重风险，各类银行需采取审慎推进策略，逐步拓展推广业务创新，遏制市场主体的投机行为与冒险行为，更要强化消费者权益保护。[48]

第 77 问：数字人民币对券商债券业务有哪些影响？

券商行业具备天然的数据化优势，各类信息涉及客户金融生活的多方面，并且与国家数字经济发展进程高度契合。可能有人想了解，数字人民币时代的券商业务将如何发展？会受到哪些影响？对于这个问题，应该从券商在数字经济发展的大背景下来思考理解。数字人民币是数字经济的典型特征之一，结合数据资源可复制性、可共享、无限供给等特征禀赋，将打破传统要素有限供给的限制，数据与劳动、资本、技术一起形成的新型经济范式，推动中国证券行业迈入“数字经济”红利时代，将给券商行业带来以下三方面的影响。

一是直接影响券商投行业务。券商投行参与债券业务主要是协助政府、企业等单位发行债券进行融资，要防止各参与方数据不准确、被篡改等问题，而数字人民币可以有效解决此类问题。数字人民币具有可控匿名及追踪功能，可以核实企业经济数据真实性，提高发行人的信用透明度。同时，数字人民币背景下，发行人的评级分化也会更加明显，部分低评级的企业，可能存在银行或优质券商不承做、不承销，但中小券商又发不出、卖不出债的可能性，券商业务不得不面临新的挑战。

二是直接影响券商投资业务。券商债券投资主要分自营投资和资管产品债券投资两类，债券自营投资是公司自有资金投向债券类品种；券商资管部门参与债券投资主要通过资产管理产品进行，对买入的债券进行价值管理。数字人民币通过影响货币政策进而对债券投资收益产生间接影响，另外通过提高企业的信用透明度，降低债券投资的信用风险。债券刚兑情况下票息收入较为稳定，资本利得水平主要取决于投资能力，但是在债券违约率逐渐增加的大环境下，数字人民币的广泛使用可能倒逼各参与方积极提高信用研究能力，而信息不对称问题将会更为突出，因此债券利息收入的稳定性将会受到较大挑战。

三是直接影响券商托管业务。数字人民币通过智能合约及债券结算清算等方面对债券托管产生一定的影响。一方面可以交易的高度线上化，各平台间流畅对接，体现了中心化的传统债券交易结算机制在交易留痕、数据安全、交易平台稳定、交易行为规范等多方面的优势。数字人民币的运用未来可以更多地运用在交易双方前台指令确认前的过程中，帮助解决约定交易前存在的信息不对称、对手方单方面取消交易等纠纷。此外，数字人民币对券商托管债券清算结算带来了新挑战，硬件系统方面，数字人民币背景下的债券、证券公司的托管清算系统需要升级硬件系统；软件方面，需要同时升级系统软件和人才软件，面临较高的成本。

背景知识

“券商”，即是经营证券交易的公司，或称证券公司，是经国务院证券监督管理机构审查批准而成立的专门经营证券业务的公司。投资者不能直接进入证券交易所进行股票交易，这就有了证券公司的存在，证券公司就是投资者和证券交易所之间的中间商。证券公司主要业务包括：证券经纪业务、证券自营业务、证券承销、保荐业务、证券交易的投资顾问和资产管理业务、融资融券业务等。

券商债券业务。证券行业在我国的发展相对较晚，主要是为了大小企业能够更好地进行融资。证券公司是债券发行、投资与托管清算的重要参与者，而债券是市场各类主体融资的重要方式。那么证券公司债券包括什么种类？简单起见，我们按照发行主体来划分，主要有三类：一是政府债券。政府为筹集资金而发行的债券，主要包括国债、地方政府债券等，其中最主要的是国债。国债因其信誉好、利率优、风险小而又被称为“金边债券”。二是金融债券。银行和非银行金融机构共同发行的债券，主要由国家开发银行、进出口银行等政策性银行发行。三是公司(企业)债券。在我国,企业债券是按照《企业债券管理条例》规定发行与交易、由国家发展与改革委员会监督管理的债券,在实际中,其发债主体为中央政府部门所属机构、国有独资企业或国有控股企业。因此,在很大程度上体现了政府信用。

第78问:数字人民币如何助推人民币国际化?

目前,数字人民币作为金融科技的代表性发展成果已然成了社会各界关注的焦点,不同于现金和传统准备金的人民银行直接负债,作为一种全新的数字化支付工具可能会对支付体系与货币供求、国际经济金融体系等多个方面产生影响。随着数字人民币的研发和试点工作不断推进,社会各界对于数字人民币表现出浓厚的兴趣,其中一个重要的话题就是数字人民币如何促进人民币国际化程度。

人民币国际化是一个综合性的议题,我们面临的机遇和挑战并存,需要应对和解决多项问题和困难,这些问题既来自内部,同时也来自外部环境。因此,人民币国际化不仅是一个技术性问题,同时也是一个制度性问题。

一是满足移动支付的诉求。尽管中国在数字经济领域技术较为发达,但要真正实现"走出去"的目标,需要世界的认可与接受。中国可以通过制定有利于跨境输出数字服务的国际规则,为数字人民币跨境流动创造更良好的外部环境。此外,加强国际合作,就使用数字人民币作为结算工具达成一致，维护支付宝和微信等移动支付在境外的优质服务水平，赢得境外消费者的良好信任，数字人民币借力累积用户量。

二是应对美国数字领域挑战。近年来，中美在多个领域的竞争存在尖锐化趋势，比较突出的就是数字经济全球主导权。数字经济下的货币竞争与传统主权货币竞争相比，取决的因素更加广泛，既有本国经济、金融发展程度的较量，还包含了数字技术的竞争。未来，哪一种数字货币的框架、体系和方案能够在竞争中优先胜出，吸引更多的使用者和参与者，这种货币就会获得更多的经济利益和国际金融话语权，数字人民币势必强化人民币的国际竞争力。

三是创新跨境结算方式。发达国家倾向于选择稳健持久的支付工具进行跨境支付与结算，力求低耗、安全、高效。随着数字人民币的不断发展，现存跨境支付体系支付效率低、结算速度慢、交易成本高等短板将得到实质性改善，促进国内现行跨境支付体系优化升级，逐渐摆脱国际现有跨境支付方式的弊端。

四是夯实硬实力支撑。我国数字人民币研发起步早，技术日益成熟，支付便捷性和安全性进一步提升，相比于其他国家的CBDC(如未来的数字美元、数字欧元、数字日元等)更有先发优势。人民币国际化的决定因素不断增强，包括中国经济实力和综合国力的进一步增强、贸易和金融开放程度的进一步提升、跨境支付结算体系的进一步完善等。换言之，经济实力与综合国力的增强为数字人民币走向世界提供了经济基础和后备力量，而技术和设计理念的创新则为数字人民币走向世界提供了实现手段和不竭动力。

背景知识

人民币国际化是指人民币能够跨越国界，在境外流通，成为国际上普遍认可的计价、结算及储备货币的过程。尽管人民币境外的流通并不等于人民币已经国际化了，但人民币境外流通的扩大最终必然导致人民币的国际化，使其成为世界货币。

人民币国际化的含义包括三个方面：一是人民币现金在境外享有一定的流通度；二是以人民币计价的金融产品成为国际各主要金融机构包括人民银行的投资工具，为此，以人民币计价的金融市场规模不断扩大；三是国际贸易中以人民币结算的交易要达到一定的比重。当前国家间经济竞争的最高表现形式就是货币竞争。如果人民币对其他货币的替代性增强，不仅将现实地改变储备货币的分配格局及其相关的铸币税利益，而且也会对西方国家的地缘政治格局产生深远的影响。

注释

1. 这条规定并不能明确数字人民币的法定货币地位，还需法偿性、央行发行权等条款明确。
2. 2022 年 11 月 25 日北京市人民代表大会常务委员会《北京市数字经济促进条例》第二十二条：……，丰富数字人民币的应用试点场景和产业生态。鼓励单位和个人使用数字人民币。
3. 2022 年 7 月 30 日广东省人民代表大会常务委员会《广东省数字经济促进条例》第三十二条：……，按照国家规定探索数字人民币的应用和国际合作。
4. 2022 年 9 月 5 日深圳市人民代表大会常务委员会《深圳经济特区数字产业促进条例》第四十七条："按照国家规定推进数字人民币应用"。
5. 米晋宏、王乙成.数字货币及其经济影响研究新进展[J].经济学动态，2022(05)：127—142.
6. 周代数.完善数字人民币发行应用机制打造可靠金融基础设施[EB/OL].人民资讯网，2021-07-26. http://finance.people.com.cn/n1/2021/0726/c1004-32169198.html.

7. 吴晓求.让小微企业活下来，是当下关键[EB/OL].人大重阳，2022-05-16.https://author.baidu.com/home?from = bjh_article&app_id = 1570712176906061.

8. 黄益平.关于央行数字货币与加密货币的一些猜想与思考[EB/OL].第四届外滩金融峰会“金融科技：数字技术释放数字生产力”之外滩圆桌“央行数字货币：趋势与前景”主题演讲. 2022-12-11. https://zhibo.sina.com.cn/finance/680643.

9. 中国人民银行数字货币研究所.扎实开展数字人民币研发试点工作[J].中国金融，2022(20):24—25.

10. 王永利.数字人民币可能带来的最大变化[EB/OL].新浪财经，2020-11-02[2023-12-22].https://baijiahao.baidu.com/s?id = 1682205333110005971&wfr = spider&for = pc.

11. 钟红、郝毅.央行数字货币对国家金融安全的影响及应对[J].国家安全研究. 2022(05):117—134 + 163.

12. 包宏.美联储发行央行数字货币的基本概况、政策挑战以及对数字人民币的启示[J].经济学家，2022(06):119—128.

13. 中国数字人民币横空出世，现金还能不能用？央行给出了答案[EB/OL].庞明说财经，2022-01-17[2023-12-21]. https://author.baidu.com/home?from = bjh_article&app_id = 1678133391049572.

14. 易纲行长在芬兰央行新兴经济体研究院成立 30 周年纪念活动上的视频演讲[EB/OL].中国人民银行官方网站.2022-11-09[2023-12-19].http://www.pbc.gov.cn/hanglingdao/128697/128728/128829/4384241/index.html.

15. 易纲行长在“2022 年香港金融科技周”活动上的讲话[EB/OL].2022-10-21[2023-12-19].http://www.pbc.gov.cn/hanglingdao/128697/128728/128829/4694476/index.html.

16. 沈伟、靳思远.信用货币制度、数字人民币和人民币国际化——从“数字钱包”到“多边央行数字货币桥”[J].上海经济研究，2022(06):78—93.

17. 国务院发展研究中心.以数字人民币促进我国社会信用体系重塑的几点思考[EB/OL].2022-05-16[2023-12-25].中国智库网，https://www.chinathinktanks.org.cn/content/detail?id = gwunh673.

18. “可控匿名”“隐私保护”……数字人民币这些特征知多少？[EB/OL].2022-08-16[2023-12-25].新华网，https://author.baidu.com/home?from = bjh_article&app_id = 1552507899985619.

19. 张伟、董伟、张丰麒.人民银行数字货币对支付、货币政策和金融稳定的影响[J].上海金融，2019(01): 59—63 + 77.

20. 吴晶妹.思考与展望：建设高质量现代化征信体系[J].征信，2023, 41(01):1—5.

21. 孟凡霞、马嫡.解码央行数字货币，监管部门：立法和技术怎样跑赢不确定性[EB/OL].北京商报网站，2020-12-14[2023-12-25]. https://baijiahao.baidu.com/s?id = 1686044057588393401&wfr = spider&for = pc.

22. 陈文.数字人民币的设计要素及推广思路[J].中国外汇,2020(21):19—21.

23. 数字人民币试点调查:苏州试水双离线支付,香港欲打通跨境支付闭环[EB/OL].证券之星百家号,2020-12-04[2023-12-25]. https://baijiahao.baidu.com/s?id=1686033482962055979.

24. 创新金融基础设施建设　促数字人民币健康发展[EB/OL].中国发展网,2022-07-04[2023-12-27]. https://author.baidu.com/home?from=bjh_article&app_id=1602682565342718.

25. 彭扬.中国人民银行穆长春:数字人民币钱包按照客户身份识别强度分为不同等级——第十三届陆家嘴论坛(2021)[EB/OL].中证网,2021-06-11[2023-12-27]. https://www.cs.com.cn/xwzx/hg/202106/t20210611_6175187.html.

26. 中国人民银行数字人民币研发工作组:《中国数字人民币的研发进展白皮书》,2021 年,第 14 页。

27. 数字经济时代的奇点——2021 数字人民币研究报告[EB/OL].极光观点,2022-02-23[2023-12-27]. https://zhuanlan.zhihu.com/p/471313292.

28. 中央网络安全和信息化委员会:《"十四五"国家信息化规划》,2021 年。

29. 数字人民币在跨境支付领域带来新机遇[EB/OL].澎湃新闻,2021-09-17[2023-12-27]. https://www.thepaper.cn/newsDetail_forward_14534012.

30. 封思贤、张雨琪.法定数字货币对人民币国际化的促进效应[J].国际贸易,2022(05):81—88+96.

31. 管涛.从货币的功能看数字货币与货币国际化的关系[J].国际经济评论,2022.

32. 刘凌、胡晨威、黄烨菁.以数字技术推进人民币国际化的新选择——制约、路径与支持政策[J].经济问题探索,2022(08):182—190.

33. 多边央行数字货币桥实现跨境交易真实结算,最新路线图出炉[EB/OL].澎湃新闻,2022-10-27[2023-12-27]. https://baijiahao.baidu.com/s?id=1747845709378870334&wfr=spider&for=pc.

34. 刘苏毅、贾晓芬.公众对数字人民币的认知与期待调查报告[EB/OL].今日头条,2021-05-26[2023-09-07]. https://www.toutiao.com/article/7138730999672013347/?log_from=f3fe368b3c56e_1662281112351.

35. 马梅若.数字人民币促消费大有可为[EB/OL].中国金融新闻网,2023-08-10[2023-12-27]. https://www.financialnews.com.cn/kj/pay/202308/t20230810_276746.html.

36. 田雅群、范亚辰.拓展数字人民币试点,推进数字乡村建设[J].银行家,2018(08):124—126.

37. 农业农村部:全国行政村通光纤、通 4G 网络比例均超过 98%[EB/OL].中国经济网,2021-01-13[2023-12-27]. https://baijiahao.baidu.com/s?id=1688740528504498103&wfr=spider&for=pc.

38. 推动乡村振兴,"金融普惠"的数字人民币如何发挥作用?[EB/OL].移动支付网,2022-

07-21[2023-11-29]. https://www.mpaypass.com.cn/news/202207/21094834.html.

39. 景欣. 数字人民币生态格局的演变及其治理[C].《上海法学研究》集刊 2022 年第 13 卷——新兴权利与法治中国文集.上海法学会,2022:61—70.

40. 蒋晓婉、李苏骁.数字人民币生态建设与支付变革背景下的可持续商业模式探析[J].现代金融导刊,2021(10):16—20.

41. 景欣.法定数字货币的支付场景前瞻及对策建议[J].经济体制改革,2021(02):163.

42. 崔丛丛.大运会数字人民币硬件钱包发布[EB/OL].新浪财经,2022-08-31[2023-12-22]. https://finance.sina.com.cn/jjxw/2022-03-01/doc-imcwiwss3452142.shtml?cref=cj.

43. 程婕. 北京银行发布首款银银合作数字人民币硬钱包——"压岁宝"[EB/OL].北青网快资讯号,2023-01-19[2023-01-29]. https://www.360kuai.com/pc/939f45a4b096524c8?cota=3&kuai_so=1&sign=360_e39369d1&refer_scene=so_54.

44. 子阳. 2.5 层转为 2 层! 兴业银行数字人民币钱包正式上线[EB/OL].移动支付网新媒体搜狐号,2022-08-31[2023-09-19]. http://news.sohu.com/a/581417483_223323.

45. 戚聿东、褚席.数字经济视阈下法定数字货币的经济效益与风险防范[J].改革,2019(11):52—62.

46. 张晓春. 数字货币专题报告:数字货币时代商业银行机遇与挑战并存[EB/OL].新浪财经,2022-08-08[2023-09-28]. https://stock.finance.sina.com.cn/stock/go.php/vReport_Show/kind/strategy/rptid/713265267239/index.phtml.

47. 景欣. 数字人民币生态格局的演变及其治理[C].《上海法学研究》集刊 2022 年第 13 卷——新兴权利与法治中国文集.上海法学会,2022:61—70.

48. 李建军.银行应把数字人民币业务融入数字化治理[EB/OL].新浪财经看点,2022-09-27[2023-08-18]. https://k.sina.com.cn/article_5993531560_1653e08a802001880l.html.

第四篇　数字人民币的应用场景

数字人民币若要融入老百姓的日常生活，既要持续优化受理环境建设，也要不断开拓应用场景。最重要、最核心的任务之一，是要让数字人民币与日常生活、工作与消费相结合，成为每个人的刚性需求，成为一种生活习惯。因此，数字人民币的应用场景建设不能只顾“高、大、上”，而忽略了老百姓切实的、微小的需求。迄今为止，数字人民币试点已开拓了丰富多彩的场景。数字人民币的支付已融入生活缴费、出行娱乐、文化旅游、医疗养老、乡村振兴等场景，几乎涉及我们生产、管理与生活的各方面。

本篇着眼于各试点地区，总结了数字人民币的宏微观应用场景。通过对各试点地区具体案例的简析，让人们进一步了解数字人民币的实际运用。

第八章
数字人民币与日常生活

第79问：什么是数字人民币的应用场景？我国的建设现状如何？

所谓场景是指客户经营活动所在的场所与背景。金融机构日益重视场景的搭建，以服务场景的多元化，优化客户的体验。金融服务也围绕着客户的个性化需求，利用各类先进技术提升服务的效率，强化客户与金融机构的互动。[1]数字人民币应用场景，是指可以使用数字人民币的具体情境与场合。在我国试点推广数字人民币的进程中，其应用场景被不断扩展，从最初冬奥会封闭场馆中围绕消费者日常生活的简单服务场景，如商场超市、餐饮百货等；到不断向其他领域辐射，在区块链金融、普惠助农、公共政务等众多具体场景中取得了突破性的应用成果。

从最初的试点形态来看，我国的数字人民币属于国际上定义的“零售型”CBDC。自第一次投放开始，它的应用群体就被定义

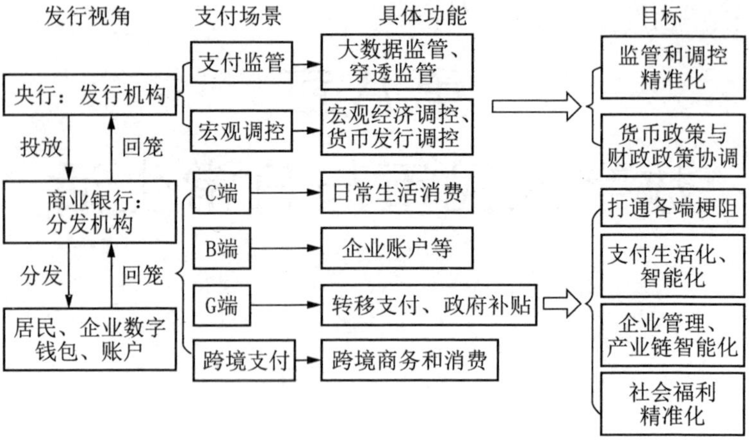

资料来源：景欣.法定数字货币的支付场景前瞻及对策建议[J].经济体制改革，2021，(02).

图 8.1　法定数字货币的支付场景

为普通大众，因而应用场景也就相对应地布局于小额零售场景。然而，从国际社会的探索与实践来看，从零售型逐步转型为批发型是当前各国规划 CBDC 发展路径的主流趋势。包括美国、英国、加拿大、日本等在内的许多研究推广数字法币的国家，都不约而同地开始探索将其运用于跨境支付清算场景的可能性。2021 年我国加入的央行数字货币桥（mCBDC Bridge），就是一个旨在推动数字货币在跨境支付中发挥重要作用的多边项目。事实上，从近几年的试点推广情况来看，金融机构、政府与企业端更多地参与技术创新，为数字人民币今后应用于政企端场景，实现多元化的 B 端、G 端大额结算创造了可能。例如，一些试点地区开始用数字人民币来缴纳税费、住房公积金以及发放政府补贴等，而不少企业也开始尝试用数字人民币发放工资福利。相信在不久的将来，数字人民币将不再局限于日常小额零售，而是被运用到更广泛维度的场景中去。

从2019年底开展区域试点以来，数字人民币的应用场景在各个试点地区被不断丰富，呈现出“因地制宜、多点开花”的良好势头。从目前的试点成果来看，数字人民币钱包完全适用于线上线下的全场景应用，在满足了使用主体、使用层次、使用形态等多方面的多元化需求的同时，也依托于简便易入门的技术支持，在最大程度上消除了“数字鸿沟”可能带来的推广障碍。[2]在试点地区，数字人民币软钱包除已经实现当前市场主流电子支付模式（如微信钱包、支付宝钱包等）能够提供的一切支付功能外，还推出了一系列的推广优惠，从“惠民”着手，逐步影响普通消费群体的使用习惯。而数字人民币硬钱包，则基于安全芯片等技术，被运用于IC卡、可穿戴设备以及物联网设备等，为满足老年人、残疾人等“无手机群体”的数字支付需求创造便利。

背景知识

目前数字人民币经过试点扩容，应用场景已经涵盖C端、B端、G端和跨境支付等多个场景类别。

在C端场景中，数字人民币“小额匿名”的特征使得各运营机构均无法获取公众正常交易和消费所产生的完整交易信息和消费行为信息，因而完全可以满足民众对日常消费支付以及用户隐私保护的需求。在支付性能设计上，在线上消费已经成为拉动市场经济活力主力军的今天，随着聚合丰富场景的互联网平台接入数字人民币，将会有更多民众参与小额高频的支付消费场景，这有助于在短期内极大地提升数字消费能级。与此同时，数字人民币的账户松耦合性，使无银行账户群体同样可以使用，大大降低了网络消费群体的准入门槛。而 e-CNY 与人民币等价的法币属性，则更意味着除了硬件配套有待完善这一个理由外，任何日常商业渠道将无法拒绝此类支付方式的发生。这也为数字人民币惠及更多群体、进一步扩大其金融服务范围打下坚实的制度保障基础。

在 B 端场景中，无需支付中间服务费用的特点，使得数字人民币能够高效地实现支付即结算的资金转移，切实保证了中小商户资金的及时周转，降低企业财务成本。世界遭受新冠肺炎疫情、逆全球化趋势，俄乌冲突等挑战，外部环境的不确定性显著增强。我国也正处于着力发展低碳经济的重要节点，人们对于零接触、无纸化等的需求仍在不断增强，因而商户企业更得以借助数字人民币的优势实现共赢。

在 G 端场景中，数字人民币的可追溯性能够精准追索到每一笔资金的流向，有效帮助各级政府做好补贴、消费券、专项资金等发放，以及税收、公共服务等缴费工作，有效提升政府工作效率，保障资金安全。

在跨境交易场景中，传统的跨境支付一般需依托第三方跨境支付企业交易，需承担更高的交易费率。数字人民币可以直接通过电子钱包付款，无需身份或账户甚至不需要互联网连接，这样可以减少交易过程中的中介费用，在跨境小额交易中具有极大的优势。

第 80 问：数字人民币都有哪些零售场景？

在 2022 清华五道口全球金融论坛上，原人民银行行长周小川曾解释过数字人民币的 M0 定位。他表示：央行将数字人民币定位于 M0，这表明央行想把应用的重点放在零售环节，即意味着在零售环节得到应用。[3] 2023 年 9 月 3 日，在 2023 中国国际金融年度论坛上，人民银行数字货币研究所所长穆长春提出，数字人民币要成为数字经济时代的通用型支付工具，首先要成为所有零售场景的支付工具。[4] 按照国际通用标准，凡是交易对手方之一为个人、企业或行政事业单位的支付交易都属于零售支付。按照国家标准划分，零售业所使用的支付服务都属于零售支付，包括 17 种有形店铺与无形店铺的业态。[5] 这些零售业态都属于零售支付服务的对象。

近年来，电子支付提升了零售支付的效率，为零售服务的发展提供了助力。数字人民币将提升零售业支付的效率、安全性与便捷性，为零售支付带来质的飞跃。从设计和试点情况来看，用户可以在试点地区指定商户的支付机具上使用数字人民币，其应用场景集中于餐饮服务、购物消费、休闲娱乐及交通出行等方面。当然，参与试点的零售商户应当具备相应的条件，其支付机被升级改造，能够满足数字人民币使用的要求。试点中的数字人民币已具备了补充电子支付的潜力，为满足公众在日常生活中的小额、高频支付需求。

背景知识

根据国家标准，零售业包括店铺零售业态和无店铺零售业态。前者包括便利店、超市、折扣店、仓储会员店、百货店、购物中心、专业店、品牌专卖店、集合店、无人值守商店等10种业态。后者包括网络零售、电视/广播零售、邮寄零售、无人售货设备零售、直销、电话零售及流动货摊零售等7种业态。[6] 数字人民币应用于零售领域，对于消费者而言，其可控匿名性能够满足消费者的隐私需求，其账户松耦合性可以覆盖更多特殊群体，可追溯性有助于减少资金被盗被骗，数字人民币可以在无信号的情况下精准支付。这些特性都优化了零售支付服务。对商户来说，数字人民币无服务费，可以有效降低企业的成本，减少了商户资金清算时长和在途风险，可以保证中小商户资金及时周转。

第81问：数字人民币可用于哪些生活缴费场景？

充缴水、电、气、通信费等，是老百姓生活中必不可少的一项活动，每一项费用收缴的主体都不尽相同，因而线下缴费往往费时费力。伴随着电子支付的兴起以及人们消费、生活习惯的改变，市场上涌现出了如支付宝"浙里办""苏政通"等平台，以及"网上电网""12366"纳税服务平台等专门业务缴费平台。这类平台无法实现各项缴费服务联通，用户需要多次切换才能实现不同费用的缴纳，且这些平台尚无法覆盖全部地区，以至于许多费用仍然依赖于线下充缴。

数字人民币在充值缴费场景中的应用，有助于解决缴费难题。从目前试点来看，老百姓可以在运营机构的手机银行 App 中使用数字人民币进行缴费。以交通银行数字人民币社保缴费流程为例，用户在手机银行的“本地生活—税银社保”页面选择“数字人民币”缴费模块，就可以实现缴费实时到账。[7] 目前，还有试点地区通过微信平台、自助终端设备接入数字人民币缴费。

有的试点地区已设立了一些跨地区、综合性的数字人民币缴费平台。2022 年 6 月 15 日，“付费吧”App 在山东省青岛市正式上线，这是全国首个数字人民币支付的综合便民缴费服务平台。该平台以数字人民币为唯一支付方式，市民缴纳水费、燃气费、电费、话费等日常生活费用，此外，还参照目前市场上一些缴费服务平台的做法，逐步推出账单推送、查询、缴费托管、一键缴费、账单分期等多种功能，甚至还面向合租房用户推出账单自动分摊支付等个性化功能。[8]

背景知识

作为高频消费场景，生活充值缴费在“移动互联＋智能连接”的时代大背景下，迫切需要找到一种更为便捷、普适性和金融包容性也更强的支付工具。数字人民币的出现，降低了传统缴费方式因账户绑定、平台专用性而产生的高准入门槛，无论是在安全性、灵活性还是普及性上，都对此类应用场景的发展做出了长远布局。

第 82 问：数字人民币的体育赛事场景如何？

数字人民币能够借助国内外体育赛事得到更广泛的推广和普及，不仅可以试验零售、缴费、行政公务等常见场景，也可以测试跨境支付、双离线支付等功能及各类硬件钱包性能。截至目前，我国已成功搭建了冬奥会、大运会及亚运会等大型体育赛事场景，使数字人民币综合场景呈现出很多举世瞩目的亮点。

北京冬奥会数字人民币应用场景。2022 年 2 月，数字人民币成为北京冬奥会场景的一张科技名片，为中国居民和外国友人带来了极大的便利。北京数字人民币落地冬奥场景 40.3 万个，涵盖“食、住、行、游、购、娱”等众多生活场景。冬奥会赛事期间，数字人民币使用场景不设限，奥运会赛事期间举办地红线内的商户及冬奥签约酒店、定点医院均支持使用数字人民币支付；在冬奥安保红线外，数字人民币覆盖交通出行、餐饮住宿、购物消费、旅游观光、医疗卫生、通信服务、票务娱乐等七类场景。[9]在张家口赛区，实现了崇礼区 6 大雪场（云顶、太舞、万龙、富龙、多乐美地、银河）和张家口新闻中心数字人民币受理场景。[10]此外，数字人民币软硬钱包共同助力冬奥，国人和外国友人可以在主流应用商店或中国银行提供的安装包下载数字人民币 App，使用手机号注册开立数字人民币钱包，通过“扫一扫”“碰一碰”的方式即可完成支付交易；并且可以通过中国银行网点、硬钱包自助兑换机、定点酒店等渠道开立数字人民币硬钱包，硬钱包可以隔着玻璃“碰一碰”商家 POS 机完成支付。[11]

成都大运会数字人民币应用场景。成都深度打造了大运会数字人民币的应用场景，建设“三·六·五”数字人民币场景，即三大核心场景（大运村、赛事场馆、主媒体中心）、六大应用场景（管理、住宿、餐饮、医疗、购物、出行）、五大体验场景（天府国际金融中心、成都大学、东安湖体育中心、总部酒店、大运星餐饮样板餐厅）。[12]同时，融合成都本地历史文化元素、大运口号理念、蓉宝形象等，创新推出了各类别致的数字人民币硬件钱包。

杭州亚运会数字人民币应用场景。2023 年 9 月 23 日至 10 月 18 日，在杭州举办的第 17 届亚运会期间，金融机构与京东科技联合升级了数字人民币跨境场景的“拉起支付”功能。国内外人士累计申领了 4.4 万多张亚运主题数字人民币硬件钱包，数字人民币消费金额突破了 3 亿元，标志着数字人民币在大型体育赛事中的应用取得了新突破。[13]

此外，杭州亚运会期间，在中国人民银行数字货币研究所的指导下，京东科技全新升级了数字人民币在跨境场景的“拉起支付”功能，为亚运会期间境外用户来中国内地使用数字人民币消费增添了全新体验。

背景知识

各大体育赛事的数字人民币场景建设，反映出了数字人民币在相关领域运用中的四大优势：一是覆盖人群广，国内民众和短期来华的境外居民均可享受到数字人民币支付的安全便利；二是应用场景广，涵盖政务、住宿、餐饮、医疗、购物、出行等众多领域；三是产品种类广，推出种类丰富、形态多样的数字人民币软硬件钱包，推出碰一碰支付、双离线支付等多样化的支付模式；四是创新前景广，数字人民币试点推进过程中，各种数币赋能与金融科技创新无处不在，层出不穷的“新点子”“新玩法”，不仅激发了e-CNY的生命活力，更为金融普惠、公益建设、共同富裕等发展目标提供了长效动力。

第83问：数字人民币怎么用于行政公务场景呢？

数字人民币也逐步延伸了在行政公务中的应用，运营机构与税务部门、司法部门等机构合作，探讨了数字人民币缴税、工资补贴发放、诉讼费用缴纳等场景。

1. 落地各类政务服务场景。多个试点地区已经实现了数字人民币在社保、公积金、税费缴纳、工资补贴发放等领域的使用：在深圳，居民可使用数字人民币缴纳个人所得税税款；[14]在北京，纳税人可利用数字人民币享受委托代征税款业务；[15]在成都，缴费者可通过全国首批落地的数字人民币税务征收系统异地缴纳社保、医保；[16]在陕西，鄠邑区行政事业单位的公职人员领取到了以数字人民币形式发放的降温费；[17]在广州，灵活就业人员可以用数字人民币完成住房公积金缴存；[18]在江苏太仓，金融监督管理局下属事业单位的在编人员收到了以数字人民币发放的全额工资；[19]太仓市机关事务中心用数字人民币支付食堂采购货款；等等。[20]

2. 发放财政专项资金、补贴。在雄安新区，改革发展局联合人民银行雄安新区营业管理部、雄安区块链实验室与工商银行河北雄安分行成功发放了首批数字人民币租房补贴；[21]在深圳，有关部门以预充文惠卡的形式发放数字人民币补助；[22]西安金融工作局与西安银行合作，向西安市18家金融机构、3家融资担保公司的对公钱包中成功发放数字人民币政策奖补资金；等等。[23]

3. 缴纳诉讼费用。苏州相城区法院与苏州市数字金融研究中心等协调合作，可以用数字人民币缴纳诉讼费用。立案即时生成案件专属的数字人民币缴费二维码。当事人扫码缴费后，就实现了案件、款项与当事人精准对接。[24]成都锦江区法院与工商银行开通了“一案一人一钱包”模式。[25]

4. 政府信息公开。2021年6月2日，北京市丰台区推出了政府信息公开数字人民币应用场景，并在中心一层总咨询台提供了数字人民币的咨询办理服务。[26]

5. 公务结算。在江苏昆山的市级机关，可使用数字人民币进行公转私报销业务。[27]

背景知识

从目前数字人民币试点的软件配套来看，许多试点地区的电子政务平台已经推出了支持数字人民币缴费的各类公共事业服务，除了满足普通用户的水电气费缴纳需求外，还可利用数字人民币发放退税资金、医保月结款专项资金、困难群众帮扶资金等。首先，通过数字人民币的智能合约的特性，发挥去中心化、不可篡改、过程透明可追踪的优势，可以实现财政补贴资金的全流程追踪与监管，确保财政专项资金补贴的导向性和精确性。其次，在过去很多政务场景仅收取现金，给用户带来了极大的不便，随着移动支付和互联网技术的发展，部分政府机关又出现了拒收现金的做法，数字人民币的出现拓宽了行政公务的支付渠道，有效提高了政府的工作效率。与此同时，数字人民币政务缴费时代的全面开启，也为各省市提出的“最多跑一次”“全程网办”“一件事一次办”等政务服务改革目标的全面实现增添了新的动力。

第 84 问：校园生活中如何应用数字人民币？

数字人民币也在逐步“进校园”了。大学校园是数字人民币定向化、特色化场景建设的重点。虽然校园应用场景有局限，但校园消费与师生生活息息相关，高频、小额、定期的消费行为多，广大师生容易接受新事物，校园场景极具潜力。目前，主要在部分高校开展试点，海南三亚鲁迅中学还推出了“数字人民币智慧学生证”[28]。

在北京航空航天大学，校园支付平台构建了数字人民币钱包监管、流水对账、自动账务处理等机制，支持线上线下扫码、免密支付等功能，不仅为广大师生提供了日常支付便利，也有效地解决了部分外籍学生无法线上支付等难点。该校与运营机构正在探索数字人民币奖学金、补助金发放等应用。[29]据悉，苏州大学、浙江大学宁波理工学院、中国人民大学、西南大学等高校也在积极探索，有的实现数字人民币绑定校园卡，有的推进数字人民币财务报销和薪酬发放，还有的推进洗衣房、超市购物、食堂、宿舍水电等场景。[30]

自江苏省发布数字人民币试点工作方案后，该省教育厅也发布了《江苏省教育领域数字人民币试点方案》，提出构建教育收费、奖助学金发放等数字人民币应用场景的要求。国家开发银行苏州分行与招商银行苏州分行、苏州市学生资助管理中心及苏州高校积极合作，选取了苏州籍大学在读学生推广数字人民币助学贷款等业务。2023 年 11 月 15 日，国家开发银行苏州分行向苏州大学、苏州大学应用技术学院和常熟理工学院的 13 名大学生发放了 18 万元的数字人民币助学贷款。[31]

背景知识

数字人民币的校园场景应用具有巨大的潜力。未来需要复制、推广成功先例的经验做法，在更多的高校开展试点。目前的应用场景以校园零售支付为主，需要借助智慧校园建设拓展更多场景，建设缴费、奖补资金发放、薪酬发放等对公场景，也要探索各类个性十足的特殊场景。数字人民币“进校园”可以促使校园运营与财务管理数字化转型，也凸显金融安全与风险防控的重要性与紧迫性，需要开展丰富多彩的宣传教育与推广活动，使广大师生改进认知、增强维权与风险防控意识。[32]

第 85 问：数字人民币如何适用于医疗场景？

看病难、就医难，难点之一在于缴纳医疗费用。数字人民币在试点地区医院的应用，有助于解决这一问题。以广东省人民医院惠福分院为例，该院运用数字人民币支付结算，开通门诊就医线上线下支付、互联网医院就诊缴费、住院费及结账缴费等功能。患者可在医院官方微博中调出代付款诊疗单，选择“数字人民币”支付；也可在医院缴费窗口扫描支付，或选择互联网“云就医”完成在线支付。[33]

上海同仁医院采取两步走，搭建数字人民币使用场景。不仅开通了全院食堂使用硬钱包点餐消费的一站式服务，在门诊、急诊窗口开通数字人民币支付，也支持手机二维码扫码支付。[34]上海的医疗机构与运营机构积极推动数字人民币应用场景建设，在自主机具、窗口、诊室、公众号等处开通无感支付等渠道，依托于“一网通办”，打造“随申办”等数字人民币医疗机构统一支付平台，促进“便捷就医服务”数字化转型。[35]在北京、福建、重庆、广东等试点地区，多家医疗机构也在探索创新相应场景。

背景知识

医疗费用缴纳、异地医保结算向来是让人头疼的问题，支付结算流程复杂、繁琐，也比较耗时费力。数字人民币可用于医疗场景，其意义不只是简化医疗结算，还将打破异地支付流程多、环节多的障碍，方便社会公众求医问诊，有助于落实医保支付方式改革，促进“互联网＋医疗健康”发展。

第 86 问：如何创新数字人民币养老服务场景？

数字人民币也给广大老年人带来福音，诸多创新来自各类“适老化”服务环境与支付工具。

1. “适老化”服务环境。在成都的银发场景社区养老特色标杆示范网点，中国银行四川省分行与中国联通、“锦欣康养”打造了数字人民币智慧养老场景。老人们可以使用智能手环的“碰一碰”完成数字人民币支付，该功能与健康监测、紧急呼救等功能结合，解决了老年人的支付难题。数字人民币也融入泰康之家·蜀园“智慧社区”项目，老人们可以在园区的餐厅、活动中心运用数字人民币支付。[36]运营机构还推出了成都市老年大学联名卡和数币学费缴纳、时间银行等项目；在成都锦江区升级老年人补贴系统，使其可以用数字人民币支付。[37]

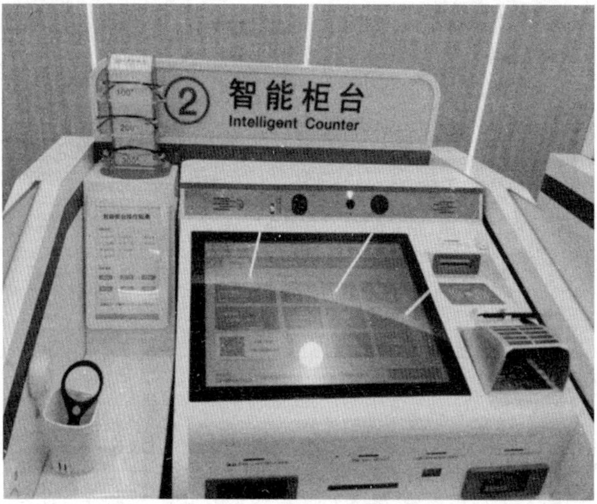

资料来源：金融服务适老化　中国银行四川省分行在行动[EB/OL]. 移动支付网.2021-04-23[2023-09-12]. https://cbgc.scol.com.cn/news/1206559.

图 8.2　成都市智慧养老社区的数字人民币智能柜台

2. “适老化”支付工具。中国银行、四川联通联合研发了电子老年证，融合了数字人民币及“交子特惠券”，具备精准定位、双向呼叫功能。[38]在海口市普亲芒种老年养护中心，中国银行海南省分行创建了“数字人民币＋智慧养老”模式。该模式也以智能电子证为载体，该证相当于加载智能合约的硬钱包，整合了数字人民币与实时定位、语音呼叫、SOS 等功能。家属可充值数字人民币、实时查看老人位置。[39]在北京首钢园区“数字金融示范区”，老年人可以使用智能胸卡，该卡具有数字人民币小额支付、轨迹查询、紧急呼叫等功能，类似电子老年证、智能电子证。[40]

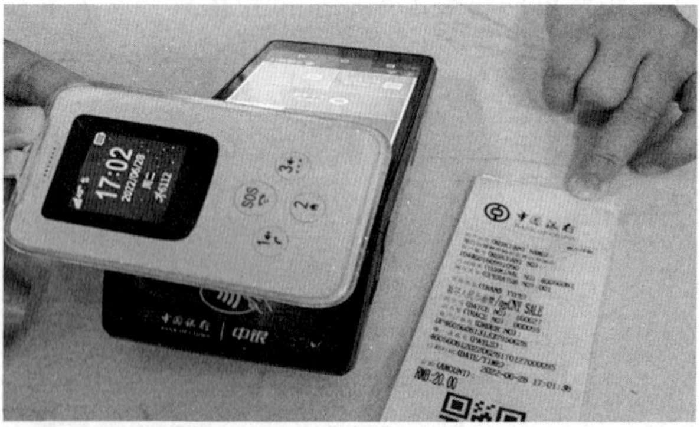

资料来源：“适老化”创新，数字人民币“智能电子证”落地养老场景[EB/OL]. 移动支付网.2022-06-30[2023-09-12]. https://www.mpaypass.com.cn/news/202206/30162346.html.

图 8.3　数字人民币的适老化应用

背景知识

老年人主要花钱在日常生活与医疗保健上，以小额、高频支付居多。同时，他们年老体衰，行动不便，数字素养较低，也容易上当受骗，需要方便快捷、易学易懂的支付工具。试点中研发的数字人民币硬钱包将小额支付与辅助器具、可穿戴设备相结合，又兼具警报、定位等功能。既符合老年人支付的特点，也有助于家属或护理人员实时监测老年人的动态。数字人民币加载智能合约，还将优化老年人就医、医保报销等业务，值得各运营机构深度研究。

第 87 问：各地如何建设数字人民币的文化旅游场景？

人们在旅游上的消费具有综合化、无限制、弹性大等特点。当前的旅游更强调与文化、生态等要素结合，消费者更注重旅游的深度体验，也加速了文化与旅游业的结合。文化旅游业的兴起，使得各地文创、民族风、民宿、特产等又成为不少景区的卖点，使旅游消费具备一定的个性需求。因此，人们在旅游中的支付需求呈现出个性化、多元化、场景化的特点，也更加注重支付的安全性与便捷性。在各试点地区，数字人民币开始在文化旅游业中广泛运用。

1. 重庆。在合川钓鱼城、长寿湖、金佛山等景区，均已实现数字人民币线下支付、酒店住宿支付，将建设全域数字人民币应用场景。[41]

2. 海南。海南省政府印发了文件[42]，加快数字人民币场景落地，将试点与国际旅游岛、国际旅游消费中心建设相结合。目前，海南热带野生动植物园等景点开通了数字人民币支付，皇马假日的 7 家连锁门店也创设了数字人民币场景，使用碰一碰、双离线等支付。购物者在免税购物城使用数字人民币，便可享受购物免税优惠。[43]

3. 深圳。春秋航空与合作银行开通春秋航空 App 数字人民币支付业务，用户可以用数字人民币下单购买机票。[44]在深圳南山旅游各景区、周边商户，都可以用数字人民币支付，绑定建行卡数字钱包还能享受到门票满减等优惠活动。[45]

4. 福州。在三坊七巷等知名街区与重点商圈设置数字人民币支付机具，打造数字人民币旅游、休闲娱乐特色应用场景。[46]

5. 携程旅行直播间。携程旅行直播间开通数字人民币支付，直播酒店展示住宿、合影等配套服务，顾客用数字人民币即时购买，可以直观感受产品的特点。[47]

6. 江苏。江苏省文化和旅游厅与金融机构合作，开展了“水韵江苏·有你会更美”文旅消费推广季、乡村旅游节等促消费活动。借助各类节会的契机，发放了数字人民币红包与文化旅游消费券。[48]

第 88 问：数字人民币在交通出行中有哪些新功能？

交通出行场景具有小额高频支付的特点，是关乎公众日常出行体验的重要民生场景。目前已有多个试点城市落地数字人民币交通出行场景。从试点实践来看，数字人民币主要通过以下几种形式，为公众提供更加便捷、安全的出行支付体验。

1. 常规支付功能。人们可以在开通数字人民币钱包后，在试点城市对应的地铁、公交 App 里选择指定运营银行的模块，开通并关联数字人民币。常熟公交、吴江公交、苏州智能小巴、深圳有轨电车等均支持此方式。在雄安新区，所有公交都支持数字人民币硬件钱包乘车，车载机内置收款对公硬件钱包，乘客持个人硬件钱包，只要余额足够，直接刷卡即可付费。[49]同时，这一功能可在高速出行时使用。如：福建用户通过下载数字人民币 App 输入手机号注册、开通钱包，即可完成在服务区购物、加油、通行费的交易结算。

2. 自助充值功能。用户还可以使用数字人民币为公交卡进行充值购票，深圳通、上海交通卡的自助充值机，上海交通卡、深圳通、北京一卡通等均支持此方式。

3. 免密代扣功能。数字人民币满足了其作为免密代扣渠道的要求，如北京亿通行、天府通、苏 E 行、青岛地铁等 App，均支持免密代扣。

背景知识

数字人民币的诸多优势可以有力地解决交通出行结算中的“效率”问题，减少了购票、排队等不必要的麻烦。同时，也可有效地避免数字鸿沟给特殊人群带来的交易门槛过高的问题，健康手环、老年卡等都可助力其在交通出行场景的推广。从未来的需求趋势看，接下来，各地区可考虑将数字人民币试点应用于联网收费领域的 ETC 发行以及交易场景。

第 89 问：数字人民币的购物娱乐场景取得了哪些进展？

日常购物、休闲娱乐具备小额高频的特点。试点地区的消费者在支持数字人民币交易的线下实体店进行购物和娱乐消费，可以用数字人民币软钱包和硬钱包支付。用户可以选择多种支付方式，线上支付有H5支付、子钱包推送支付、App拉起支付；线下支付则有软钱包扫码支付和硬钱包NFC、碰一碰支付等方式。以软钱包支付为例，用户直接打开数字人民币App首页，上划展开“向商家付钱”功能、出示付款二维码后，收银员用扫码枪扫一扫，就能轻松完成支付交易。

与此同时，各类数字人民币线上场景的创新应用也层出不穷。美团、京东、盒马、得物等100多家企业单位均已接入数字人民币，用户在数字人民币App中的“钱包快付管理”中即可添加线上支付业务，满足日常网购、娱乐消费的需求。

第90问：全国首个数字人民币全省试点海南有哪些特色场景？

2021年海南省在其公布的《海南省金融业“十四五”发展规划》中提出，要在全岛全域开展数字人民币试点，探索具有海南自由贸易港特色的数字人民币应用场景，打造数字人民币生态体系。作为全国首个在全省试点数字人民币的地区，数字人民币在海南的使用规模不断扩大。据央视新闻报道，2021年海南全省累计开立个人钱包1 046.14万个，对公钱包64.75万个，已有34.56万个场景正式开展试点，支持数字人民币商户门店数量11.68万个。[50]自海南数字人民币试点工作以来，按照“体现自贸港特色、全省全域全面铺开”原则，在免税消费、文旅、交通出行、教育医疗等多场景已经形成了一批有特色、有亮点的试点场景。

在独具特色的免税消费场景中，2021 年 4 月三亚海旅免税城完成了首笔数字人民币离岛免税购物支付，标志着数字人民币在海南免税购物场景的使用正式启动。[51]

为配合自由港建设的推进，海南在跨境支付场景中也引入了数字人民币。2021 年 5 月，海南跨境进口电商企业国免(海南)科技有限公司通过数字人民币完成支付，这也是海南首次应用数字人民币于跨境进口电商支付场景。中南财经政法大学数字经济研究院执行院长盘和林指出：“目前跨境电商支付的问题主要是到账周期长、速度慢、费用高、手续多、效率低，而数字人民币最大的优势就是便捷、高效、时效性高、成本低，因此能够克服传统跨境电商支付方式存在的缺陷。”[52]

在数字人民币推广的其他惠民与政务场景中，海南也不断推陈出新。数字人民币智慧学生证正式走进三亚市榆亚路海南鲁迅中学校园，成为全国首个落地应用的校园场景；琼海市多条乡镇公交路线支持数字人民币支付，城乡居民、外地游客乘坐公交车均可享受数字人民币支付满减优惠政策，这是全国首个乡镇公交路线数字人民币应用场景[53]；此外海南还积极推动数字人民币政务工作，并于 2022 年初实现了昌江首笔数字人民币缴税、全国最大金额数字人民币缴税业务(海南海钢集团有限公司使用数字人民币支付方式缴纳 1.04 亿元各项税款)。[54]同年 10 月 26 日，为表彰该企业在配合推进数字人民币政务工作方面的贡献，中国人民银行昌江支行、中国工商银行昌江支行联合向其授予“数字人民币突出贡献企业”称号。

而在开拓岛屿消费场景的新蓝海方面，海南更是充分地结合地理优势，做出了一系列大胆的创新尝试。2021 年 4 月，三沙市永兴岛举办了一场名为“数字人民币　三沙畅游行”的活动，面向三沙市政府工作人员、驻岛企事业单位工作人员、常住居民等开展数字人民币消费“满 100 减 99 元”的优惠推广。[55] 为把永兴岛打造成真正意义上的“数字人民币消费岛”，本次活动结合三沙市地理位置独立、风险安全可控的岛屿特色，依托商户收单、手机银行等传统平台媒介，大胆地搭建起了一整套“全方位”的消费场景集，其中涵盖了衣食住行的超市、宾馆、食堂等，实现了三沙永兴岛全岛消费场景数字人民币交易的全覆盖。[56]

海南既是重要的自由贸易岛，又具有丰富的旅游资源，在推进数字人民币与免税消费、跨境支付等业务的融合发展方面，有着得天独厚的自然与社会优势。此外，海南还有着优越的政策便利，在旅游业、现代服务业、高新技术产业等方面享受着其他地区无可比拟的自由便利。2022 年 7 月发布的《海南自由贸易港跨境服务贸易特别管理措施(负面清单)(2021 年版)》，是我国首个跨境服务贸易负面清单。该清单提出了一系列的制度型开放举措，确保了今后一定时期内海南在金融、交通服务、专业服务等领域的高水平开放安排，其中，例如放开外籍游艇进出海南自由贸易港申请引航限制等政策，为数字人民币在国际化舞台上崭露头角打下了市场基础。[57]

背景知识

2022年12月16日以后，深圳、雄安、苏州、成都的试点扩大到了全省试点，将结合各省实际探索创新多个特色场景。[58]全省全域试点既标志着与海南省试点相比，其他四省的数字人民币试点各具特色。其中，江苏省出台了全省全域试点的工作方案，提出了明确的试点目标、工作机制与试点建设步骤。随后，江苏省政府相关部门发分别出台了具体领域推进试点的工作方案，为全省全面推进试点、开拓应用场景提供了坚实的政策保障。河北省邯郸市等市向社会公众发出了使用数字人民币的倡议。广东省重视和鼓励深圳市不断开展数字人民币应用场景创新，并在2023年金融高质量发展行动规划中提出，要在全省范围内推进数字人民币应用场景创新。四川省立足于本身数字经济较为发达的现实，以2025年金融强省建设为目标，以成都市试点为重点，提出要建设支农惠农、民生消费等重点场景，并于2023年成立了数字货币研究所分支机构，将有助于带动全省全域试点建设。

注释

1. 陆铭峰:《商业银行场景金融:内涵、特征及发展策略》,载《南方金融》2021年第8期。
2. 王方圆. 数字人民币应用场景“多点开花”[EB/OL]. 中证网，2022-10-11[2023-12-18]. https://www.cs.com.cn/yh/04/202210/t20221011_6301927.html.
3. 周小川就数字货币问题作出回应:定位M0,目标是零售市场,无意成为“武器”[EB/OL]. 中国金融新闻网，2020-09-07[2023-09-06]. https://www.financialnews.com.cn/zt/2022wdklt/202204/t20220417_244254.html.

4. 穆长春：数字化驱动的央行货币与钱包变革[EB/OL].2023-09-03[2023-12-16]. https://finance.sina.com.cn/jjxw/2023-09-03/doc-imzkmirh3603025.shtml.
5. 零售业的定义是什么？有哪些业态？广州统计信息网[EB/OL].2020-09-07[2023-09-06]. http://stats.gd.gov.cn/mywjtj/content/post_3079806.html.
6.《中华人民共和国国家标准零售业态分布》(GB18106-2021)，中国标准出版社 2021 年版，第 9—14 页。
7. 青岛市交通银行数字人民币社保缴费流程[EB/OL].本地宝，2021-11-15[2023-12-15]. http://qd.bendibao.com/live/20211115/70896.shtm.
8. 全国首个数字人民币支付的综合便民缴费服务平台上线.[EB/OL].移动支付网，2020-09-07[2023-08-15]. https://www.mpaypass.com.cn/news/202206/15095936.html.
9. 李琳琳. 北京数字人民币试点"周年记" 冬奥全场景应用一文读懂[EB/OL].凤鸣财经科技网易号，2022-01-26[2023-11-10]. https://finance.sina.com.cn/jjxw/2022-01-26/doc-ikyakumy2764495.shtml.
10. CECBC 企鹅号. 张家口赛区全力推进，数字人民币备战冬奥场景全覆盖[EB/OL].腾讯网，2021-12-22[2023-09-06]. https://new.qq.com/rain/a/20211222A042NK00.
11. 王永菲、冉学东. 数字人民币成冬奥亮点 "贴一贴"功能让软硬钱包"互联"[EB/OL].新浪财经，2022-02-08[2023-09-08]. https://finance.sina.com.cn/money/bank/bank_hydt/2022-02-08/doc-ikyamrmz9577390.shtml.
12. 四川日报.大运会数字人民币硬件钱包发布[EB/OL].人民网，2022-03-31[2023-09-06]. http://sc.people.com.cn/n2/2022/0331/c379471-35200688.html.
13. 刘峰.杭州亚运会数字人民币消费金额突破 3 亿元[EB/OL]. 电商报刘峰号，2023-10-18[2023-12-25]. https://www.dsb.cn/230186.html.
14. 深圳：纳税人尝鲜数字人民币缴税[EB/OL]. 国家税务总局深圳市税务局，2021-12-22[2023-09-25]. https://shenzhen.chinatax.gov.cn/ftqswj/gzdt/202112/bf3654a702254e7384a52c3d74917790.shtml.
15. 张钦. 北京市首笔数字人民币缴纳委托代征税款业务成功受理[EB/OL].新浪财经，2021-11-03[2023-09-26]. https://finance.sina.com.cn/jjxw/2021-11-03/doc-iktzqtyu5167807.shtml.
16. 付仁录. 全国首批，异地人员在成都可以用数字人民币完成社保医保缴费[EB/OL].中国网四川在线，2021-11-06[2023-09-27]. http://sc.china.com.cn/2021/yaowen_1106/425525.html.
17. 西安鄠邑区在行政事业单位中开展数字人民币试点[EB/OL].移动支付网，2022-08-16[2023-09-29]. https://www.mpaypass.com.cn/news/202208/16100556.html.
18. 李泳青. 广州：可使用数字人民币缴存住房公积金[EB/OL].搜狐焦点，2022-08-18[2023-09-29]. https://zixun.focus.cn/72d950c866f551b1.html.

19. 太仓成功完成全国首例事业单位全额使用数字人民币代发工资应用[EB/OL].太仓市人民政府，2022-07-04[2023-09-27]. http://www.taicang.gov.cn/taicang/bmdt/202207/edce886fa1ac4e269483819dff66988c.shtml.

20. 太仓建行成功实现全国首笔党政机关采购领域数字人民币应用[EB/OL].网易江苏，2022-07-05[2023-09-30]. https://js.news.163.com/22/0705/09/HBGL3J2204249CU4.html.

21. 雄安新区以数字人民币形式发放首批租房补贴[EB/OL].河北新闻网，2022-09-25[2023-09-30]. https://hebei.hebnews.cn/2022-09/25/content_8874572.htm.

22. 汤莎.深圳5 000万数字人民币文惠卡活动开启　建行携手政府共辟惠民惠企创新之路[EB/OL].新华网广东频道，2022-09-06[2023-09-30]. http://gd.news.cn/newscenter/2022-09/06/c_1128981534.htm.

23. 刘芳.丰台区政务服务中心推出全市首个政府信息公开数字人民币应用场景[EB/OL].新丰台网易号，2021-09-30[2023-09-09]. https://www.163.com/dy/article/GL42F0GN0534A4SB.html.

24. 全省首个数字人民币缴纳诉讼费场景落地　相城法院服务群众再添"新招"[EB/OL]. 澎湃新闻・澎湃号，2021-12-17[2023-09-09]. https://www.thepaper.cn/newsDetail_forward_15897836.

25. 全国首个数字人民币法院诉讼费缴纳场景落地成都[EB/OL]. 锦观新闻，2021-11-09[2023-09-10]. https://www.thepaper.cn/newsDetail_forward_15897836.

26. 西安市金融局携手西安银行发放全省首笔数字人民币财政补贴资金[EB/OL].网易，2021-06-11[2023-09-09]. https://www.163.com/dy/article/GC709H6R0514CSP4.html.

27. 昆山首个数字人民币公转私结算场景在市级机关落地[EB/OL].昆山市人民政府，2022-08-16[2023-09-08]. http://www.ks.cn/kss/ttxw/202208/48869f1142c94163952a4b769791f519.shtml.

28. 工行海南省分行. 全国首个数字人民币智慧学生证项目落地海南鲁迅中学[EB/OL].人民网海南频道，2021-05-23[2023-09-08]. http://hi.people.com.cn/n2/2022/0523/c338-424-35281522.html.

29. 唐芊尔.光明日报客户端：北航校园支付平台顺利接入数字人民币功能，为全国首家高校[EB/OL].北京航空航天大学新闻网，2021-07-24[2023-09-08]. https://news.buaa.edu.cn/info/1006/53835.htm.

30. 移动支付网微博. 多所高校打造数字人民币应用场景[EB/OL].新浪看点，2021-05-20[2023-09-12]. http://k.sina.com.cn/article_2550216490_9801372a019013niq.html.

31. 国家开发银行在苏州发放全国首批数字人民币助学贷款[EB/OL].中证网，2023-11-29[2024-01-12]. https://www.cs.com.cn/yh/04/202311/t20231129_6378226.html.

32. 宋鹭. 数字人民币进校园，意义不止于拓展支付场景[EB/OL].智库中国，2021-06-08[2023-09-12]. http://www.china.com.cn/opinion/think/2021-06/08/content_77556066.htm.

33. 何雪华、张蓝溪、靳婷. 数字人民币支付在广东医院落地　三大场景可使用[EB/OL]. 新浪财经,2022-05-05[2023-09-12]. https://finance.sina.com.cn/jjxw/2022-05-05/doc-imcwiwst5712032.shtml?finpagefr=p_111.

34. 全国首个"数字人民币医疗场景支付"在同仁医院成功试点[EB/OL]. 快资讯,2021-04-09[2023-09-12]. https://www.360kuai.com/pc/942bb58e1333df8f3?cota=3&kuai_so=1&tj_url=so_vip&sign=360_57c3bbd1&refer_scene=so_1.

35. 杨静、林馥榆.看病"无感支付"还将实现数字货币全覆盖……上海便捷就医数字化转型开启 2.0 时代[EB/OL]. 央广网搜狐号,2021-02-11[2023-09-12]. https://www.sohu.com/a/522163216_362042.

36. 数字人民币走进泰康之家·蜀园　推动智慧养老再升级[EB/OL]. 金融界理财,2021-06-03[2023-09-12]. http://insurance.jrj.com.cn/2021/06/03183632880237.shtml.

37. 高杲.数字人民币试点,成都试了什么?[EB/OL]. 新浪四川,2022-03-18[2023-09-12]. https://sc.sina.cn/news/b/2021-03-18/detail-ikknscsi7700269.d.html.

38. 高杲.成都数字人民币试点"多点开花":除了红包,多家银行还探索了这些应用[EB/OL]. 四川在线,2022-03-09[2023-09-12]. https://sichuan.scol.com.cn/ggxw/202103/58078418.html.

39. "适老化"创新,数字人民币"智能电子证"落地养老场景[EB/OL]. 移动支付网,2022-06-30[2023-09-12]. https://www.mpaypass.com.cn/news/202206/30162346.html.

40. 老杨说链. 数字人民币首个养老服务场景落地[EB/OL].腾讯网,2021-09-10[2023-09-13]. https://new.qq.com/omn/20210910/20210910A0DKYO00.html.

41. 张睿.重庆市数字人民币试点"多地开花"应用场景不断扩围[EB/OL]. 移动支付网,2022-06-06[2023-09-12]. http://cq.people.com.cn/n2/2022/0606/c367643-35302970.html.

42. 海南省政府发布的文件名为《加快推进数字人民币试点建设的实施方案》。

43. 旅游、购物、餐饮……,海南交行推动数字人民币在多个场景加速落地[EB/OL]. 2021-05-20[2023-10-2]. 搜狐网,https://www.sohu.com/a/467542329_117407.

44. 春秋航空收获全国首个数字人民币机票订单[EB/OL]. 中国民航网,2021-05-20[2023-10-2]. http://www.caacnews.com.cn/1/6/202104/t20210416_1322799.html.

45. 杨凡锐.南山景区迎来数字人民币礼包[EB/OL].深圳商报数字报,2021-06-23[2023-10-23]. http://szsb.sznews.com/PC/content/202106/23/content_1050515.html.

46. 福州房产. 福州打造数字人民币旅游、休闲娱乐特色应用场景[EB/OL].搜狐,2022-04-28[2023-10-23]. https://www.sohu.com/a/541900478_349420.

47. 杨玉红. 数字人民币带你走进新消费、新场景、新业态[EB/OL].新浪财经,2021-08-27[2023-10-23]. https://baijiahao.baidu.com/s?id=1709226011948039054.

48. 裴诗语. 数字人民币时代来了!江苏 10 家景区启动试点[EB/OL].现代快报网易号,2023-03-18[2023-12-23]. https://www.163.com/dy/article/I04SHB9Q053469KC.html.

49. 王志峰.数字人民币在城市公共交通支付场景试点的思考[J].商业文化,2022(08):

15—17.

50. 海南数字人民币使用规模逐步扩大，全省累计开立个人钱包 1 046.14 万个，对公钱包 64.75 万个[EB/OL].人民网，2022-02-15[2023-09-06]. https://www.chyxx.com/shuju/202202/995478.html.

51. 单晓兵. 数字人民币在三亚完成首单离岛免税购物[EB/OL].中国经济网，2021-04-28[2023-09-06]. http://www.ce.cn/xwzx/gnsz/gdxw/202104/28/t20210428_36518977.shtml.

52. 马先震. 数字人民币跨境支付还有多远:交易便捷　重在建设结算生态体系[EB/OL].中国经济网，2020-10-19[2023-09-21]. http://finance.ce.cn/bank12/scroll/202010/19/t20201019_35905884.shtml?from=groupmessage.

53. 海南日报.全国首个乡镇公交路线数字人民币应用场景在琼海落地[EB/OL].人民网，2022-06-27[2023-09-06]. http://hi.people.com.cn/n2/2022/0629/c338424-40016264.html.

54. 总计 1.04 亿元！全国最大金额数字人民币缴税业务在海南昌江落地[EB/OL].新浪财经，2022-01-31[2023-09-08]. https://finance.sina.cn/7x24/2022-01-31/detail-ikyamrmz8387981.d.html.

55. 边万莉.海南推出“数字人民币三沙畅游行”活动[EB/OL].新浪财经，2021-04-07[2023-09-08]. https://finance.sina.com.cn/money/bank/bank_hydt/2021-04-07/doc-ikmxzfmk5525333.shtml.

56. 海南省三沙市打造“数字人民币消费岛”[EB/OL].光明网，2021-04-13[2023-09-08]. https://m.gmw.cn/2021-04/13/content_1302228063.htm.

57. 海南自由贸易港跨境服务贸易特别管理措施(负面清单)(2021 年版)[EB/OL].中华人民共和国中央人民政府，2021-07-23[2023-09-06]. http://www.gov.cn/zhengce/zhengceku/2021-07/26/5627279/files/5343f0e8c06f49e3b8d61cd8e4110e67.pdf.

58. 目前，最新版的数字人民币(试点版)App 显示这四省属于全省试点地区，但实际落地场景并不多。浙江、江苏与广东在全省开展数字人民币试点的进度较快，很多特色场景落地。四川乐山也落地了一些场景。

第九章
数字人民币与社会发展

第 91 问：如何在跨境交易中使用数字人民币？

自试点以来，相关试点地区也探索了“数字人民币 + 跨境支付”。2021 年 4 月，人民银行研究局局长王信在国新办发布会上谈及数字人民币跨境支付。他表示，我国数字人民币在条件成熟、市场有需求的情况下可以实现数字人民币在跨境交易中的应用。[1]

此外，各试点地区也探索了数字人民币跨境支付的场景与模式。如：青岛盛泰丰国际贸易有限公司从事原油等大宗商品贸易，使用跨境人民币结算金额大、频率高。在青岛自贸片区与交通银行青岛分行的支持下，采取双边模式为该公司办理了 4 099 万元的支付业务，完成了北方地区首单油气贸易数字人民币跨境支付业务。[2]又如：中国银行上海市分行与上海黄金交易所完成了贵金属交易数字人民币跨境结算，将境外收到的 1 亿元资金以数字人民币支付，转入上海黄金交易所国际板自由贸易人民币账户。该交易成为我国首单金融要素市场跨境资金交易。[3]

此外，我国正在尝试数字人民币跨境支付的多边或双边合作。一方面，人民银行积极参与国际清算银行倡导的多边央行数字货币桥项目，探索建立基于法定数字货币的跨境支付多边合作机制和新型跨境支付基础设施与安排；另一方面，人民银行启动内地与香港跨境支付技术测试，探索数字人民币系统与香港本地“转数快”快速支付系统的互联互通，支持香港当地居民和商户的港元结算需求。

背景知识

伴随着全球化的逐渐深入，国际之间的往来愈加密切，各国对跨境支付需求不断增加。2022 年 7 月 11 日，诸多国际机构向二十国集团(G20)提交了联合报告[4]，提出实现 CBDC 跨境支付与交互性操作的两种主要方案。第一，一国的央行数字货币可以提供给境内和境外的非居民直接使用。第二，通过不同国家和地区 CBDC 系统之间的互操作性，来促进 CBDC 跨境交易。[5]这给数字人民币在跨境支付中的应用提供了重要思路。

央行数字货币特性在跨境支付中具有独特的优势，目前多国及国际组织已经开启了 CBDC 在跨境支付中的应用，包括：沙特央行和阿联酋央行联合发起的 Aber 项目；日本央行和欧洲央行联合启动的 Stella 项目；由国际清算银行创新中心在跨境支付中的实验，主要有：由 BIS 创新牵头，中国香港金融管理局与泰国央行联合开展的 Inthanon-Lion Rock2 项目；瑞士中心与法国央行、瑞士国家银行以及一个私营部门财团联合开展跨境央行数字货币支付服务Jura项目；BIS创新中心以及瑞士瑞银、瑞士信贷、法国外贸银行、瑞士证券交易所运营商、金融科技公司R3等私营机构合作的Icebreaker项目，Mariana项目；澳大利亚储备银行、马来西亚中央银行、新加坡金融管理局和南非储备银行与国际清算银行创新中心联合启动的Dunbar项目；由BIS创新中心牵头，中国人民银行、中国香港金融管理局、泰国央行、阿联酋央行等参与合作开展的mCBDC Bridge项目。[6]

传统的人民币跨境支付存在许多瑕疵。其一是耗时较长。目前跨境支付模式较复杂，需要代理行和各国的跨境支付系统和国内的支付体系共同完成，有时候一笔跨境支付至少需要四家银行（如开户行、接收行、清算行、境外银行等）才能成功，若其中有一个环节出现错误，就会造成跨境支付业务中断，甚至给交易双方带来严重的风险，并且这些银行并非在同一个国家，这就产生了时差、币种的兑换等问题，再加上作为电报通信系统的SWIFT不能7×24小时连续运行，这就导致清算周期被大大拉长，至少需要3—5天才能完成跨境支付的清算。其二是成本较高。完成一笔跨境支付要涉及多个环节，包括代理机构、支付操作、往来账户流动、外汇兑换成本、SWIFT入会费和年费、网络管理和人工成本等，其中的每一个环节都需要收取一定的手续费。以中国银行为例，完成一笔人民币跨境支付业务手续费在40元至208元之间，另外还需电报费用，在64元至120元之间。其三是存在安全风险。目前客户在办理人民币跨境支付业务时需将自己的身份信息、支付信息一并提供给商业银行等中介机构，致使中介机构汇集大量信息，极易成为不法分子的目标。其四是 SWIFT 的制约。如今全球约 80%以上的跨境支付业务都要通过 SWIFT 传递交易信息来完成；SWIFT 的绝对垄断权使得我国在跨境支付业务中很难掌握话语权。

数字人民币的账户松耦合功能大大提升了效率。同时数字人民币可以实现点对点交易，使其能够跨越 SWIFT，实现支付即结算，有效地降低了跨境支付成本，解决了跨境链条长、到账慢等问题。

第 92 问：数字人民币如何助力乡村振兴建设？

除了帮助人民币尽快“走出去”，数字化改革的另一端则是让数字人民币“走下去”，为下沉的县域农村市场提供金融服务。从目前的试点探索来看，数字人民币在助推乡村振兴方面已初见成效。

一是深化新农村建设。苏州的冯梦龙村、昆山的永联村形成了乡村数字人民币生态圈，数字人民币融入了百姓生活的方方面面，不仅能够使用数字人民币消费，同时使用数字人民币在购买该村的农产品时还能享受优惠。[7]在长沙光明村，数字人民币覆盖了“村口商店、农产品销售点、旅游景点、生活缴费”等领域，并为无账户的特殊群体打造“数字人民币硬钱包”。[8]在西安炉丹村，搭建了数字人民币消费体验场景，并开展了“数字惠农，智慧兴村”主题的涉农融资培训及预授信；[9]重庆巫峡镇平安村已经有40%的村民安装了数币钱包，村内所有的商超、店铺都办理了数币收款码，创新了农村支付的新渠道；[10]成都邛崃打造全国首个数字人民币城乡融合先行先试示范区；[11]崇州市启动了“一村一镇一街区”数字人民币示范场景金融工程，将当地精品民宿、特色餐饮、田园观光、亲子游玩等经营商户纳入数字人民币示范推广；[12]在杭州富阳湘溪村，数字人民币覆盖吃、住、游、购、缴费、保险等领域，包含村集体合作社、村卫生院、村新农学校、村民宿、村农家乐和村商超等在内的22个消费场景；[13]重庆市以“最美山村”林海村设立景区服务点，为进入该景区的游客提供开通数字人民币服务和数字人民币知识普及。[14]

二是接入助农帮扶平台。广州为贯彻落实金融服务乡村振兴建设，打造了首家以数字人民币进行结算的东西部协作综合性帮扶平台；[15]中国银行北京市分行为公益中国App接入数字人民币，爱心人士可在该平台使用数字人民币购买农产品。[16]

三是助力农产品销售。成都邛崃通过与电商平台合作，开展了“融e购+数字人民币+溯源+智能合约+区块链”的点对点农产品订购模式；新津区依托电商平台实现了数字人民币购买农产品。[17]

四是缴纳农村集体资产交易竞投保证金。在广州市南沙区农业农村服务中心，新垦供销社自有商铺物业出租项目成功竞投并达成交易，公示期后收到数字人民币履约保证金。[18]

背景知识

党的二十大报告指出：“全面建设社会主义现代化国家，最艰巨最繁重的任务仍然在农村。”健全农村金融服务体系，是全面乡村振兴战略与数字人民币融合的重要抓手。结合数字人民币自身特性，我们可以看到它在助推乡村振兴方面有着诸多天然优势：其一，针对乡村地区部分群体没有银行账户这一现象，数字人民币的松耦合性使用户无需绑定银行卡，使用手机号即可开立个人钱包使用，能够很好地覆盖这部分群体，助力消费。其二，目前的乡村地区信号网络等基础设施仍不完善，数字人民币可以支持双离线支付，即使无网络或者无信号，也可以正常支付。其三，乡村中一些儿童、老年无手机抑或是老年人对智能产品不熟悉，数字人民币硬钱包模式可以帮助这类群体跨越数字鸿沟。其四，数字人民币可以实现支付即结算，这能保障乡村地区小微企业、商户或农户的资金周转及时、高效。其五，数字人民币无中间服务费，相较于第三方支付，能够有效降低减少企业、商户或农户的成本。其六，乡村地区普遍文化程度偏低，老弱幼群体偏多，数字人民币具备可控匿名的特征，遵循“小额匿名，大额追溯”的原则，能够帮助这类群体免于诈骗。其七，数字人民币通过加载智能合约，可以在乡村部分场景中发挥特殊的作用，通过数字人民币发放专项资金、补贴可以把握资金的流向，有效提升政府监管的透明性，实现资金的精准投用。

第93问：数字人民币如何用于公益事业？

数字人民币在推广普惠金融中所展现出来的种种优势，同样在助力公益事业发展上大放异彩。当前，其所推行的模式主要有两种：

一是数字人民币 + 慈善捐赠模式。2022 年 7 月，昆山农商银行为支持昆山市红十字事业发展、昆山市“广仁”慈善基金项目以及昆山开发区共建试点单位 AED 设备捐赠等项目，以数字人民币的形式完成捐赠支付。[19] 苏州市青少年基金会联合工商银行苏州分行，为苏州市民参与公益、奉献爱心，提供了数字人民币支付渠道。[20]

二是数字人民币 + 公益金发放模式。工商银行苏州分行基于苏州青少年基金的“圆梦行动”，指导学生开立使用数字人民币，以数字人民币的形式成功发放补助金。[21]

三是数字人民币 + 体育彩票模式。2022 年 10 月 10 日，“数币浙里行，体彩助共富”浙江省体育彩票数字人民币优惠购彩功能正式上线。购彩者只需登录数字人民币（试点版）App 使用建设银行个人钱包，扫描体育彩票售卖机上的二维码，输入密码完成支付，彩票便实时出票，全程快捷方便，让实体店代销者和购彩票者切实享受到了实惠与便捷。[22]

背景知识

数字人民币在公益捐赠领域中的应用具备一定的可行性。由于目前我国的公益信息披露不透明，资金的去向和途径并不会向社会公众公示，这就导致资金不能真正落到实处。数字人民币的大额追溯特性可以有效掌握每笔资金的动向，能够确保公益资金专款专用。此外，“十四五”规划中明确提出，要建立全国统一的慈善大数据平台，促进慈善捐赠和救助数据共享，助力和推动全行业数字化建设。[23] 公益捐赠领域接入数字人民币有助于全国统一的慈善大数据平台的建设。

自2019年新冠肺炎疫情暴发以来,我国乃至全世界的经济都遭遇了长时间的低迷期,因此多个试点地区通过发放数字人民币红包来助力经济复苏。2022年6月,义乌发放了10万个数字人民币"百元红包",摇号领取到的数字人民币红包,可在义乌国际商贸城、义乌之心、万达广场、大德药房以及十足等近7 000家商户使用;[24]雄安新区发放了近5 000万元数字人民币红包,支持300家雄安新区餐饮店和1 200家商超;[25]厦门市推出"2022欢动e厦"数字人民币消费红包活动,共在厦门市投放2 022万元数字人民币红包,覆盖线上线下全场景消费。[26]2023年春节,各试点地区发放的消费红包助力旅游、消费。[27]数字人民币与春节深度融合,增添了不少的喜庆氛围。

第94问：数字人民币的新型消费场景建设有哪些突破?

近年来,新型消费不仅使消费升级,也使消费呈现出新业态、新场景、新模式。数字人民币在新型消费场景的应用已经进行了相关试点,积累了一定的经验。主要有以下3点。

第一,助力绿色低碳出行。工商银行与成都天府通开展了"智慧出行　数字大运"的数字人民币优惠乘车活动,用户只需打开天府通,找到活动专区并点击、下载、注册数字人民币(试点版)App,

之后返回即可领取出行优惠红包。[28]中国银行联合小遛共享在宁波开启数字人民币试点活动，在活动期间，用户可以在数字人民币(试点版)App领取中国银行数字人民币红包用于“小遛共享”的骑行金额的支付与充值，每个人每月可参加一次，在活动期间最多可以领取3次。使用美团App骑行单车，可领取数字人民币红包、返现奖励。[29]

第二，多家线上平台接入，助力低碳消费。美团继续扩大绿色低碳行为，用户若在美团上点外卖时不要一次性餐具，或者不要塑料袋，均可领取数字人民币红包奖励。[30]得物App在潮品洗护专区嵌入数字人民币支付。[31]中国银行联合美团，发布数字人民币低碳卡硬件钱包，用户在美团App通过“贴一贴”激活和绑定低碳卡硬件钱包后，可在美团骑车、点餐、买菜等场景中用数字人民币硬件钱包免密支付。[32]

第三，助力沉浸式消费。在“江北新区数币消费体验月”活动中，南京江北新区联合农业银行江北新区分行，在线发放了约7.5万张约360万元的数字人民币消费券。用户可以在砂之船奥莱店、扬子江国际会议中心酒店、永辉超市等千家门店使用数字人民币。用户在各门店里可以使用数字人民币自助制作咖啡，进行互动打卡、售卖体验等活动。[33]

背景知识

党的二十大报告提出：“要着力扩大内需，增强消费对经济发展的基础性作用。”这些要求对加快构建新发展格局、推动高质量发展作出了重要部署，也是当前推动经济健康发展的重要举措。新型消费是依托于区块链、数字技术、人工智能等技术与应用的消费新业态、新模式、新场景和新服务。[34]数字人民币在新型消费方面具有独特的优势。

其一，目前大众对于碳减排、碳中和、绿色环保的认知度不足。数字人民币利用技术优势广泛接入这些场景中，在给用户带来便捷、安全的同时，能够有效提高社会公众对绿色低碳的认知水平。

其二，数字人民币可加载智能合约，能够激励用户的低碳行为。如：消费者利用美团完成低碳消费之后，会触发预置的“碳中和奖励条件”，进而获得数字人民币低碳红包奖励，引导消费者不断完成低碳消费的任务，有效提升用户的参与度，使其逐渐养成绿色低碳的生活习惯。

第 95 问：数字人民币在金融业务中的应用与前景如何？

从原型设计来看，数字人民币遵循着“小额匿名、大额依法可溯”的发行原则，使其能够有效解决金融场景中的违规问题；同时其所具备的账户松耦合、可编程等特性，也大大降低了公众获得金融服务的门槛，便于让政策“红利”直达困难群众、特殊群体。目前，我国的数字人民币已在各类金融应用场景中实现了多领域“破冰”。

第一，在银行业务中的应用。在试点地区，多笔以数字人民币形式发放的银行贷款已经到达客户手中，例如，在青岛地方金融监督管理局和人民银行的指导下，山东国晟小额贷款有限责任公司用数字人民币，向个人和小微企业发放基于消费和经营场景的小额贷款；[35]昆山农商行向台资企业昆山宇昕和电子科技有限公司贷款 40 万元，以数字人民币形式发放，成为大陆首笔台资企业数字人民币贷款；[36]在陕西，邮政储蓄银行成功发放了全行首笔数字人民币汽车消费贷款[37]；等等。除了与传统货币一样可以进行正常存贷业务外，银行客户还可通过数字人民币购买各种理财产品。以建设银行 App 所提供的服务为例，用户只需进入数字人民币理财产品专区，点击“生活”板块，就能看到和选择相应的理财产品，在试点地区的用户均可购买。[38]

图 9.1　商业银行研发的数字人民币应用平台

第二，在保险领域的应用。数字人民币已经开始全面覆盖各项保险险种。如：银联商务、建设银行与阳光保险集团合作，推出了全国首张数字人民币车险保单。在全国所有试点地区，投保人只需在数字人民币 App 中开通该行一类钱包、二类钱包和三类实名钱包，就能用数字人民币缴纳车险费用。[39]

第三，在证券市场的应用。目前，部分试点地区已在探索数字人民币与证券业务的大融合模式。例如，在银河证券和工商银行创建的试点项目中，如果银河证券客户拥有二类及以上数字人民币钱包，那么他就能开立数字理财钱包。之后便可在购买行情、资讯、投顾、投研等服务中，使用“数字人民币支付”方式付费；而在三方存管和数字理财钱包体系下，客户也可以使用数字人民币，投资场外理财产品。[40]随着试点的深入推进，部分金融机构开始拓展数字人民币债券融资等业务。2023 年 11 月份，兴业银行发行了全国首单两岸融合数字人民币债券，发行规模达到 5 亿元，使用数字人民币钱包募集资金，其中部分资金用于厦门象屿集团有限公司的对台业务。[41]

背景知识

党的二十大报告中对“加快发展数字经济”提出了明确要求，中央金融工作会议也提出了做好五篇金融大文章的要求。稳妥推进数字人民币试点是做好数字金融这篇大文章的重要内容之一。作为推动数字金融创新发展的践行者，银行、保险证券等行业势必要将数字化转型作为今后开展金融业务的重要使命，因为这不仅是及时把握时代脉搏、跟紧发展趋势的外部要求，更是提升自身高质量发展的内生动因。此外，面对当前国内外政治经济形势的新挑战，鉴于数字人民币对巩固货币主权、国家安全和金融监管具有重要战略意义，必然将在金融业中全面开花。

第 96 问：如何在绿色金融领域使用数字人民币？

金融机构在绿色金融领域中积极探索数字人民币的应用，取得了一些突破。

第一，首次实现突破。2021 年，大连系民环境资源有限公司以数字人民币向其交易对手支付货款，成为首笔数字人民币绿色金融应用。[42]

第二，在碳金融、碳中和领域创新应用。为应对气候变化，我国于 2020 年向世界庄重承诺了“双碳”目标。[43] 为实现碳达峰、碳中和目标，绿色金融显得尤为重要，数字人民币为绿色金融的发展带来了新机遇。在 2022 青岛 · 中国财富论坛上，论坛会务组以数字人民币购买青岛市碳普惠金融平台的“青碳行”的碳减排量。[44] 2022 年 3 月建设银行四川分行协助四川联合环境交易所“点点”碳中和平台开通数字人民币支付功能，可以通过数字人民币支付购买碳信用。[45] 2022 年 6 月，上万名用户参与“农业碳汇交易助乡村、数字人民币万人购”活动，在活动现场可以通过农行数字人民币购买莲花镇的农业碳汇。[46]

第三，发放数字人民币票据贴现资金。为支持资源再生行业稳健发展，2022 年百信银行以数字人民币形式向中国资源公司发放票据贴现资金 2 700 万元。兴业银行福州分行落地省内首笔以数字人民币采购海洋渔业碳汇的交易。[47] 福建恒捷实业有限公司使用兴业银行数字人民币钱包向福建亿达食品有限公司购买海洋碳汇 1 000 吨。该笔交易创新了兴业银行数字人民币的应用场景，是数字人民币融入绿色低碳循环发展经济体系的一次有益尝试。[48]

背景知识

数字人民币具有天然的绿色属性，再加上新兴技术，使其成为绿色金融的重要抓手。

首先，我国已初步形成了多层次的绿色金融产品市场体系。在市场体系中，产品的定价是一个不容忽视的问题，数字人民币通过加载智能合约可成为绿色金融产品的合理定价工具和支付工具。并且数字人民币大额可追溯的特征能够把握每一笔资金的流向，使资金高效服务实体经济。

其次，数字人民币助力完善金融监管体系。现在绿色专项资金使用效率较低，监管机构为达到确保资金落到实处，需要耗费大量的人力、物力、财力，给监管机构带来了极大的压力。数字人民币具备大额可追溯的特性，其追索功能能够确认资金的用途和方向，推动实现真正的低碳绿色。

最后，目前我国大部分农村地区银行物理网点覆盖程度仍旧较低，金融知识缺乏。数字人民币天然的技术属性能够突破物理网点的限制，通过数字人民币精准向偏远地区居民提供绿色普惠服务，促成养成绿色理念。

第 97 问：数字人民币与区块链联姻会有哪些前景？

2021 年 6 月，中国银行河北雄安分行与中国雄安集团数字城市科技有限公司合作，实现雄安新区首笔“链上”数字人民币工资代发。[49]这项业务由雄安“区块链资金支付平台”，向春季造林项目建设者发放数字人民币工资，在资金发放过程中建设者数字钱包ID、发放金额等工资信息将记录在区块链上，工程分包商实现将工资款项从对公钱包转移至建筑商的对私数字钱包。2022 年 8 月，雄安新区改革发展局、财政支付中心与人民银行雄安营管部共同指导，建设银行河北雄安分行正式实施了数字人民币穿透支付业务。分包企业将支付申请发至区建设资金管理区块链信息系统里，对农民工姓名、数字钱包编号、身份证号、发放金额等信息上链存证，总包企业根据申请，运用智能合约，将工资款项转移至分包企业的数字钱包，最终转移到农民工的数字钱包里。[50]分包企业在工资支付中只能查询金额。通过区块链、智能合约，极大地简化了农民工工资发放流程。此外，海南试点中运用区块链技术研发了预付式消费监管和服务平台，借助智能合约存管与支付预付资金、全程区块链存证等措施，已为 600 多家美容、美发商户的 1.5 万人提供了优质服务。[51]

背景知识

区块链技术具有去中心化、匿名性、可追溯性、不可篡改性等特征。数字人民币通过借鉴区块链技术，既利用了区块链存证的优势，也维持了中心化管理，还能够实现数字人民币发行的存证、流动监管、使用追踪等功能。在上述案例中，数字人民币是在链外转移、链内存证的。

第 98 问：数字人民币如何利用好智能合约？

数字钱包的元管家里运用了智能合约技术，但它只是数字人民币与智能合约结合运用的场景之一。智能合约是一段预设条件的计算机代码，当触发相应条件时自动执行相关合约。数字人民币加载智能合约后，将具备可编程性、不容悔改等优势，可满足特定条件的支付。可编程性意味着数字人民币可以加载不同的智能合约，设置交易双方设定的支付条件，使其在具体情形下自动执行相关交易。智能合约可以增强资金结算效率，增强交易的透明度，降低履约成本与风险。[52]据统计，除了用于元管家中的预付资金管理外，目前数字人民币 + 智能合约还有以下应用场景。

一、具体应用场景

（一）交易款项结算

2021 年 8 月底，在国能 e 购商城中，物资公司电子商务中心与北京配送完成了一笔电商交易货款的转移，就运用了双方数字钱包中的智能合约。这次交易突破了企业间传统的网银账户交易，基于企业间数字钱包的线上自动交易与结算，提升了 B2B 交易与结算效率。[53]

（二）租赁资金监管

2021 年 12 月初，深圳农行与华为合作，构建了数字人民币云侧智能合约应用场景，其场景应用是这样的：租客在智慧租赁平台选房、签约，支付押金、租金。资金被转移到房东（租赁企业）的数字钱包，同时生成智能合约、绑定资金。在租金支付日，智能引擎自动释放当日租金，至租约到期日，便自动向租客的数字钱包中退还押金。[54]

（三）发放劳保费

2021 年 12 月初，在交通银行海南省分行的协助下，海南旺佳旺商贸有限公司，在数字钱包中生成了智能合约，向客户发放了首笔智能合约劳保费。据悉，海口地区 38 家旺佳旺连锁超市均可受理该场景。[55]

（四）发放佣金

2022 年 5 月，四川微蜂蓉创保险代理有限公司和成都数约科技有限公司合作，在双方的数字钱包中加载了智能合约，使佣金结算变为“日清”，完成了保险代理人佣金的定向发放。[56]

（五）“数字人民币 + 智能合约 + 双碳 + 光伏 + 融资租赁”

在河北雄安新区，国网河北省电力有限公司为客户结算光伏发电收入后，利用加载智能合约的数字人民币，约定向设备出租公司支付租金，使农户享有剩余收益。[57]

（六）发放专项资金与补贴

在西安的“战疫情，助复工”数字人民币主题活动中，美团联合中国银行、农业银行等，向社会公众发放了数字人民币红包补贴，其中加载了资金用于疫后复产复工、民生消费复苏的智能合约。[58]

2022 年 2 月，华川集团向成都崇州 6 位村民发放了“数字人民币农户专项资金”，这笔资金是村民们种植服务的报酬。工商银行成都分行与华川集团在数字钱包中设置了智能合约，村委会只能按约定条件与规则，将这笔专项资金发放给指定的农户。[59]

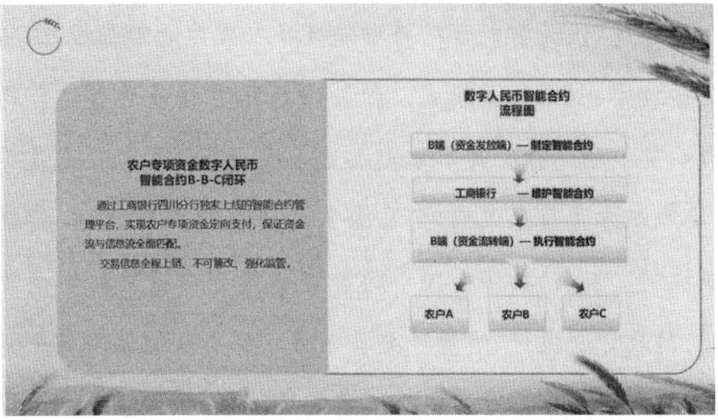

资料来源：数字点亮乡村，全国首笔“数字人民币农户专项资金智能合约”落地成都[EB/OL].封面新闻网易号. 2022-03-02[2023-01-25]. https://www.163.com/dy/article/H1FRD4VU0514D3UH.html.

图 9.2　华川集团数字人民币农民专项资金发放流程图

2022 年 4 月，广州南沙开发区人才发展局以加载智能合约的数字钱包，于半天内向 10 名高层次人才发放了安家补贴。[60]

二、数字人民币加载智能合约的优势与发展方向

在第二十届中国支付清算论坛上，人民银行数字货币研究所狄刚阐述了数字人民币的优势及其发展方向。他认为，数字人民币加载的智能合约具有信任优势、互通优势与后发优势，有助于创新数字人民币支付的业务模式，实现与外部系统的互联互通。我国未来应当建立自主可控的技术体系与开发语言，完善法律技术体系，构建软硬件一体化的隐私保护能力，形成多层次技术生态体系。[61]

背景知识

人民银行对数字人民币加载智能合约的态度经历由审慎加载到积极倡导的转变。总体而言，人民银行与业界对智能合约

持开放态度,认为智能合约将增强数字人民币的可编程性,可提升交易效率、创新业务模式。但数字人民币加载的智能合约不能影响货币的属性。其本质是设置了相应条件的数字人民币支付,按照双方协商预设的时间、条件进行支付,以智能合约创建信任机制。未来,数字人民币的智能合约可以运用到货币政策调控、财政资金拨付、消费等更多领域。但是智能合同属于新兴技术,其应用与推广存在诸多不确定性与难题,数字人民币加载智能合约,虽然预示着智能支付的转型,但必须要处理好货币功能与智能合约作用的关系,使其符合我国监管法律的要求,并能够防控技术应用中的诸多风险。

第 99 问:数字人民币在物联网领域有哪些应用?

各类新兴技术加速了万物互联转型为万物智联。我国将物联网技术嵌入数字人民币硬钱包,使我们的生活更便利。

2021 年,中国银行联合中国电信、国家电网,在雄安新区打造了数字人民币硬钱包,用于新能源汽车充电的场景。电动车的充电口和充电枪置入数字人民币硬钱包,则在进行充电时,充电设备可自动读取用户的钱包余额等信息,在充电结束后自动扣费。同年,深圳市罗湖区正式启动了数字人民币硬钱包充电桩项目。

中国联通与中国银行共同研发了物联网数字人民币模块组,通过加载联通物联网 SIM 卡,实现离线支付。

中国银行研发了物联网智能燃气表，与数字人民币硬件钱包深度融合。消费者在智能燃气表场景体验区，使用这种燃气表内载的硬钱包完成购气全流程。燃气表里智能管理终端绑定了数字钱包，它会自动检测燃气的使用、剩余量，可通过设置自动向数字钱包里充值，保持燃气供应不断。

此外，各运营机构开发的儿童手表、数字工牌、预付费智能电表等，也都属于物联网应用场景，在开通免密支付之后，使用"碰一碰"即可完成支付。

背景知识

物联网是近年来的热词。它可被简单理解为一个巨大网络，这个网络基于互联网的延伸和扩展，之后将各种信息传感设备与互联网结合起来，最终实现在任何时间、任何地点，人、机、物的互联互通。我们现在常见的"无人零售、无人货柜"等无人化服务都是物联网应用。

数字人民币钱包作为数字人民币的载体，其中的数字人民币硬钱包在安全芯片的支持下，能够脱离手机的使用，在物联网场景应用能够有效满足儿童、老人、偏远地区等群体的需求，进一步增强金融的可得性与普惠性。

第100问：如何在元宇宙中使用数字人民币？

2022年11月份，元宇宙平台太一灵境接入了数字人民币。[62]

这是数字人民币在元宇宙中的首批应用之一。元宇宙如今已成为现实世界与虚拟世界相互融合的桥梁，不仅可以沉浸于元宇宙空间与深度场景体验各类服务，也可以成为企业展示、销售产品与服务的平台。元宇宙属于一种深度体验的消费场景，消费者既能与客户、亲友进行互动，也能及时购买相关服务与产品，节省了不少购物的时间与精力。元宇宙在文化娱乐、电子商务、乡村旅游等领域具有发展前景。[63]货币作为价值交换工具、支付手段，也将在元宇宙中发挥重要作用。但货币如何运用于元宇宙的场景，还需要考虑解决技术、架构等关键问题。

在虚拟场景中使用虚拟货币，其实早已不是什么新鲜事。QQ农场中购买各类种子的金币，各类论坛中使用的论坛币，以及其他网络游戏中的币，等等。它们都属于仅适用于特定虚拟空间的货币，可以通过购买或数字化劳务获取。用户要么花钱充值相应金额购买一定单位的虚拟币；要么花费一定时间与精力，按照游戏规则从事相关劳务。比如：发表评论、回答问题等，或者在游戏中卖掉作物果实或产品等。这类货币在现实生活中没有法偿性和购买力，只能在特定游戏中充当观念上的货币。在元宇宙空间中，传统货币存在兑换、转账等流程，操作起来复杂烦琐。比特币等私人数字货币会强化科技巨头或平台的垄断地位，使元宇宙空间中的活动沦为投机行为，还容易滋生洗钱、跨境赌博、逃税等违法犯罪。这两类货币都不能适应元宇宙的特点。[64]数字人民币有国家信用担保、币值稳定，还可以加载预设条件的智能合约，其可编程性有助于提升资金安全与监管能力，能更好地适用于元宇宙的场景。[65]因此，数字人民币+元宇宙场景将是未来值得开拓的重点场景之一。

背景知识

元宇宙(Metaverse)是科幻小说《雪崩》中的用语,原意是人们借助可穿戴设备,以虚拟分身进入由计算机虚拟的世界。实务界人士将元宇宙界定为一种沉浸式互联网,能够使人们的体验更真实。[66]它实质上是整合各项新技术后产生的互联网应用与社会形态,通过虚拟与现实的交互产生实现经济、社会与身份等系统的融合。[67]元宇宙需要整合人工智能、大数据、区块链、物联网等技术。数字人民币在元宇宙空间的应用将有助于促进实体经济与数字经济的融合发展。然而,元宇宙使各类经济活动呈现数字化、技术化与虚拟化态势,需要以法定数字货币作为媒介而发生作用。数字人民币在元宇宙中的应用前景广阔,需要在未来加快相关法律制度、技术规范、环境与系统的建设。

注释

1. 央行研究局局长王信:利用数字人民币进行跨境交易可以实现[EB/OL].新浪财经百家号,2021-04-01[2023-09-08]. http://www.ks.cn/kss/ttxw/202208/48869f1142c94163952-a4b769791f519.shtml.
2. 白晓、赵丽云.北方首单油气贸易数字人民币跨境支付业务落地青岛自贸片区[EB/OL].新浪财经百家号,2023-12-25[2024-01-19]. https://finance.sina.com.cn/jjxw/2023-12-25/doc-imzzfpxa7127318.shtml.
3. 孙艳.首笔金融要素市场跨境数字人民币支付交易近日落地[EB/OL].中国新闻网,2023-12-25[2024-01-20]. https://www.chinanews.com/cj/2023/12-25/10134836.shtml.
4. 参与的国际机构有国际清算银行支付和市场基础设施委员会、国际清算银行创新枢纽、国际货币基金组织(IMF)和世界银行。
5. BIS, CMPI, et., *Options for access to and interoperability of CBDCs for cross-border payments*. BIS Working Report to the G20, June 2022.

6. 封思贤、杨靖.法定数字货币运行的国际实践及启示[J].改革,2020(05):68—79.
7. 木子剑.推动乡村振兴,“金融普惠”的数字人民币如何发挥作用?[EB/OL].移动支付网,2022-07-21[2023-09-12]. http://hn.people.com.cn/n2/2021/1122/c356378-35017033.html.
8. 杨帆.建行湖南分行积极开展长沙“光明村”数字人民币特色示范村建设工作[EB/OL].人民网湖南频道,2021-11-22[2023-09-13]. http://hn.people.com.cn/n2/2021/1122/c356378-35017033.html.
9. 探索建设“数字信用示范村” 西安高新区举办涉农融资培训暨数字人民币走进炉丹村活动[EB/OL].中国日报中文网,2021-06-28[2023-09-13]. https://shx.chinadaily.com.cn/a/202106/28/WS60d925d7a3101e7ce97574f4.html.
10. 重庆首个数字人民币示范村揭牌[EB/OL].搜狐网,2021-06-01[2023-09-13]. https://www.sohu.com/a/553128112_362042.
11. 成都邛崃打造全国首个数字人民币城乡融合先行先试示范区[EB/OL].本地宝,2021-06-28[2023-09-14].https://www.scf.org.cn/csjjh/n3421/n3424/n3426/u1ai274478.html.
12. 张宏斌、刘伟兵、王兵等.四川崇州市支持“天府粮仓”建设[EB/OL].中国金融新闻网,2022-08-04[2023-09-14]. https://www.financialnews.com.cn/ncjr/focus/202208/t20220804_252763.html.
13. 全省首个数字人民币应用示范村在富阳区新登镇湘溪村落地[EB/OL].杭州市农村农业局(杭州市乡村振兴局),2022-08-12[2023-09-14]. http://agri.hangzhou.gov.cn/art/2022/8/12/art_1692133_58925961.html.
14. 胡虹、张睿.重庆:数字人民币新场景应用助力美丽乡村建设[EB/OL].人民网重庆频道,2022-09-23[2023-09-23]. http://cq.people.com.cn/n2/2022/0923/c365413-40136588.html.
15. 龚建光.数字人民币乡村振兴场景试点正式落地东西部协作市场[EB/OL].共工网搜狐号,2022-04-26[2023-09-25]. https://www.163.com/dy/article/H5T9OKKR0521BLST.html.
16. 中国银行北京市分行:数字人民币助力开启乡村振兴新征程[EB/OL].上海慈善网,2022-09-05[2023-09-27]. https://www.163.com/dy/article/HGH5H1AR0519DFFO.html.
17. 成都邛崃打造全国首个数字人民币城乡融合先行先试示范区[EB/OL].本地宝,2021-06-28[2023-09-14].https://www.scf.org.cn/csjjh/n3421/n3424/n3426/u1ai274478.html.
18. 南方农村报,广东首例!乡村振兴征程上的数字人民币场景应用[EB/OL].广东乡村振兴服务中心,2022-05-09[2023-09-07]. http://static.nfapp.southcn.com/content/202205/09/c6476057.html.
19. 周溢薰.昆山农商银行实现公益慈善捐赠数字人民币化[EB/OL].江南时报网,2022-07-31[2023-09-28]. http://www.jntimes.cn/jsdt/sz/202207/t20220731_7638634.shtml.
20. 全国首个“数币公益金发放+数币公益金配捐”公益场景在苏州落地[EB/OL].网易,2022-09-07[2023-09-28]. https://www.163.com/dy/article/HGM6SQNM053469KC.html.

21. 工行苏州分行落地全国首个“数币公益金发放+数币公益金配捐”[EB/OL].移动支付网，2022-09-08[2023-09-28]. https://www.mpaypass.com.cn/news/202209/08102537.html.
22. 黄翰飞、朱佩琪. 数币浙里行，体彩助共富——浙江省体育彩票数字人民币功能上线[EB/OL].凤鸣财经科技网易号，2022-10-10[2023-11-10]. https://www.163.com/dy/article/HJBJMQEA0531N92W.html.
23. 十四五规划提出建立慈善大数据平台，互联网公益峰会研讨如何落实[EB/OL].互联朝夕网易号，2021-05-20[2023-09-25]. https://www.163.com/dy/article/GAELMHJF0531H1DS.html.
24. 龚书弘. 6月24日起，无门槛使用！义乌将发放10万个数字人民币“百元红包”[EB/OL].浙江新闻客户端，2022-06-21[2023-09-25]. https://zj.zjol.com.cn/news.html?id=1880137.
25. 崔涛.雄安发放5 000万元数字人民币消费补贴支持服务业发展[EB/OL].中国新闻网，2021-05-29[2023-09-26]. https://www.chinanews.com.cn/cj/2022/05-29/9766479.shtml.
26. 2 022万元厦门数字人民币红包来了！最高10 000元“锦鲤”红包等你拿，申领看这里[EB/OL].金融界搜狐号，2022-06-21[2023-09-25]. https://www.sohu.com/a/559418111_114984.
27. 数字人民币红包成为中国春节喜庆新元素[EB/OL]. 烟台日报社大小新闻财经头条号，2023-01-28[2023-01-30]. https://t.cj.sina.com.cn/articles/view/1657914910/62d1c61e02001ceep.
28. 10万份！到工商银行App报名　领成都数字人民币绿色出行礼包！数字人民币礼包来啦[EB/OL].封面新闻百家号，2021-07-02[2023-09-23]. https://baijiahao.baidu.com/s?id=1704144556193310305.
29. 更低碳、更环保！领数字人民币免费骑小遛[EB/OL].中华网，2022-07-08[2023-09-13]. https://hea.china.com/article/20220708/072022_1100587.html.
30. 助力低碳生活，美团点外卖不用一次性餐具和塑料袋可领数字人民币红包[EB/OL].经济网，2021-12-15[2023-09-14]. http://www.ceweekly.cn/2021/1215/369994.shtml.
31. 得物拓展绿色、低碳消费场景，推动数字人民币加速普及[EB/OL].财报网凤凰号，2022-10-11[2023-09-16]. http://hn.ifeng.com/c/8K0GjvGOvbh.
32. 中国银行联合美团发布数字人民币低碳卡硬件钱包[EB/OL].今日头条，2022-09-01[2023-09-18]. https://www.mpaypass.com.cn/news/202209/01101324.html.
33. 王梦然、田墨池.新型消费，带来怎样的升级与重塑[EB/OL].新浪财经，2024-01-21[2024-01-21]. https://finance.sina.com.cn/jjxw/2024-01-21/doc-inaefnhn6713739.shtml.
34. 周万阜：《以金融力量托举新兴消费》，载《中国金融》2023年第24期。
35. 傅军.全国首个！青岛“尝鲜”数字人民币应用小额贷款场景[EB/OL].掌上青岛搜狐号，2022-04-21[2023-09-23]. https://www.sohu.com/a/539947951_151792.
36. 贾文婷、杨牧.大陆首笔台资企业数字人民币贷款在昆山发放[EB/OL].人民网，2022-07-08[2023-09-23]. http://tw.people.com.cn/n1/2022/0708/c14657-32470474.html.

37. 邮储银行成功发放数字人民币汽车消费贷款[EB/OL].新浪财经，2022-07-07[2023-09-23]. https://finance.sina.com.cn/stock/relnews/cn/2022-07-07/doc-imizirav2390273.shtml.
38. 子阳.支持数字人民币购买理财产品，建行手机银行推出理财专区[EB/OL]. 移动支付网新媒体搜狐号，2022-06-16[2023-09-23]. https://it.sohu.com/a/557867834_223323.
39. 首张数字人民币车险保单落地阳光保险，银联商务数字人民币场景持续扩容！[EB/OL].金台资讯网易号，2022-06-13[2023-09-21]. https://www.163.com/dy/article/H9O19VVH05346936.html.
40. 姜樊.数字人民币再添新场景　证券行业相关应用入选首批“证监会版”金融科技“监管沙盒”[EB/OL].金融界，2021-11-19[2023-09-27]. http://biz.jrj.com.cn/2021/11/19162633880250.shtml.
41. 张予程.首单两岸融合数字人民币债券落地厦门自贸片区[EB/OL].中国商务新闻网，2023-11-30[2023-12-27]. https://www.comnews.cn/content/2023-11/30/content_34932.html.
42. 邵海峰.大连地区首笔绿色金融数字人民币应用成功落地[EB/OL].移动支付网，2021-05-02[2023-09-27]. https://www.mpaypass.com.cn/news/202105/02151417.html.
43. “双碳”目标：二氧化碳排放力争于 2030 年前达到峰值，努力争取 2060 年前实现碳中和。
44. 助力低碳环保，数字人民币拥有哪些优势？[EB/OL].移动支付网今日头条号，2022-08-04[2023-09-28]. https://www.toutiao.com/article/7127830870479667752/.
45. 严心怡、张晓政、龚悉宇.全国首笔数字人民币碳信用交易在成都完成[EB/OL]. 中国新闻网搜狐号，2022-03-04[2023-09-28]. https://view.inews.qq.com/k/20220304A04VGH00?web_channel = wap&openApp = false.
46. 杨珊珊、杨心亮.农业碳汇，个人也能购买——厦门创新“农业碳汇 + 数字人民币 + 乡村振兴”机制[EB/OL].福建省人民政府，2022-02-13[2023-09-28]. https://www.fujian.gov.cn/xwdt/mszx/202206/t20220607_5925753.htm.
47. 兴业银行落地省内首笔数字人民币采购海洋渔业碳汇交易[EB/OL].新浪财经，2022-10-08[2023-09-28]. https://finance. sina. com. cn/stock/relnews/cn/2022-10-08/doc-imqqsmrp1818277.shtml.
48. 林南.交易额破 600 亿元！福州市共享数字人民币发展成果|闽商观察[EB/OL].闽商杂志搜狐号，2022-12-26[2023-01-19]. http://news.sohu.com/a/621269671_802100.
49. 网信河北.“区块链 + 数字人民币”应用场景在雄安落地[EB/OL].网易河北，2021-06-16[2023-09-07]. https://hebei.news.163.com/21/0616/09/GCJRSOFC04159CM5.html.
50. 移动支付网微博. 盘点 2022 年数字人民币十大创新应用案例[EB/OL].新浪看点，2023-01-16[2023-01-19]. https://k.sina.com.cn/article_2550216490_9801372a019015s6o.html.
51. 神州信息.“吾卡”：打造“区块链 + 数字人民币 + 实体经济场景示范应用”新模式[EB/OL].新浪看点，2023-01-06[2023-01-22]. https://k. sina. com. cn/article_ 2287471815_

88580cc7001013puv.html.

52. 数字人民币 + 智能合约，打通数字经济任督二脉[EB/OL].招商银行 App 雪球网号，2023-11-08[2023-12-22]. https://xueqiu.com/1786178736/230589131.

53. NFT 创始人. 数字人民币智能合约应用现状：至少 5 大场景，近期步伐明显加快[EB/OL].知乎，2022-05-06[2023-01-11]. https://zhuanlan.zhihu.com/p/524491573.

54. 木子剑. 数字人民币加载智能合约“针对”这些场景对症下药[EB/OL].知乎，2022-06-02[2023-01-11]. https://finance.sina.com.cn/blockchain/roll/2022-06-02/doc-imizmscu47-21139.shtml?finpagefr=p_115.

55. 界面海南. 交行海南分行数字人民币智能合约劳保费场景落地成功[EB/OL].界面新闻，2022-06-02[2023-01-11]. https://www.jiemian.com/article/6876376.html.

56. 成都高新财政金融. 全国首笔！成都高新区企业通过数字人民币向保险代理人发放佣金[EB/OL].川渝本地消息搜狐号，2022-05-20[2023-01-10]. https://www.sohu.com/a/549057647_121106884.

57. 数字人民币结算光伏电费？在雄安就能实现[EB/OL].当地小灵通搜狐号，2022-01-04[2023-01-15]. https://www.sohu.com/a/514200949_121119253.

58. 美团在西安发放数字人民币疫后复工复产红包[EB/OL].证券时报网搜狐号，2022-01-25[2023-01-17]. https://finance.sina.cn/chanjing/gsxw/2022-01-25/detail-ikyamrmz7313480.d.html.

59. 数字点亮乡村，全国首笔“数字人民币农户专项资金智能合约”落地成都[EB/OL].封面新闻网易号，2022-03-02[2023-01-25]. https://www.163.com/dy/article/H1FRD4VU0514D3UH.html.

60. 柳时强. 全国首个！广州南沙发出数字人民币人才奖励[EB/OL].南方 PLUS 网易号，2022-04-06[2023-01-12]. https://www.163.com/dy/article/H1FRD4VU0514D3UH.html.

61. 中国人民银行数字货币研究所副所长狄刚：数字人民币智能合约的三大优势、五大建设理念以及五个发展方向[EB/OL].科技资讯全都有搜狐号，2023-10-08[2023-12-12]. https://www.sohu.com/a/726437945_121118996.

62. 太一集团是一家积极探索数字经济新模式、开展元宇宙产业创新的企业，打造了“灵境天坛”“大唐灵境”等具有中国特色的元宇宙世界。

63. 科技圈主持人搜狐号. 数字人民币开启元宇宙应用　太一元宇宙生态获首批接入[EB/OL].搜狐网，2022-11-22[2023-12-07]. https://www.sohu.com/a/608839051_121119000.

64. 袁曾.元宇宙空间铸币权论[J].东方法学，2022(02)：31—43.

65. 肖飒. 元宇宙与数字人民币，在监管中有序发展[EB/OL].搜狐网，2022-02-23[2023-11-23]. https://www.163.com/dy/article/H0TEH39105198086.html.

66. 戴斌、熊雄、孙浩.揭开“元宇宙”面纱[J].科学中国人，2021(33)：54—55.

67. 新华社.什么是元宇宙？为何要关注它？[EB/OL].济源网，2021-11-21[2023-09-09]. http://epaper.jyrb.cn/pc/con/202111/25/c_75917.html.

参考文献

《10 万份！到工商银行 App 报名　领成都数字人民币绿色出行礼包！数字人民币礼包来啦》，封面新闻百家号，2021-07-02，https://baijiahao.baidu.com/s?id=1704144556193310305。

《2022 年金融统计数据新闻发布会文字实录》，中国人民银行，2023-01-13，http://www.pbc.gov.cn/goutongjiaoliu/113456/113469/4770146/index.html。

《2 022 万元厦门数字人民币红包来了！最高 10 000 元"锦鲤"红包等你拿，申领看这里》，金融界搜狐号，2022-06-21，https://www.sohu.com/a/559418111_114984。

《2024 年中国人民银行工作会议在京召开》，中国人民银行，2024-01-05，http://www.pbc.gov.cn/goutongjiaoliu/113456/113469/5194629/index.html。

巴比特企鹅号：《欧洲央行正在制定数字欧元规则手册》，腾讯网，2023-01-03，https://new.qq.com/rain/a/20230104A07Y3V00。

白晓、赵丽云：《北方首单油气贸易数字人民币跨境支付业务落地青岛自贸片区》，新浪财经百家号，2023-12-25，https://finance.sina.com.cn/jjxw/2023-12-25/doc-imzzfpxa7127318.shtml。

柏亮：《数字人民币概论(二)：特征、应用与产业图景》，零壹财经，2021-02-24，https://www.01caijing.com/article/275088.htm。

包宏：《美联储发行央行数字货币的基本概况、政策挑战以及对数字人民币的启示》，载《经济学家》2022年第6期。

北京商报号：《数字人民币再现新骗局，集齐6张卡可兑换100万元?》，移动支付网企鹅号，2021-11-11，https://new.qq.com/rain/a/20211111A0B4WJ00。

《不使用"数字人民币"违反防疫规定? 新骗局来了!》，门源公安澎湃号，2022-10-12，https://www.thepaper.cn/newsDetail_forward_20272075。

CECBC企鹅号：《张家口赛区全力推进，数字人民币备战冬奥场景全覆盖》，腾讯网，2021-12-22，https://new.qq.com/rain/a/20211222A042NK00。

陈耿宣、景欣、李红黎：《数字人民币》，中国经济出版社2022年版。

陈果静：《数字人民币在深圳、苏州、雄安、成都及未来的冬奥场景内部封闭试点测试——法定数字货币还有多远》，新浪财经，2020-04-17，https://finance.sina.com.cn/roll/2020-04-17/doc-iircczymi6935157.shtml。

陈佳怡：《四地数字人民币试点将适时逐步扩围至全省》，中国证券网，2022-09-20，https://news.cnstock.com/news，yw-2022-09-4958917.htm。

陈文:《数字人民币的设计要素及推广思路》,载《中国外汇》2020年第21期。

陈永伟:《DC/EP来了!它究竟会是什么样》,新浪财经,2019-11-09,https://finance.sina.com.cn/roll/2019-11-09/doc-iicezuev8194292.shtml。

成都高新财政金融:《全国首笔!成都高新区企业通过数字人民币向保险代理人发放佣金》,川渝本地消息搜狐号,2022-05-20,https://www.sohu.com/a/549057647_121106884。

《成都邛崃打造全国首个数字人民币城乡融合先行先试示范区》,本地宝,2021-06-28,https://www.scf.org.cn/csjjh/n3421/n3424/n3426/u1ai274478.html。

成晚财经:《紧急提醒!骗子开始利用数字人民币实施诈骗,四川已有人中招》,商业新知,2021-11-10,https://www.shangyexinzhi.com/article/4348355.html。

程婕:《北京银行发布首款银银合作数字人民币硬钱包——"压岁宝"》,北青网快资讯号,2023-01-19,https://www.360kuai.com/pc/939f45a4b096524c8?cota=3&kuai_so=1&sign=360_e39369d1&refer_scene=so_54。

《重庆首个数字人民币示范村揭牌》,搜狐网,2021-06-01,https://www.sohu.com/a/553128112_362042。

《创新金融基础设施建设　促数字人民币健康发展》,中国发展网,2022-07-04,https://author.baidu.com/home?from=bjh_article&app_id=1602682565342718。

慈善公益报:《2021中国互联网公益峰会标识数字化慈善的

创新及趋势》，上海慈善网，2021-05-26，https://www.scf.org.cn/csjjh/n3421/n3424/n3426/u1ai274478.html。

崔丛丛：《大运会数字人民币硬件钱包发布》，新浪财经，2022-08-31，https://finance.sina.com.cn/jjxw/2022-03-01/doc-imcwiwss3452142.shtml?cref=cj。

崔涛：《雄安发放5 000万元数字人民币消费补贴支持服务业发展》，中国新闻网，2021-05-29，https://www.chinanews.com.cn/cj/2022/05-29/9766479.shtml。

戴斌、熊雄、孙浩：《揭开"元宇宙"面纱》，载《科学中国人》2021年第33期。

《得物拓展绿色、低碳消费场景，推动数字人民币加速普及》，财报网凤凰号，2022-10-11，http://hn.ifeng.com/c/8K0GjvGOvbh。

迪迪搞笑小分队：《碰一碰就能付钱，数字人民币真的来了》，搜狐网，2022-09-06，https://www.sohu.com/a/582766552_121461140。

《调查统计司：货币供应量》，中国人民银行，2023-01-13，http://www.pbc.gov.cn/diaochatongjisi/resource/cms/2023/01/2023011616255071886.htm。

丁宝秀：《央行副行长：推广数字人民币尚无具体时间表》，中国新闻网，2021-04-19，https://www.chinanews.com.cn/cj/2021/04-19/9457949.shtml。

董希淼：《北京冬奥会拓展数字人民币在国际场合使用场景》，21世纪经济报道新浪号，2022-01-27，https://finance.sina.cn/forex/hsxw/2022-01-28/detail-ikyamrmz7782135.d.html。

《多边央行数字货币桥实现跨境交易真实结算，最新路线图出炉》，澎湃新闻，2022-10-27，https://baijiahao.baidu.com/s?id=1747845709378870334&wfr=spider&for=pc。

F君：《数字人民币来了？央行回应！》，搜狐网，2020-04-29，https://www.sohu.com/a/389350484_692684。

《丰台区政务服务中心推出全市首个政府信息公开数字人民币应用场景》，新丰台网易号，2021-06-11，https://www.163.com/dy/article/GC709H6R0514CSP4.html。

封思贤、杨靖：《法定数字货币运行的国际实践及启示》，载《改革》2020年第5期，第68—79页。

封思贤、张雨琪：《法定数字货币对人民币国际化的促进效应》，载《国际贸易》2022年第5期。

冯永琦、刘韧：《货币职能、货币权力与数字货币的未来》，载《经济学家》2020年第4期。

福州房产：《福州打造数字人民币旅游、休闲娱乐特色应用场景》，搜狐网，2022-04-28，https://www.sohu.com/a/541900478_349420。

福州小八卦：《国家为推广DCEP拿出1.2万亿？这是骗局》，快资讯，2021-02-19，https://www.360kuai.com/pc/9c9a8d8420-880e7c6?cota=3&kuai_so=1&sign=360_57c3bbd1&refer_scene=so_1。

傅军：《全国首个！青岛“尝鲜”数字人民币应用小额贷款场景》，掌上青岛搜狐号，2022-04-21，https://www.sohu.com/a/539947951_151792。

高龙安：《兴业银行上线港澳台同胞数字人民币钱包业务》，吉林新闻网，2022-10-08，https://www.jl.chinanews.com.cn/mqtj/2022-10-08/215369.html。

《更低碳、更环保！领数字人民币免费骑小遛》，中华网，2022-07-08，https://hea.china.com/article/20220708/072022_1100587.html。

《工行海南省分行：全国首个数字人民币智慧学生证项目落地海南鲁迅中学》，人民网海南频道，2021-05-23，http://hi.people.com.cn/n2/2022/0523/c338424-35281522.html。

龚建光：《数字人民币乡村振兴场景试点正式落地东西部协作市场》，共工网搜狐号，2022-04-26，https://www.163.com/dy/article/H5T9OKKR0521BLST.html。

龚书弘：《6月24日起，无门槛使用！义乌将发放10万个数字人民币“百元红包”》，浙江新闻客户端，2022-06-21，https://zj.zjol.com.cn/news.html?id=1880137。

《沟通交流，人民银行召开2022年下半年工作会议》，中国人民银行，2022-08-01，http://shenzhen.pbc.gov.cn/shenzhen/122787/4013185/index.html。

管涛：《从货币的功能看数字货币与货币国际化的关系》，载《国际经济评论》2023年第2期。

《国务院发展研究中心：以数字人民币促进我国社会信用体系重塑的几点思考》，2022-05-16，中国智库网，https://www.chinathinktanks.org.cn/content/detail?id=gwunh673。

海南日报：《全国首个乡镇公交路线数字人民币应用场景在琼海落地》，人民网，2022-06-27，http://hi.people.com.cn/n2/2022/0629/c338424-40016264.html。

《海南自由贸易港跨境服务贸易特别管理措施（负面清单）（2021年版）》，中华人民共和国中央人民政府，2021-07-23，

http://www.gov.cn/zhengce/zhengceku/2021-07/26/5627279/files/5343f0e8c06f49e3b8d61cd8e4110e67.pdf。

杭州网:《骗子盯上数字人民币　杭州一市民被骗 1.5 万元》,2022-09-17, https://jrsh.hangzhou.com.cn/read/content/2022-09/17/content_8355600.htm。

濠江宣传网易号:《骗子也蹭数字人民币热度,遇到这类信息要提高警惕》,网易,2022-09-05, https://www.163.com/dy/article/HGFPFLL00514X3KG.html。

何雪华、张蓝溪、靳婷:《数字人民币支付在广东医院落地　三大场景可使用》,新浪财经,2022-05-05, https://finance.sina.com.cn/jjxw/2022-05-05/doc-imcwiwst5712032.shtml?finpagefr=p_111。

胡虹、张睿:《重庆:数字人民币新场景应用助力美丽乡村建设》,人民网重庆频道,2022-09-23, http://cq.people.com.cn/n2/2022/0923/c365413-40136588.html。

胡天姣:《BIS 与四成员合作项目 Dunbar 取得进展,多种数字货币国际结算技术可行》,新浪财经最资讯号,2022-03-23, https://cpu.baidu.com/pc/1022/275122716/detail/61828155538770657/news?chk=1。

黄翰飞、朱佩琪:《数币浙里行,体彩助共富——浙江省体育彩票数字人民币功能上线》,凤鸣财经科技网易号,2022-10-10, https://www.163.com/dy/article/HJBJMQEA0531N92W.html。

黄益平:《关于央行数字货币与加密货币的一些猜想与思考》,第四届外滩金融峰会“金融科技:数字技术释放数字生产力”之外滩圆桌“央行数字货币:趋势与前景”主题演讲,2022-12-11,

https://zhibo.sina.com.cn/finance/680643。

货币金银局:《中华人民共和国货币概况(2021 年 5 月)》,中国人民银行,2021-06-03, http://www.pbc.gov.cn/huobijinyinju/147948/147954/147956/4261054/index.html。

《加拿大的央行数字货币试验》,金色财经,2019-11-09, https://www.jinse.com/blockchain/517216.html。

贾铭:《是为了突破美元霸权? 澄清对数字人民币的几个误解》,秦朔朋友圈企鹅号,2022-03-01, https://new.qq.com/rain/a/20220301A001O200。

贾文婷、杨牧:《大陆首笔台资企业数字人民币贷款在昆山发放》,人民网,2022-07-08, http://tw.people.com.cn/n1/2022/0708/c14657-32470474.html。

蒋晓婉、李苏骁:《数字人民币生态建设与支付变革背景下的可持续商业模式探析》,载《现代金融导刊》2021 年第 10 期。

界面海南:《交行海南分行数字人民币智能合约劳保费场景落地成功》,界面新闻,2022-06-02, https://www.jiemian.com/article/6876376.html。

金黔在线—贵州商报:《央行开始研发法定数字货币》,网易新闻,2016-11-17, https://3g.163.com/news/article/C61U4CP300-014Q4P.html?spss=adap_pc。

金融界:《日本央行将开展数字日元试运行》,快资讯,2022-11-25, https://www.360kuai.com/pc/9830dc619f1446f3a?cota=3&kuai_so=1&sign=360_57c3bbd1&refer_scene=so_1。

金融界网站:《数字人民币解锁无网无电支付》,新浪财经,

2023-01-16，https://cj. sina. com. cn/articles/view/1704103183/65928d0f020032glq。

经济观察报:《央行数字货币探索路 DCEP》，新浪财经，2019-11-17，https://finance. sina. com. cn/roll/2019-11-17/doc-iihnzhfy9744010.shtml。

景欣:《法定数字货币的支付场景前瞻及对策建议》，载《经济体制改革》2021 年第 2 期。

景欣:《数字人民币生态格局的演变及其治理》，载《上海法学研究》集刊 2022 年第 13 卷——新兴权利与法治中国文集，上海法学会，2022。

柯达:《数字人民币的理想与现实——基于对深圳数字人民币试点活动的观察》，载《金融法苑》2020 年第 4 期。

科技圈主持人搜狐号:《数字人民币开启元宇宙应用　太一元宇宙生态获首批接入》，搜狐网，2021-06-16，https://www.sohu.com/a/608839051_121119000。

《"可控匿名""隐私保护"……数字人民币这些特征知多少?》，2022-08-16，新华网，https://author. baidu.com/home? from = bjh_article&app_id = 1552507899985619。

《昆山首个数字人民币公转私结算场景在市级机关落地》，昆山市人民政府，2022-08-16，http://www. ks. cn/kss/ttxw/2022-08/48869f1142c94163952a4b769791f519.shtml。

老杨说链:《数字人民币首个养老服务场景落地》，腾讯网，2021-09-10，https://new.qq.com/omn/20210910/20210910A0DKYO00.html。

老杨说链搜狐号:《紧急提醒:骗子开始利用数字人民币进行

诈骗！》，搜狐，2021-11-11，https://www.sohu.com/a/500495077_120978428。

李建军：《银行应把数字人民币业务融入数字化治理》，新浪财经看点，2022-09-27，https://k.sina.com.cn/article_5993531560_1653e08a80200188o1.html。

李晶：《数字货币与日常生活》，上海人民出版社2021年版。

李琳琳：《北京数字人民币试点"周年记" 冬奥全场景应用一文读懂》，凤鸣财经科技网易号，2022-01-26，https://finance.sina.com.cn/jjxw/2022-01-26/doc-ikyakumy2764495.shtml。

李楠桦、吕骞：《数字人民币（试点版）App来了，已正式登陆各大应用商店》，人民网，2022-01-04，http://finance.people.com.cn/n1/2022/0104/c1004-32323727.html。

李泳青：《广州：可使用数字人民币缴存住房公积金》，搜狐焦点，2022-08-18，https://zixun.focus.cn/72d950c866f551b1.html。

《链闻：新加坡央行数字货币计划Ubin解读》，链门户，2019-11-26，http://www.lianmenhu.com/blockchain-15673-1。

林南：《交易额破600亿元！福州市共享数字人民币发展成果|闽商观察》，闽商杂志搜狐号，2022-12-26，http://news.sohu.com/a/621269671_802100。

《零售业的定义是什么？有哪些业态?》广州统计信息网，2022-09-06，http://stats.gd.gov.cn/mywjtj/content/post_3079806.html。

零壹财经：《IMF：尼日利亚数字货币eNaira可能带来新的洗钱和恐怖主义融资风险》，零壹财经网易号，2022-02-22，https://www.163.com/dy/article/H0R375KD05198086.html。

刘安琪、李震、万军伟:《深圳市"礼享罗湖数字人民币红包"抽签工作已完成5万人"中签"》,大河财立方搜狐号,2020-10-11,https://www.sohu.com/a/423882557_120109837。

刘芳:《丰台区政务服务中心推出全市首个政府信息公开数字人民币应用场景》,新丰台网易号,2021-09-30,https://www.163.com/dy/article/GL42F0GN0534A4SB.html。

刘峰:《杭州亚运会数字人民币消费金额突破3亿元》,电商报刘峰号,2023-10-18,https://www.dsb.cn/230186.html。

刘磊、吴之欧:《数字货币与法》,法律出版社2022年版。

刘凌、胡晨威、黄烨菁:《以数字技术推进人民币国际化的新选择——制约、路径与支持政策》,载《经济问题探索》2022年第8期。

刘蕊:《"炒币"误国!比特币暴跌令萨尔瓦多面临主权债违约风险》,中国商报网,2022-12-27,https://www.zgswcn.com/article/202206/202206291003001020.html。

刘苏毅、贾晓芬:《公众对数字人民币的认知与期待调查报告》,今日头条,2021-05-26,https://www.toutiao.com/article/7138730999672013347/?log_from=f3fe368b3c56e_1662281112351。

刘苏毅、贾晓芬:《公众对数字人民币的认知与期待调查报告》,今日头条,2022-09-07,https://www.toutiao.com/article/7138730999672013347/?log_from=f3fe368b3c56e_1662281112351。

柳时强:《全国首个!广州南沙发出数字人民币人才奖励》,南方PLUS网易号,2022-04-06,https://www.163.com/dy/article/H1FRD4VU0514D3UH.html。

陆铭峰:《商业银行场景金融:内涵、特征及发展策略》,载《南方金融》2021 年第 8 期。

马先震:《数字人民币跨境支付还有多远:交易便捷重在建设结算生态体系》,中国经济网,2020-10-19, http://finance.ce.cn/bank12/scroll/202010/19/t20201019_35905884.shtml? from = groupmessage。

《美团在西安发放数字人民币疫后复工复产红包》,证券时报网搜狐号,2022-01-25, https://finance.sina.cn/chanjing/gsxw/2022-01-25/detail-ikyamrmz7313480.d.html。

孟凡霞:《马嫡:解码央行数字货币,监管部门:立法和技术怎样跑赢不确定性》,北京商报网站,2020-12-14, https://baijiahao.baidu.com/s?id = 1686044057588393401&wfr = spider&for = pc。

米晋宏、王乙成:《数字货币及其经济影响研究新进展》,载《经济学动态》2022 年第 5 期。

苗艺伟:《全国首例!警方破获利用数字人民币洗钱案,11 名涉案嫌疑人被刑拘》,新浪财经,2021-11-03, https://finance.sina.com.cn/china/2021-11-03/doc-iktzscyy3448551.shtml。

木子剑:《数字人民币 App 一周年:推出 16 个大版本,生态不断完善》,新浪看点,2023-01-04, https://k.sina.com.cn/article_2550216490_9801372a001015p80.html?display = 0&retcode = 0。

木子剑:《数字人民币加载智能合约"针对"这些场景对症下药》,知乎,2022-06-02, https://finance.sina.com.cn/blockchain/roll/2022-06-02/doc-imizmscu4721139.shtml?finpagefr = p_115。

木子剑:《推动乡村振兴,"金融普惠"的数字人民币如何发挥作用?》,移动支付网,2022-07-21, http://hn.people.com.cn/n2/2021/1122/c356378-35017033.html。

沐沐讲数币:《微信支付开通数字人民币如此简单》,今日头条,2022-09-19, https://www.toutiao.com/article/7051099741844767262/?tttid=37373。

穆长春:《关于数字人民币价值特征法律问题的思考》,移动支付网,2022-09-15, https://www.mpaypass.com.cn/news/202209/15114755.html。

穆长春:《数字化驱动的央行货币与钱包变革》,2023-09-03, https://finance.sina.com.cn/jjxw/2023-09-03/doc-imzkmirh3603025.shtml。

穆长春:《数字人民币隐私与个人信息保护》,2022-07-24, https://finance.sina.com.cn/china/2022-07-24/doc-imizmscv3327272.shtml。

NFT创始人:《数字人民币智能合约应用现状:至少5大场景,近期步伐明显加快》,知乎,2022-05-06, https://zhuanlan.zhihu.com/p/524491573。

南方农村报:《广东首例!乡村振兴征程上的数字人民币场景应用》,广东乡村振兴服务中心,2022-05-09, http://static.nfapp.southcn.com/content/202205/09/c6476057.html。

年双渡:《比特币突变法定货币　总统"任性"让萨尔瓦多食恶果》,中国商报网,2022-06-29, https://www.zgswcn.com/article/202206/202206291003001020.html。

《农业农村部:全国行政村通光纤、通4G网络比例均超过

98%》，中国经济网，2021-01-13，https://baijiahao.baidu.com/s?id=1688740528504498103&wfr=spider&for=pc。

《欧盟委员会将于2023年一季度提出数字欧元相关法律框架》，链门户，2022-09-30，http://www.lianmenhu.com/blockchain-31562-1。

彭扬：《中国人民银行穆长春：数字人民币钱包按照客户身份识别强度分为不同等级——第十三届陆家嘴论坛(2021)》，中证网，2021-06-11，https://www.cs.com.cn/xwzx/hg/202106/t20210611_6175187.html。

澎湃新闻搜狐号：《细说数字人民币｜央行数字货币能否有助于解决货币超发问题?》，搜狐网，2020-08-19，https://www.sohu.com/a/413930966_260616。

平安丰都网易号：《"数字人民币"伪装的新骗局》，网易，2022-12-30，https://3g.163.com/dy/article/HPQS9IFN0534069X.html?spss=adap_pc。

戚文丽、柴军虎：《全国首个！"数字人民币"相城生活服务平台正式上线》，现代快报网易号，2021-10-08，https://www.163.com/dy/article/GLQLL25O053469KC.html。

戚聿东、褚席：《数字经济视阈下法定数字货币的经济效益与风险防范》，载《改革》2019年第11期。

《青岛市交通银行数字人民币社保缴费流程》，本地宝，2021-11-15，http://qd.bendibao.com/live/20211115/70896.shtm。

《全国首个"数币公益金发放+数币公益金配捐"公益场景在苏州落地》，网易，2022-09-07，https://www.163.com/dy/article/

HGM6SQNM053469KC.html。

《全国首个“数字人民币医疗场景支付”在同仁医院成功试点》，快资讯，2021-04-09，https://www.360kuai.com/pc/942bb58e1333df8f3?cota=3&kuai_so=1&tj_url=so_vip&sign=360_57c3bbd1&refer_scene=so_1。

《全国首个数字人民币支付的综合便民缴费服务平台上线》，移动支付网，2022-06-15，https://www.mpaypass.com.cn/news/202206/15095936.html。

全球技术地图网易号：《世界各国抢占研发央行数字货币先机》，网易号，2020-08-11，https://3g.163.com/dy/article/FJNFNAVM0514R8DE.html?clickfrom=subscribe。

《全球主要经济体央行数字货币政策盘点》，ZAKER，2022-08-10，https://app.myzaker.com/news/article.php?pk=62f3181d8e9f092ef66a53c9。

《全省首个数字人民币缴纳诉讼费场景落地　相城法院服务群众再添“新招”》，澎湃新闻・澎湃号，2021-12-17，https://www.thepaper.cn/newsDetail_forward_15897836。

《全省首个数字人民币应用示范村在富阳区新登镇湘溪村落地》，杭州市农村农业局(杭州市乡村振兴局)，2022-08-12，http://agri.hangzhou.gov.cn/art/2022/8/12/art_1692133_58925961.html。

《人民银行召开数字人民币研发试点工作座谈会》，中国人民银行官网，2022-04-02，http://www.pbc.gov.cn/goutongjiaoliu/113456/113469/4524364/index.html。

单晓兵：《数字人民币在三亚完成首单离岛免税购物》，中国经济网，2021-04-28，http://www.ce.cn/xwzx/gnsz/gdxw/202104/28/t20210428_36518977.shtml。

上海金融信息行业协会:《数字人民币三种线上支付方式比较》，新浪财经，2022-09-22，http://news.10jqka.com.cn/20220922/c641956817.shtml。

邵海峰:《大连地区首笔绿色金融数字人民币应用成功落地》，移动支付网，2021-05-02，https://www.mpaypass.com.cn/news/202105/02151417.html。

佘云峰:《315 关注|数字人民币的诈骗问题仍需重视》，移动支付网新媒体搜狐号，2022-03-16，http://news.sohu.com/a/530243751_223323。

佘云峰:《数字人民币硬钱包路在何方？困境主要有两方面》，移动支付网新媒体搜狐号，2021-11-02，https://www.sohu.com/a/498802040_223323。

深圳特区报:《关于数字人民币的那些事　中国人民银行为你解答》，新浪财经，2021-11-11，http://finance.sina.com.cn/jjxw/2021-11-11/doc-iktzscyy4925217.shtml。

深圳新闻网:《深圳向市民派发 1 000 万元数字货币红包　首轮抽签完成 5 万人中签》，深圳市政务服务数据管理局，2020-10-13，http://www.sz.gov.cn/szzsj/gkmlpt/content/8/8170/post_8170613.html#19236。

深圳中心支行:《人民银行数字货币研究所:网传 DC/EP 信息为测试内容　并不意味数字人民币正式落地发行》，中国人民银行，2020-04-24，http://shenzhen.pbc.gov.cn/shenzhen/122787/

4013185/index.html。

沈伟、靳思远:《信用货币制度、数字人民币和人民币国际化——从“数字钱包”到“多边央行数字货币桥”》,载《上海经济研究》2022 年第 6 期。

盛松成、龙玉:《货币政策与去中心化是数字货币的悖论》,新浪财经,2018-10-13, https://finance.sina.com.cn/stock/stockzmt/2018-10-13/doc-ifxeuwws3983033.shtml。

《十四五规划提出建立慈善大数据平台,互联网公益峰会研讨如何落实》,互联朝夕网易号,2021-05-20, https://www.163.com/dy/article/GAELMHJF0531H1DS.html。

《“适老化”创新,数字人民币“智能电子证”落地养老场景》,移动支付网,2022-06-30, https://www.mpaypass.com.cn/news/202206/30162346.html。

《首张数字人民币车险保单落地阳光保险,银联商务数字人民币场景持续扩容!》,金台资讯网易号,2022-06-13, https://www.163.com/dy/article/H9O19VVH05346936.html。

数币服务商:《数币百科|数字人民币钱包之“个人钱包与对公钱包”》,数币服务商网易号,2022-06-15, https://www.163.com/dy/article/H9R668GM05536OUH.html。

《数字点亮乡村,全国首笔“数字人民币农户专项资金智能合约”落地成都》,封面新闻网易号,2022-03-02, https://www.163.com/dy/article/H1FRD4VU0514D3UH.html。

数字货币研究所:《扎实开展数字人民币研发试点工作》,中国人民银行微信公众号,2022-10-12, https://mp.weixin.qq.com/s/

mrc_vPXAZf4glX9_NEfmUQ。

《数字货币正式落地还有多远？未来如何影响我们的生活？》，人民网，2020 年 4 月 22 日。

《数字经济时代的奇点——2021 数字人民币研究报告》，极光观点，2022-02-23，https://zhuanlan. zhihu.com/p/471313292。

《数字人民币红包成为中国春节喜庆新元素》，烟台日报社大小新闻财经头条号，2023-01-28，https://t.cj.sina.com.cn/articles/view/1657914910/62d1c61e02001ceep。

《数字人民币结算光伏电费？在雄安就能实现》，当地小灵通搜狐号，2022-01-04，https://www.sohu.com/a/514200949_121119253。

《数字人民币试点调查：苏州试水双离线支付，香港欲打通跨境支付闭环》，《21 世纪经济报道》微信公众号。

《数字人民币新春头像“兔年财神”来了，还有多款春节特色红包封面》，澎湃新闻财经头条号，2023-01-20，https://cj.sina.com.cn/articles/view/5044281310/12ca99fde02001y1zj。

《数字人民币在跨境支付领域带来新机遇》，澎湃新闻，2021-09-17，https://www.thepaper.cn/newsDetail_forward_14534012。

《数字人民币＋智能合约，打通数字经济任督二脉》，招商银行 App 雪球网号，2023-11-08，https://xueqiu.com/1786178736/230589131。

帅青红、刘映、刘潼主编：《电子支付与结算》，东北财经大学出版社 2021 年版。

四川日报：《大运会数字人民币硬件钱包发布》，人民网，2022-03-31，http://sc.people.com.cn/n2/2022/0331/c379471-35200688.html。

宋鹭:《数字人民币进校园,意义不止于拓展支付场景》,智库中国,2021-06-08, http://www.china.com.cn/opinion/think/2021-06/08/content_77556066.htm。

孙艳:《首笔金融要素市场跨境数字人民币支付交易近日落地》,中国新闻网,2023-12-25, https://www.chinanews.com/cj/2023/12-25/10134836.shtml。

孙翼:《数字人民币概论(二):特征、应用与产业图景》,链得得App今日头条号,2021-02-24, https://www.toutiao.com/article/6932625707507909133/?tt_from=mobile_qq&wid=1674184977524。

孙忠、陈佳怡:《四地数字人民币试点将适时扩围至全省》,新浪财经,2022-09-19, https://finance.sina.com.cn/china/2022-09-19/doc-imqqsmrn9719386.shtml。

《太仓成功完成全国首例事业单位全额使用数字人民币代发工资应用》,太仓市人民政府,2022-07-04, http://www.taicang.gov.cn/taicang/bmdt/202207/edce886fa1ac4e269483819dff66988c.shtml。

《太仓建行成功实现全国首笔党政机关采购领域数字人民币应用》,网易江苏,2022-07-05, https://js.news.163.com/22/0705/09/HBGL3J2204249CU4.html。

《探索建设"数字信用示范村" 西安高新区举办涉农融资培训暨数字人民币走进炉丹村活动》,中国日报中文网,2021-06-28, https://shx.chinadaily.com.cn/a/202106/28/WS60d925d7a3101e7ce97574f4.html。

碳讯:《尼日利亚数字货币eNaira全面实施将分四个阶段进行,最终实现与其他人民银行的互操作性》,碳链价值,2021-11-23, https://www.ccvalue.cn/article/1387053.html。

汤莎:《深圳 5 000 万数字人民币文惠卡活动开启　建行携手政府共辟惠民惠企创新之路》,新华网广东频道,2022-09-06,http://gd.news.cn/newscenter/2022-09/06/c_1128981534.htm。

唐婧:《一文了解央行数字货币研究所最新动态》,新浪财经,2020-07-09,http://finance.sina.com.cn/blockchain/coin/2020-07-09/doc-iirczymm1402659.shtml。

唐婧:《中国移动联手工行发布基于超级 SIM 卡的数字人民币 SIM PAY 钱包》,新浪财经,2022-04-15,https://finance.sina.com.cn/blockchain/coin/2021-10-14/doc-iktzqtyu1308928.shtml。

唐芊尔:《光明日报客户端:北航校园支付平台顺利接入数字人民币功能,为全国首家高校》,昆山市人民政府,2021-07-24,https://news.buaa.edu.cn/info/1006/53835.htm。

田雅群、范亚辰:《拓展数字人民币试点,推进数字乡村建设》,载《银行家》2018 年第 8 期。

《推动乡村振兴,"金融普惠"的数字人民币如何发挥作用?》,移动支付网,2022-07-21,https://www.mpaypass.com.cn/news/202207/21094834.html。

王晨曦:《支持添加数字人民币硬钱包 OPPO 钱包实现双离线支付》,中国网财经,2023-01-03,http://finance.china.com.cn/roll/20230103/5923480.shtml。

王柯瑾:《争抢数字人民币场景:银行瞄向"子钱包"》,新浪财经,2022-04-15,https://finance.sina.com.cn/chanjing/cyxw/2022-04-15/doc-imcwiwst2058292.shtml。

王梦然、田墨池:《新型消费,带来怎样的升级与重塑》,新浪财经，2024-01-21， https://finance.sina.com.cn/jjxw/2024-01-21/doc-inaefnhn6713739.shtml。

王永菲、冉学东：《起底DCEP推广QQ群套路：打着推广数字货币幌子，这些传销组织是这样“洗脑”的》，新浪财经，2021-11-15，https://finance.sina.cn/2021-11-15/detail-iktzscyy5714816.d.html。

王永菲、冉学东：《数字人民币成冬奥亮点 “贴一贴”功能让软硬钱包“互联”》，新浪财经，2022-02-08，https://finance.sina.com.cn/money/bank/bank_hydt/2022-02-08/doc-ikyamrmz9577390.shtml。

王永利：《数字人民币可能带来的最大变化》，新浪财经，2020-11-02，https://baijiahao.baidu.com/s?id=1682205333110005971&wfr=spider&for=pc。

王志峰：《数字人民币在城市公共交通支付场景试点的思考》，载《商业文化》2022年第8期。

网信河北：《“区块链+数字人民币”应用场景在雄安落地》，网易河北，2021-06-16，https://hebei.news.163.com/21/0616/09/GCJRSOFC04159CM5.html。

未来智库头条号：《数字人民币专题报告：全球央行CBDC进展报告》，今日头条，2022-07-05，https://www.toutiao.com/article/7116681381933187617/。

未央网：《瑞典央行：电子克朗（e-krona）可以整合到现有银行或支付系统中》，证券之星，2022-04-07，https://finance.stockstar.com/IG2022040700001068.shtml。

《委内瑞拉的最低月工资不与石油币挂钩》，链门户，2022-03-21，http://www.lianmenhu.com/blockchain-28909-1。

《委内瑞拉“石油币”介绍》，南湖互联网金融学院搜狐号，2018-07-03，https://www.sohu.com/a/239026018_774221。

吴晶妹：《思考与展望：建设高质量现代化征信体系》，载《征信》2023 年第 1 期。

吴晓求：《让小微企业活下来，是当下关键》，人大重阳，2022-05-16，https://author.baidu.com/home?from = bjh_article&app_id = 1570712176906061。

《西安鄠邑区在行政事业单位中开展数字人民币试点》，移动支付网，2022-08-16，https://www.mpaypass.com.cn/news/202208/16100556.html。

《西安市金融局携手西安银行发放全省首笔数字人民币财政补贴资金》，网易，2021-06-11，https://www.163.com/dy/article/GC709H6R0514CSP4.html。

湘潇晨报：《境外人士及外国人申请数字人民币账户的方法》，晋鹏娱乐社网易号，2021-07-05，https://www.163.com/dy/article/GE3PIF1K05372XZF.html。

肖飒：《元宇宙与数字人民币，在监管中有序发展》，网易，2022-02-23，https://www.163.com/dy/article/H0TEH39105198086.html。

新华社：《什么是元宇宙？为何要关注它？》，济源网，2021-11-21，http://epaper.jyrb.cn/pc/con/202111/25/c_75917.htm。

《兴业银行落地省内首笔数字人民币采购海洋渔业碳汇交易》，新浪财经，2022-10-08，https://finance.sina.com.cn/stock/relnews/cn/2022-10-08/doc-imqqsmrp1818277.shtml。

星球日报：《美联储：央行数字货币发行前的 5 个先决条件》，

中金网，2021-02-25，https://www.jinse.com/blockchain/517216.html。

《雄安新区以数字人民币形式发放首批租房补贴》，河北新闻网，2022-09-25，https://hebei.hebnews.cn/2022-09/25/content_8874572.htm。

迅捷区块链：《新发展格局下数字人民币的前景与机遇》，迅捷区块链腾讯号，2022-04-21，https://view.inews.qq.com/k/20220421A0D4CH00?web_channel = wap&openApp = false&autoopenapp = ampzkqw。

《牙买加参议院通过新立法，授权该国央行发行 CBDC 并给予其法币地位》，巴比特，2022-02-22，https://www.8btc.com/article/6756464。

严心怡、张晓政、龚悉宇：《全国首笔数字人民币碳信用交易在成都完成》，中国新闻网搜狐号，2022-03-04，https://view.inews.qq.com/k/20220304A04VGH00?web_channel = wap&openApp = false。

《央行数字货币 DCEP 金融时代加速到来将带给你哪些影响》，新浪财经，2020-08-19，https://finance.sina.com.cn/blockchain/roll/2020-08-19/doc-iivhuipn9393284.shtml。

《央行研究局局长王信：利用数字人民币进行跨境交易可以实现》，新浪财经百家号，2021-04-01，http://www.ks.cn/kss/ttxw/202208/48869f1142c94163952a4b769791f519.shtml。

杨畅：《央行行长周小川等人在记者会上说了什么？》，新浪财经，2018-03-09，http://finance.sina.com.cn/money/bank/bank_

hydt/2018-03-09/doc-ifysayyf9423001.shtml。

杨帆:《建行湖南分行积极开展长沙“光明村”数字人民币特色示范村建设工作》,人民网湖南频道,2021-11-22, http://hn.people.com.cn/n2/2021/1122/c356378-35017033.html。

杨凡锐:《福州打造数字人民币旅游、休闲娱乐特色应用场景》,《深圳商报》数字报,2021-06-23, http://szsb.sznews.com/PC/content/202106/23/content_1050515.html。

杨静、林馥榆:《看病“无感支付”还将实现数字货币全覆盖……上海便捷就医数字化转型开启2.0时代》,央广网搜狐号,2021-02-11, https://www.sohu.com/a/522163216_362042。

杨珊珊、杨心亮:《农业碳汇,个人也能购买——厦门创新“农业碳汇+数字人民币+乡村振兴”机制》,福建省人民政府,2022-02-13, https://www.fujian.gov.cn/xwdt/mszx/202206/t20220607_5925753.htm。

杨晓俊、江跃中:《打着“数字人民币”旗号的新型电诈盯上老年人,提额转账还需谨慎》,新民晚报网易号,2022-08-09, https://www.163.com/dy/article/HEBEMCIF0512DU6N.html。

杨玉红:《数字人民币带你走进新消费、新场景、新业态》,新浪财经,2021-08-27, https://baijiahao.baidu.com/s?id=1709226011948039054。

姚前、李连三:《大数据分析在数字货币中的应用》,载《中国金融》2016年第17期。

姚前:《人民银行数字货币原型系统实验研究》,载《软件学报》2018年第9期。

姚前:《中国版数字货币设计考量》,载《中国金融》2016 年第 12 期。

姚前:《中国法定数字货币原型构想》,载《中国金融》2016 年第 17 期。

叶晓珺:《ATM 机上可以"数字人民币兑换现钞"》,杭州新闻中心,2022-09-15, https://hznews.hangzhou.com.cn/jingji/content/2022-09/15/content_8353757.htm。

《一图读懂|盘点央行的 2019:金融科技》,金融时报微信公众号,2020-01-10, https://mp.weixin.qq.com/s?__biz=MzI5MjE1ODM5Mw==&mid=2650048153&idx=2&sn=d6b5fb1c293c8de39d3bbfaa01eececd&chksm=f405884fc3720159a686da46596654dd032404c4ae9900a7f6aba18b420094dc66ddb7a28d90&mpshare=1&scene=23&srcid=01293UtlROGgdcF5Ny9LVVG7&sharer_sharetime=1674996090122&sharer_shareid=184a47bda164c4cdf3da3733a980d7e4#rd。

移动支付网:《数字人民币 App 更新,增加"钱包添加银行卡,随用随充"》,2022-08-23, https://www.mpaypass.com.cn/news/202208/23175200.html。

移动支付网微博:《多所高校打造数字人民币应用场景》,新浪看点,2021-05-20, http://k.sina.com.cn/article_2550216490_9801372a019013niq.html。

移动支付网微博:《盘点 2022 年数字人民币十大创新应用案例》,新浪看点,2023-01-16, https://k.sina.com.cn/article_2550216490_9801372a019015s6o.html。

《易纲行长在“2022 年香港金融科技周”活动上的讲话》，2022-10-21，http://www.pbc.gov.cn/hanglingdao/128697/128728/128829/4694476/index.html。

《易纲行长在“2022 年香港金融科技周”活动上的讲话》，中国人民银行，2022-10-31，http://www.pbc.gov.cn/hanglingdao/12-8697/128728/128829/4694476/index.html。

《易纲行长在芬兰央行新兴经济体研究院成立 30 周年纪念活动上的视频演讲》，中国人民银行官方网站，2022-11-09，http://www.pbc.gov.cn/hanglingdao/128697/128728/128829/4384241/index.html。

易纲、吴有昌：《货币银行学》，上海人民出版社 2006 年版。

银数观卡搜狐号：《信用卡风险案例：2021 年有哪些新型诈骗“套路”？》，搜狐网，2022-01-20，https://www.sohu.com/a/517917447_659885。

[英]本·布劳德本特、蔡萌浙：《人民银行与数字货币》，载《中国金融》2016 年第 8 期。

《邮储银行成功发放数字人民币汽车消费贷款》，新浪财经，2022-07-07，https://finance.sina.com.cn/stock/relnews/cn/2022-07-07/doc-imizirav2390273.shtml。

余继超：《中国人民银行穆长春“解密”数字人民币钱包|陆家嘴论坛》，澎湃新闻·澎湃号，2021-06-11，https://www.thepaper.cn/newsDetail_forward_13105510。

余雪扬：《法定数字货币法经济逻辑与制度研究》，江西财经大学 2021 年博士学位论文。

袁曾:《元宇宙空间铸币权论》,载《东方法学》2022 年第 2 期。

岳品瑜、廖蒙:《回收数字人民币一类钱包账户,日入 5 位数?警惕这一洗钱骗局》,新浪财经,2021-11-15, https://finance.sina.cn/2021-11-15/detail-iktzscyy5714816.d.html。

运了个营搜狐号:《支付宝上线"数字人民币"新功能,更方便了》,搜狐网,2022-05-06, https://it.sohu.com/a/544225557_100093183。

张宏斌、刘伟兵、王兵等:《四川崇州市支持"天府粮仓"建设》,中国金融新闻网,2022-08-04, https://www.financialnews.com.cn/ncjr/focus/202208/t20220804_252763.html。

张玫:《中小银行接入数字人民币的"分发商"数字人民币试点按下快进键》,新浪财经综合,2021-08-23, https://finance.sina.com.cn/money/bank/bank_hydt/2021-08-23/doc-ikqcfncc4419169.shtml。

张睿:《重庆市数字人民币试点"多地开花" 应用场景不断扩围》,移动支付网,2022-06-06, http://cq.people.com.cn/n2/2022/0606/c367643-35302970.html。

张寿林、廖丹:《数字人民币(试点版)App 正式开放上线 由运营机构共同建设》,新浪财经,2022-01-04, https://finance.sina.com.cn/money/bank/bank_hydt/2022-01-04/doc-ikyamrmz3134824.shtml?cref=cj。

张淑贤:《上海票据交易所数字票据交易平台试运行》,浦东时报,2018-02-24, http://www.pdtimes.com.cn/html/2018-02/14/content_5_2.htm。

张伟、董伟、张丰麒:《人民银行数字货币对支付、货币政策和金融稳定的影响》，载《上海金融》2019 年第 1 期。

张晓春:《数字货币专题报告:数字货币时代商业银行机遇与挑战并存》，新浪财经，2022-08-08，https://stock.finance.sina.com.cn/stock/go.php/vReport_Show/kind/strategy/rptid/713265267239/index.phtml。

赵竞竞、景欣:《身边的数字人民币》，西南财经大学出版社 2023 年 11 月版。

支付结算司:《2022 年第二季度支付体系运行总体情况》，中国人民银行官网，2022-11-01，http://www.pbc.gov.cn/zhifujiesuansi/128525/128545/128643/4661698/index.html。

支付结算司:《互联网时代的支付变革》，中国人民银行官网，2015-04-23，http://www.pbc.gov.cn/zhifujiesuansi/128525/128531/2811423/index.html。

支付结算司:《中国零售支付服务发展与展望》，中国人民银行官网，2015-04-23，http://www.pbc.gov.cn/zhifujiesuansi/128525/128531/2876980/index.html。

智通财经快资讯号:《多边央行"货币桥"项目试行！数字货币长期有望受益于跨境支付的万亿市场》，快资讯，2022-10-28，https://www.360kuai.com/pc/90083d953ba4560eb?cota=3&kuai_so=1&sign=360_57c3bbd1&refer_scene=so_1。

《中国工商银行客户服务.数字人民币线下使用》，杭州本地宝，2022-04-07，http://m.hz.bendibao.com/mip/117405.shtm。

中国人民银行关于《中华人民共和国中国人民银行法(修订草案征求意见稿)公开征求意见的通知》，中国人民银行，2020-10-

23，http://www.pbc.gov.cn/tiaofasi/144941/144979/3941920/4115068/index.html。

《中国人民银行行长周小川等就“金融改革与发展”答记者问》，中国人民银行，2018-03-09，http://www.pbc.gov.cn/goutongjiaoliu/113456/113469/3495599/index.html。

中国人民银行数字货币研究所副所长狄刚：《数字人民币智能合约的三大优势、五大建设理念以及五个发展方向》，科技资讯全都有搜狐号，2023-10-08，https://www.sohu.com/a/726437945_121118996。

中国人民银行数字货币研究所：《扎实开展数字人民币研发试点工作》，载《中国金融》2022年第20期。

《中国人民银行数字货币研讨会在京召开》，中国人民银行官网，2016-01-20，http://www.pbc.gov.cn/goutongjiaoliu/113456/113469/3008070/index.html。

中国人民银行数字人民币研发工作组：《中国数字人民币的研发进展白皮书》，2021年7月。

《中国人民银行有关部门负责人就整治拒收现金有关问题答记者问》，中国人民银行，2018-07-13，http://www.pbc.gov.cn/goutongjiaoliu/113456/113469/3577298/index.html。

《中国数字人民币横空出世，现金还能不能用？央行给出了答案》，庞明说财经，2022-01-17，https://author.baidu.com/home?from=bjh_article&app_id=1678133391049572。

《中国银行北京市分行：数字人民币助力开启乡村振兴新征程》，上海慈善网，2022-09-05，https://www.163.com/dy/article/

HGH5H1AR0519DFFO.html。

《中国银行联合美团发布数字人民币低碳卡硬件钱包》，今日头条，2022-09-01，https://www.mpaypass.com.cn/news/202209/01101324.html。

中国证券报：《深圳开展数字人民币红包试点》，新华网，2020-10-10[2023-06-11]，http://www.xinhuanet.com/money/2020-10/10/c_1126587977.htm。

《中华人民共和国国家标准零售业态分布》(GB18106-2021)，中国标准出版社2021年版。

中央网络安全和信息化委员会：《"十四五"国家信息化规划》，2021。

钟红、郝毅：《央行数字货币对国家金融安全的影响及应对》，载《国家安全研究》2022年第5期。

周驰：《数字人民币在微信内应用"扩容"已接入数百万家商户》，今日头条，2024-01-17，https://www.chinanews.com/cj/2024/01-17/10147878.shtml。

周代数：《完善数字人民币发行应用机制打造可靠金融基础设施》，人民资讯网，2021-07-26，http://finance.people.com.cn/n1/2021/0726/c1004-32169198.html。

周万阜：《以金融力量托举新型消费》，载《中国金融》2023年第24期。

周溢薰：《昆山农商银行实现公益慈善捐赠数字人民币化》，江南时报网，2022-07-31，http://www.jntimes.cn/jsdt/sz/202207/t20220731_7638634.shtml。

周子衡:《变轨——数字经济及其货币演进》,中译出版社 2021 年版。

《助力低碳环保,数字人民币拥有哪些优势?》,移动支付网今日头条号,2022-08-04, https://www.toutiao.com/article/7127830870479667752/。

《助力低碳生活,美团点外卖不用一次性餐具和塑料袋可领数字人民币红包》,经济网,2021-12-15, http://www.ceweekly.cn/2021/1215/369994.shtml。

子阳:《2.5 层转为 2 层! 兴业银行数字人民币钱包正式上线》,移动支付网新媒体搜狐号,2022-08-31, http://news.sohu.com/a/581417483_223323。

子阳:《支持数字人民币购买理财产品,建行手机银行推出理财专区》,移动支付网新媒体搜狐号,2022-06-16, https://it.sohu.com/a/557867834_223323。

《厄瓜多尔将推法定数字货币异于比特币》,移动支付网,2014-09-02, https://www.mpaypass.com.cn/news/201409/02101846.html。

《总计 1.04 亿元! 全国最大金额数字人民币缴税业务在海南昌江落地》,新浪财经,2022-01-31, https://finance.sina.cn/7x24/2022-01-31/detail-ikyamrmz8387981.d.html。

Bank of Canada, European Central Bank, et., Central bank Digital Currencies: Foundational Principles and Core Features. 2020-11-09, https://www.bis.org/publ/othp33.pdf.

Bank of International Settlements, BIS Annual Economic Report 2020, 2020, p.71.

Bech M L, Garratt R. Central bank cryptocurrencies, *BIS Quarterly Review*, 2017.

BIS, CMPI, et., Options for access to and interoperability of CBDCs for cross-border payments. BIS Working Report to the G20, June 2022.

BIS innovation Hub, Lessons learnt on CBDCs report submitted to the G20 Finance Ministers and Central Bank Governors. July 2023.

BIS, Project Helvetia: A multi-phase investigation on the settlement of tokenised assets in central bank money, https://www.bis.org/about/bisih/topics/cbdc/helvetia.htm.

Broadbent, B(2016): "*Central banks and digital currencies*", speech at the London School of Economics, 2 March. https://www.bankofengland.co.uk/speech/2016/central-banks-and-digital-currencies.

CPMI, Central bank digital currencies. March 2018, https://www.bis.org/cpmi/publ/d174.pdf.

CPMI, Central bank digital currencies. Markets Committee Papers, No.174, 12 March 2018.

Group of Central Banks(2020): "CBDCs: Foundational principles and core features", October.

Raphael Auer, Giulio Cornelli, and Jon Frost, Rise of the central bank digital currencies: drivers, approaches and technologies. BIS Working Papers No.880, 24 August 2020.

图书在版编目(CIP)数据

数字人民币100问/景欣等著.—上海:上海人民出版社,2024
ISBN 978-7-208-18845-7

Ⅰ.①数… Ⅱ.①景… Ⅲ.①人民币-数字货币-研究 Ⅳ.①F713.361.3

中国国家版本馆CIP数据核字(2024)第069046号

责任编辑 王 琪
封面设计 零创意文化

数字人民币100问
景 欣 陈耿宣 何瑞宏 郭旭峰 著

出　　版 上海人民出版社
(201101 上海市闵行区号景路159弄C座)
发　　行 上海人民出版社发行中心
印　　刷 苏州工业园区美柯乐制版印务有限责任公司
开　　本 635×965 1/16
印　　张 19
插　　页 2
字　　数 197,000
版　　次 2024年6月第1版
印　　次 2024年6月第1次印刷
ISBN 978-7-208-18845-7/F·2873
定　　价 78.00元